Pohl · Renner: Munin

open source
PRESS

Gabriele Pohl ▪ Michael Renner

Munin

Graphisches Netzwerk- und System-Monitoring

Bibliografische Information Der Deutschen Nationalbibliothek

Die Deutsche Nationalbibliothek verzeichnet diese Publikation in der Deutschen Nationalbibliografie; detaillierte bibliografische Daten sind im Internet über http://dnb.d-nb.de abrufbar.

Gesamtlektorat: Patricia Jung
Satz: Open Source Press GmbH (LaTeX)
Umschlaggestaltung: Fritz Design GmbH, Erlangen
Gesamtherstellung: Kösel, Krugzell

ISBN 978-3-937514-48-2 http://www.opensourcepress.de

Vorwort der Munin-Entwickler

Ein Buch, das von einem Projekt handelt, auf das man selbst viel Zeit verwendet hat, öffnet man mit einer gewissen Spannung. In diesem Fall machte sich Erleichterung breit: Glücklicherweise sind die Autoren mit viel Zeit und Sorgfalt zu Werke gegangen.

Linpros Systemadministrationsabteilung nahm irgendwann im Jahre 2001 ihre Arbeit auf, und ungefähr zum gleichen Zeitpunkt erblickte auch das Projekt, das heute Munin ist, das Licht der Welt. Damals handelte es sich um eine Handvoll Shell- und Perlskripte, die mit Hilfe von MRTG (RRDs Vorläufer, mehr dazu in diesem Buch) E-Mail-Queues, den Füllstand der Festplatten und andere kritische Parameter der Systeme grafisch darstellten, für die man als Admin Verantwortung trägt. Damals hieß die Skriptsammlung `lib-lrrd`, wobei LRRD für *Linpro Round Robin Database* steht.

Seitdem haben die wichtigsten Munin-Hacker bei Linpro gearbeitet (wir beide, Jimmy und Nicolai, sind die letzten aus diesem Kreis), anders als bei anderen, von Firmen getragenen Open-Source-Projekten kamen wesentliche Beiträge zu Munin aber auch aus der Community.

Ende 2001 entstand das Werkzeug, das heute `munin-node` heißt, um Daten von entfernten Nodes über das Netz zu holen. Man hielt Ausschau nach einem unbenutzten Netzwerksport, und die Entscheidung fiel auf 4949. Gleichzeitig führten wir die Plugin-Architektur ein, die Munin immer noch benutzt. Viele Plugins funktionieren seitdem unverändert. Als wir vor Kurzem einen neuen Dokumentationsstandard für Plugins einführten, war das Anlass für ein wenig Pluginarchäologie, um die ursprünglichen Autoren einiger dieser Plugins zu finden. Sie erkannten ihren Code immer noch wieder!

Die Plugin-Architektur erwies sich als äußerst geglückt – es ist eine sehr dankbare Aufgabe, zwei Minuten (oder mehr) für das Schreiben eines Shell- oder Perlskripts (oder Python- oder Ruby-Skripts ...) aufzuwenden und sofort hübsche und nützliche Graphen auf dem Schirm zu haben. Es hat sich gezeigt, dass das Plug&Play-Prinzip gut funktioniert und dabei hilft, viele Plugins ohne Konfiguration oder Benutzerinteraktion in Betrieb zu nehmen. Wir werden es weiterentwickeln und mehr Zeit dafür aufwenden, dass die automatische Konfiguration der Plugins in Zukunft noch besser wird.

Spät im Frühjahr 2002 schrieb Audun Ytterdal die Master/Server-Skripte um: `lrrd-update` und `lrrd-graph` entstanden (jetzt `munin-update` und `munin-graph`). Zu diesem Zeitpunkt war der gesamte LRRD-Kern in Perl geschrieben. Im Frühsommer folgte `lrrd-html`, im Herbst `lrrd-nagios`: Die Linpro-Admins hatten Nagios zu Benachrichtigungszwecken und besserer operativer Überwachung in Betrieb genommen. Im Herbst 2002 warf Kollege Knut Haugen einen Blick auf die von LRRD erzeugten Webseiten, und sie bekamen eine Schönheitsoperation verpasst. Ende 2002 waren die Köpfe des LRRD-Projekts mit ihrem Baby ziemlich zufrieden und meinten, dass es auch für andere von Nutzen sein könnte – und legten es auf Sourceforge.

2003 entschied Debian als erste Linux-Distribution, LRRD mitzuliefern.

Im Januar 2004 sahen die Entwickler, dass große Teile der Arbeit am Projekt nicht länger in Linpro-Regie gemacht wurden und dass das erste L im Namen damit völlig falsch war. Das war ganz in unserem Sinne, wünschten wir uns doch (und wünschen wir uns noch immer) weitere Beiträge aus der Nutzer-Community. Eine Abstimmung auf der `lrrd-users`-Mailingliste ergab, dass das Kind von nun an den Namen *Munin* tragen sollte. Bianca Pfingsten entwarf das zugehörige Logo mit dem schwarzen Rabenkopf und der grünen Pulslinie, gesponsort vom Mediahaus Biering Grafischer Betrieb GmbH. Vielen Dank!

Seitdem befinden wir uns schon wieder mitten in größeren Umwälzungen: Im Februar zog das Projekt von Sourceforge, das nur CVS bietet, auf ein Trac-Wiki/Ticket-System und in ein SVN-Repository um. Sourceforge hat aber auch eine andere wichtige Funktion: Archiv für freie Software zu sein. Daher verteilen wir paketierte Munin-Versionen weiterhin via Sourceforge, so dass sie dort archiviert werden.

Im Herbst 2005 kam jemand darauf, dass der Munin-Port 4949 gar nicht bei der IANA registriert war. Glücklicherweise zeigte es sich, dass der Port noch frei war und dem Projekt formell zugeteilt wurde.

Seit damals kamen neue Versionen mit neuen Plugins und Fehlerkorrekturen heraus, Revolutionen haben aber keine stattgefunden. Wie auch das Buch zeigen wird, haben wir aber große Pläne für Munins Zukunft, insbesondere in den Bereichen Skalierung, Datensammlung und – kommt Zeit, kommt Rat – Präsentation.

Wir hoffen, dass Ihnen dieses Buch und Munin nützlich sind und es Spaß macht, damit zu arbeiten. Das jedenfalls finden wir.

Oslo im April 2008

Jimmy Olsen und Nicolai Langfeldt
Linpro

Inhaltsverzeichnis

Einleitung

In der nordischen Mythologie der Edda fliegt der Rabe Munin als Kundschafter des Gottes Odin über Midgard, merkt sich, was er sieht und berichtet nach seiner Rückkehr seinem Herrn und Meister. Eben diesen Kundschafterdienst versieht das Überwachungsprogramm *Munin* in der Computerlandschaft. In regelmäßigen Abständen „fliegt" es aus, nimmt die aktuelle Lage auf und merkt sich alles, um Ihnen zu berichten. Munin heißt übersetzt etwa: *der, der sich erinnert.*

Im Merken allein erschöpfen sich die Wohltaten der Software aber noch nicht: Mit Hilfe der von Tobi Oetiker entwickelten *Round Robin Database Tools* stellt Munin die Zeitreihe der beobachteten Werte grafisch dar.

In einer Grafik als Kurve oder Fläche aufgetragen, erschließen sich die Informationen aus den dürren Zahlenreihen durch einfaches Hinschauen. Nicht umsonst heißt es, ein Bild sage mehr als tausend Worte. Sie sehen am Verlauf der Kurve unmittelbar, wie es um die Aktivität des überwachten Dienstes bestellt ist. Zu welchen Zeiten ist die Nachfrage hoch, wann ist sie gering? Wo zeichnen sich Engpässe ab? Melden Sensoren erhöhte Fehlerraten oder Überschreitungen des normalen Wertebereichs? Abweichungen vom üblichen Muster springen in Wochen- und Monatsübersichten sofort ins Auge. In vielen Fällen können Sie einem drohenden Ausfall durch rechtzeitiges Handeln zuvor kommen.

Auch geeignete Termine für Wartungsfenstern lassen sich leichter finden, wenn Sie die entsprechenden Graphen zu Rate ziehen. Die Visualisierung der RAM-Nutzung zeigt, wenn speicherfressende Programme ihr Unwesen treiben. Zum direkten Vergleich ausgewählter Dienste – sogar wenn diese auf unterschiedlichen Rechnern laufen – lassen sich die entsprechenden Messwerte in einer Grafik gegenüber stellen und bei Bedarf auch als Summe ermitteln. Letzteres ist insbesondere dann nützlich, wenn Sie beim Planen virtualisierter Rechner-Setups verträgliche Nachbarn suchen, die sich ohne Probleme eine physische Maschine teilen können.

Müsste man all diese Daten, die eine Aussage über den Zustand von Rechnern erlauben, erst aufwändig selbst zusammensuchen – kaum jemand würde sich die Arbeit machen. Bei Munin übernimmt diese Aufgabe ein zentraler Rechner, der die eigenen Daten und die anderer Rechner regelmäßig zusammenträgt, verarbeitet, speichert und visualisiert.

Er präsentiert die Überwachungsergebnisse in Form von HTML-Seiten mit eingebundenen PNG-Graphen, die Sie bequem über den Webbrowser aufrufen. Dank einer baumartigen Gliederung in Domains und thematische Gruppen, die ab Version 1.3.4 beliebig verschachtelt werden können, gelangen Sie mit einem Klick zum Rechner Ihres Interesses. Daneben stellt Munin vergleichende Übersichten zu den Mitgliedern einer Gruppe in allen betrachteten Zeiträumen bereit.

Obwohl Munin in erster Linie (hier ganz wörtlich zu nehmen) zum Langzeit-Monitoring gedacht ist, bringt die Software auch Mechanismen mit, mit deren Hilfe sie vor akuten Problemen warnt. Anhand von Schwellwerten, die sich für jede einzelne Messgröße vorgeben lassen, stellt sie fest, ob gemessene Werte den erlaubten Bereich überschreiten, und macht durch farbliche Hervorhebungen in den Übersichtsseiten darauf aufmerksam. Für solche Fälle lässt sich auch der Versand von E-Mails und das Auslösen eines *Nagios*-Alarms[1] konfigurieren.

Die Frage, ob Sie Munin oder Nagios zur Überwachung Ihrer Server und Dienste einsetzen sollten, stellt sich nicht. Die beiden ergänzen sich gut. Während Nagios auf die Adhoc-Überwachung abzielt und über sehr ausgefeilte Konfigurationsmöglichkeiten zur Information im Fehlerfall verfügt, dient Munin der Analyse auf lange Sicht.

Dank der Speicherung der Daten in *Round-Robin*-Manier, bei der neu hereinkommende Daten die ältesten überschreiben, beansprucht Munin dazu eine berechenbare konstante Menge an Speicherplatz.

Wie bei vielen aktiven Softwareprojekten lässt sich aus der Munin-Versionsnummer eine Aussage über die Stabilität und die Eignung für den Produktiveinsatz ablesen. Die erste Zahl gibt die *Major Version* an, nach einem Punkt gefolgt von der *Minor Version* sowie der fortlaufenden *Release-Nummer*. Gerade Minor Versions bezeichnen stabile Versionen, ungerade Zahlen den Entwicklungszweig. In solchen Entwicklerversionen ist Vieles im Fluss: Features kommen hinzu und werden wieder entfernt, bestimmte Funktionen funktionieren zwar mehr oder weniger, sind jedoch noch nicht narrensicher implementiert. Zur Drucklegung dieses Buchs im Frühjahr 2008 trug der stabile Zweig die Version 1.2.6, die Entwicklerversion ist 1.3.4. Zu diesem Zeitpunkt planten die Munin-Entwickler bereits die (stabile) Version 1.4, die vor allem die Skalierbarkeit verbessern soll.

Dieses Buch konnte nur dank der Hilfe vieler Personen entstehen. Neben den Munin-Entwicklern Bjørn Ruberg und Nicolai Langfeldt gilt unser Dank vor allem unserer Lektorin Patricia Jung, die unermüdlich Korrektur las und unerbittlich für eine allgemein verständliche Form sorgte. Das TSL-Kapitel wäre ohne die Unterstützung von Ulli Linzen und seine Kenntnisse über

[1] Die bekannte Monitoring-Software (`http://www.nagios.org/`) beschreibt Wolfgang Barths, ebenfalls bei Open Source Press erschienenes Buch „Nagios – System- und Netzwerkmonitoring“ (ISBN 978-3-937514-46-8) genau.

Verschlüsselungstechnik in dieser Tiefe nicht möglich gewesen. Wolfgang Barth gab wertvolle Tipps zum Nagios-Kapitel. An vielen Stellen haben uns auch Claudia Dilloo, Claudia Holt, Chris Pemsl und Ralph Grothe auf Fehler, Unklarheiten und schräge Formulierungen aufmerksam gemacht und dem Text so zu mehr Verständlichkeit verholfen. Jürgen Bittner sei für die Leihgabe seines MacBooks gedankt, mit dem sich Munins Fähigkeiten auf Apples Betriebssystem testen ließen. Michael Renner dankt zudem Manèle Roser für all die Geduld und Unterstützung in dem langen Jahr der Entstehung dieses Buches. Viele Abbildungen und so manche der beschriebenen Erfahrungen sind der *DAB bank* zu verdanken, die deren Verarbeitung in diesem Buch gestattete.

Gabriele Pohl und Michael Renner

Kapitel

1

Architektur

Denn als Geister
Ruft euch nur, zu seinem Zwecke,
Erst hervor der alte Meister.

Johann Wolfgang Goethe[1]

In Munins *Master-Node-Architektur* (siehe Abbildung 1.1) sind die Aufgaben klar definiert: Jeder Rechner ermittelt seine Messwerte selbst, der Master holt diese Daten von diversen Agenten (den sogenannten *Munin-Nodes*) ab. So wird er zur zentralen Instanz, die die Überwachungsdaten verarbeitet.

1 Zitat aus dem „Zauberlehrling" (`http://www.gutenbergjunior.de/goethe/gedichte/zaublehr.htm`).

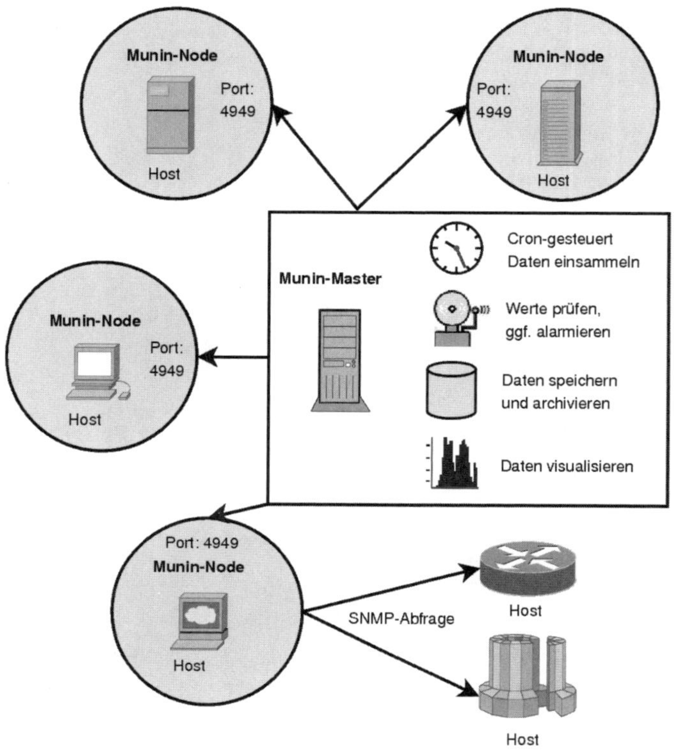

Abbildung 1.1: Munins Master-Node-Konzept

1.1 Die Arbeitsweise des Masters

Das häufigste Missverständnis sei gleich vorab geklärt: Der Munin-Master ist kein Daemon! Er besteht aus Skripten, die in regelmäßigen Zeitabständen als Cron-Job ablaufen:

- `munin-update` ruft die Messwerte bei den Munin-Nodes ab. Dieses Skript erzeugt und aktualisiert die Datenbank.
- `munin-limits` vergleicht die Messwerte mit ggf. vorgegebenen Schwellwerten und versendet bei Bedarf Benachrichtigungen, wenn Werte das Warnlevel überschreiten, in kritische Bereiche gelangen oder wenn Entwarnung gegeben werden kann.
- `munin-graph` zeichnet die Munin-Graphen.

- `munin-html` erstellt die HTML-Seiten der Munin-Übersicht.

Dieser Reigen spielt sich in der angegebenen Reihenfolge im Allgemeinen alle fünf Minuten ab. Für jeden Zyklus baut der Master viele parallele – in der Regel unverschlüsselte – TCP-Verbindungen zu den diversen Nodes auf.[2]

Außer dem Cron-Daemon zur Ablaufsteuerung setzt der Betrieb des Munin-Masters auf einem Rechner folgende vorab konfigurierte Software voraus:

- einen Webserver, der die Graphen zugänglich macht,
- ein Programm, mit dessen Hilfe sich Warnmeldungen versenden lassen (etwa einen SMTP-Server oder den NSCA, der dafür sorgt, dass Nagios Alarm schlägt),[3] und
- die Bibliotheken und Werkzeuge des *RRDtool*-Projekts[4] (im Folgenden *RRD-Tools* genannt) zur Speicherung der Daten und zum Zeichnen der Graphen.

Legen `munin-graph` und `munin-html` die Graphen und die zugehörigen HTML-Dateien in einem per NFS exportierten Verzeichnis ab, kann der Webserver auch auf einem beliebigen anderen Rechner laufen.

Werden die Graphen eher selten begutachtet, spart der mitgelieferte CGI-Mechanismus[5] Ressourcen, indem er die Daten nur bei Bedarf visualisiert.

1.2 Die Arbeitsweise der Nodes

Munin-Nodes sind im Gegensatz zum Munin-Master Daemons und als solche ständig ansprechbar. Üblicherweise lauschen sie auf Port 4949. Auf Anfrage des Munin-Masters teilen sie mit, welche Informationen sie zur Verfügung stellen. Diese lässt sich per `telnet` simulieren:

```
munin@master:> telnet webserv.example.com 4949
Trying 192.0.2.22...
Connected to webserv.example.com
Escape character is '^]'.
# munin node at webserv.example.com
list
open_inodes mysql_slowqueries irqstats apache_accesses if_eth0
mysql_threads df swap load cpu df_inode mysql_queries open_files
```

2 Kapitel 13 beschreibt ab Seite 257, wie Sie eine verschlüsselte Übertragung einrichten.
3 Kapitel 12 erklärt ab Seite 243, wie man den *Nagios Service Check Acceptor* einrichtet.
4 `http://oss.oetiker.ch/rrdtool/`
5 Kapitel 5.5 beschreibt dessen Funktionsweise und Konfiguration ab Seite 105.

```
iostat forks memory vmstat if_err_eth0 apache_processes entropy
postfix_mailqueue processes apache_volume interrupts netstat
mysql_bytes freeradius postfix_mailvolume
```

Welche Funktionen der Befehl `list` ausgibt, hängt von den Links ab, die im sogenannten *Service-Verzeichnis* des Munin-Node-Rechners gesetzt sind.[6] Die *Service-Links* verweisen auf die Plugins, die diesen Rechner überwachen. Die Plugins liefern Zahlenwerte, die Aussagen über den Status bestimmter Dienste, der Hardware oder anderer Parameter, die den Admin interessieren, zulassen. Unverlinkte Munin-Plugins sind inaktiv.

Mit dem Kommando `fetch` *`service-link`* ruft man das entsprechende Plugin auf dem Munin-Node auf. Dieses reicht die Plugin-Ausgabe an den Anfrager auf Port 4949 weiter:

```
fetch apache_volume
volume80.value 56548352
.
```

Die Werte und Eigenschaften der im Beispiel abgefragten Datenquelle (englisch: *Data Source*) verwaltet Munin in einem Feld (englisch: *Field*) namens `volume80`. Über das Attribut `value`[7] spricht man den Messwert an. Hier wurde ein Zähler abgefragt, der augenblicklich den Wert 56548352 hat.

Damit der Munin-Master weiß, wie er die gelieferten Werte interpretieren und im Graphen darstellen soll, ruft er die Plugins beim Einbinden eines neuen Munin-Nodes sowie jedesmal, bevor er die ermittelten Daten abholt, mit der Option `config` auf:

```
config apache_volume
graph_title Apache volume
graph_args --base 1000
graph_vlabel bytes per ${graph_period}
graph_category apache
volume80.label port 80
volume80.type DERIVE
volume80.max 1000000000
volume80.min 0
.
```

Attribute, deren Namen mit `graph_` beginnen, definieren Eigenschaften des zugehörigen Munin-Graphen. Parameter, die sich auf konkrete Datenfelder und deren Darstellung im Graphen beziehen, bestehen aus dem Namen des

[6] Dieses ist normalerweise als `$(CONFDIR)/plugins/` spezifiziert, zur Definition von `CONFDIR` siehe Tabelle 3.1 auf Seite 52.

[7] Andere Attribute enthalten den Datentyp, den Wertebereich, die Beschriftung, die Kurvenfarbe im Graphen etc. Alle datenspezifischen Attribute dokumentiert der Anhang auf Seite 299.

entsprechenden Felds (hier `volume80`) und, durch einen Punkt abgetrennt, dem Attribut, das mit dem nachfolgenden String belegt werden soll. Auf die Plugin-Konfiguration gehen wir im Einzelnen im Kapitel 9 ab Seite 169 ein. Eine Liste aller globalen und datenspezifischen Attribute finden Sie im Anhang ab Seite 295.

Typischerweise berichtet ein Munin-Node über die Lage auf dem lokalen Rechner. Es können aber nach Belieben und Bedarf auch SNMP-Plugins zum Einsatz kommen, die die Messwerte entfernter Rechner oder Geräte abfragen. In dem Fall fungiert der Munin-Node als Auskunft gebende Stelle für mehrere Hosts. Welche das sind, verrät er verwirrenderweise nach Eingabe des Befehls `nodes`:

```
nodes
mail.example.com
bianca-dep3
bianca-dep2
.
```

Wer dem Kommando `list` den entsprechenden Hostnamen mit angibt, erhält die Liste der für diesen Host verfügbaren Pluginaufrufe:

```
list bianca-dep2
snmp_bianca-dep2_if_err_3000.7 snmp_bianca-dep2_if_err_1000.3
snmp_bianca-dep2_if_3000.7 snmp_bianca-dep2_if_dsc_3000.7
snmp_bianca-dep2_if_dsc_1000.3 snmp_bianca-dep2_if_1000.3
quit
```

Der Befehl `quit` beendet die Verbindung.

Liegt ein Node hinter einer Firewall, so muss Port 4949 für Abfragen des Masters freigeschaltet werden. Falls das nicht möglich ist, greift man zu `ssh` und baut damit einen Tunnel durch die Firewall (siehe Anhang A ab Seite 275).

1.3 Einsammeln der Daten

Jeder neue, in der Datei `/opt/munin/bin/munin-cron` implementierte Munin-Zyklus beginnt mit dem Abholen neuer Messwerte von den Nodes. Darum kümmert sich das darin aufgeführte Perlskript `munin-update`. (Neugierige Naturen können es händisch aufrufen.)

Es parst als Erstes die Datei `munin.conf`,[8] um die zu überwachenden Nodes zu ermitteln. Die Abfragen selbst laufen in der Regel parallel, um Zeit zu

8 Die Konfigurationsdatei des Munin-Masters stellen wir im Abschnitt 5.3 ab Seite 89 im Einzelnen vor.

sparen:[9] Munin erzeugt für jeden in der Konfigurationsdatei angegebenen Rechner einen eigenen Prozess. Nebenbei bemerkt geraten die Einträge in den Logdateien des Munin-Master[10] dadurch ziemlich durcheinander.

Von unschätzbaren Vorteil wird die parallele Verarbeitung, wenn ein Node einmal nicht erreichbar ist: Die Abfrage der anderen Munin-Clients bleibt dann nicht bis zum Timeout hängen. Nachteile hat sie, wenn ein Master sehr viele Nodes verwaltet: Einige hundert Perlprozesse zwingen auch einen starken Rechner in die Knie. In solchen Fällen helfen nur mehr Speicher und Multicoreprozessoren.

Die über das Netzwerk ermittelten Werte landen nach entsprechender Aufbereitung in RRD-Dateien.[11] Im Skript `munin-update` ist fest eingetragen, welche zeitliche Auflösung die Datenbasis (und in Folge dessen auch die Graphen) aufweisen. Tabelle 1.1 zeigt die Einstellungen (siehe auch die Abbildung auf Seite 38).

Tabelle 1.1: Zeitliche Auflösung der Datenbasis

Alter der Daten	Auflösung
bis zu 30 Stunden	5 Minuten
bis zu 9 Tagen	30 Minuten
bis zu 45 Tagen	2 Stunden
bis zu 450 Tagen	1 Tag

1.4 Verlorene Messpunkte

Nur auf Geheiß des Munin-Masters erhebt ein Munin-Node seine Messwerte. Wenn der Node zum Zeitpunkt der Abfrage durch den Master nicht erreichbar ist, z. B. weil sich ein Notebook auf Reisen befindet oder die Netzwerkverbindung zum gefragten Rechner unterbrochen ist, unterbleibt die Messung und die Werte für den entsprechenden Zeitraum fehlen in der Munin-Übersicht. Gleiches gilt, wenn der Master-Rechner nicht läuft.

In der Grafik ist dieser Zeitraum der *Nichterreichbarkeit* nicht weiter markiert. Die Kurve wird – wie in Abbildung 1.2 zu sehen – einfach unterbrochen und fortgeschrieben, sobald Master und Node wieder miteinander kommunizieren können.

9 Sie können den Munin-Master dazu zwingen, die Nodes seriell in nur einem Prozess abzufragen, wenn Sie die Direktive `fork` in der Konfigurationsdatei `munin.conf` entsprechend setzen. Anleitung finden Sie im Anhang B.1.1 auf Seite 284.

10 Siehe hierzu Abschnitt 11.1.1 ab Seite 235.

11 Diese Robin-Round-Datenbanken bringen wir Ihnen in einem eigenen Kapitel 2 ab Seite 35 näher.

1.5 Auswirkungen der Architektur auf die Messwerte

Der Vorteil der Master-Node-Architektur liegt auf der Hand: Auf den Nodes muss nur das absolut Notwendige installiert sein, nämlich Perl mit wenigen Erweiterungen. Auf dem Master-Rechner kommt weitaus mehr Software zum Einsatz: Der Munin-Master muss die Daten abholen, verrechnen, archivieren, als Bild speichern sowie in HTML-Dateien eingebettet ablegen. Dafür ist einiges an Rechenleistung erforderlich, die dank dieser Architektur aber nur einmalig vorhanden sein muss.

Ein weiterer Vorteil: Die genannten Arbeitsschritte belasten das System natürlich und verfälschten so das Ergebnis einer gleichzeitigen Messung ein wenig. Ein Skript, das die Speicherauslastung ermittelt, benötigt selbst etwas Speicher, das Messergebnis fällt also höher aus, als wenn das Skript nicht liefe! Zum Glück sind die Verfälschungen auf dem Node gering und fallen ohnehin nur bei wenigen Messungen ins Gewicht. (Den Durchsatz eines NFS-Servers oder die Temperatur der Festplatte beeinflusst das Messskript nicht.)

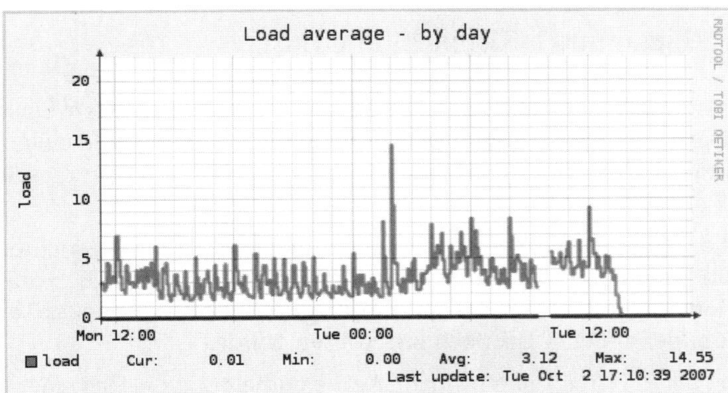

Abbildung 1.2: Load eines Munin-Master-Rechners, der sich selbst überwacht

Die Belastung durch die Aufgaben, die der Master zu erledigen hat, ist ungleich höher. Bildbearbeitung belastet einen Prozesssor nicht unerheblich, und das Schreiben der Datenbankdateien auf die Platte trägt auch zum Durchsatz bei. Zudem fragt der Master die Nodes parallel, nicht sequentiell ab. Das erhöht die Last spürbar, die Daten lassen sich so allerdings in einem deutlich kürzeren Zeitraum erfassen.

Ob Sie den Werten, die der Munin-Master über sich selbst ermittelt, glauben dürfen, müssen Sie selbst herausfinden. Als Anhaltspunkt dient Abbildung 1.2. Diese zeigt den Load eines Munin-Master-Rechners, der neben ca. 100 Munin-Nodes auch sich selbst überwacht. Bis 12 Uhr war er als Munin-Master im Einsatz. Anschließend übernahm ein anderer Rechner die Aufgabe. Die Entlastung ist hier sehr deutlich zu erkennen: Die Load sinkt auf 0 ab. Für die hohe Last sorgten die Prozesse des Munin-Masters, also das Einsammeln und Visualisieren der Daten.

Die Munin-Master-Dienste gehen natürlich auch in andere Betriebswerte des Rechners ein. So steigt der Netzwerkdurchsatz durch das Abfragen der Nodes, Festplattenzugriffe werden häufiger, da die RRD-Dateien angefasst werden, und RAM brauchen diese Prozesse ebenfalls.

1.6 Die Munin-Übersicht

Munin präsentiert die Überwachungsergebnisse als Kurven- und Flächendiagramme, eingebunden in HTML-Seiten. Bei einer Standard-Installation aus dem Sourcecode finden Sie die Webseiten inklusive dieser Graphen im Verzeichnis `/opt/munin/var/www`.[12] Wo sie auf Ihrem System lagern, entnehmen Sie der Direktive `htmldir` in der Konfigurationsdatei des Munin-Masters, `munin.conf`.

1.6.1 Gliederung in Gruppen und Hosts

Die Struktur der Website spiegelt in der mit **Overview** betitelten Einstiegsseite die baumartige Gliederung in Gruppen und Hosts wider, die Sie in der Konfiguration des Munin-Masters festlegen. Abbildung 1.3 zeigt dies für das Beispiel aus Kapitel 5.3.2 ab Seite 90.

Wir haben dort zwei Gruppen, **Webserver** und **Mailserver**, eingerichtet. Die dritte Gruppe **example.net** hat Munin automatisch anhand der Bezeichnung einer Domain eingerichtet. Sie enthält den Rechner `munin.example.net`, der keiner der anderen Gruppen zugewiesen wurde.

Rechner, deren Name keine Domainangabe enthält und die Sie keiner Gruppe zugewiesen haben, ordnet Munin jeweils in eine Gruppe gleichen Namens ein, wie Abbildung 1.4 zeigt.

Das ist unschön. Erstens bläht sich dadurch die Indexseite auf, was insbesondere dann stört, wenn die Liste länger als Ihr Bildschirm wird und Sie scrollen müssen. Der zweite und wichtigere Grund für eine sinnvolle Gruppenbildung bzw. die Angabe von Domains im Rechnernamen aber ist, dass die – im Abschnitt 1.6.3 ab Seite 29 vorgestellten – vergleichenden Ansichten entfallen, wenn eine Gruppe nur einen Rechner enthält.

[12] Wollen Sie beides an anderer Stelle auf Ihrem System unterbringen, setzen Sie die Variable `HTMLDIR` bei der Installation entsprechend oder ändern nachträglich den Wert der Option `htmldir` in der Munin-Master-Konfiguration. Achten Sie darauf, dass der Benutzer `munin` Schreibzugriff auf das entsprechende Verzeichnis hat!

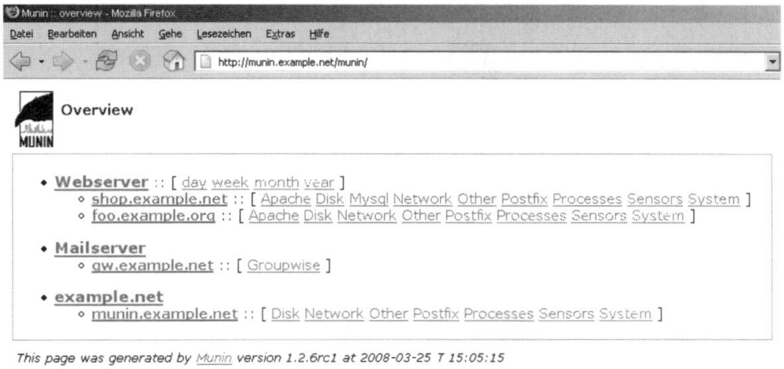

Abbildung 1.3: Die Einstiegsseite der Munin-Übersicht

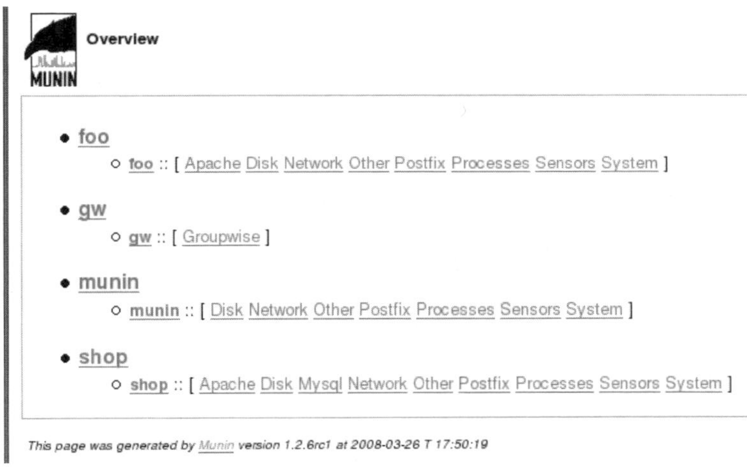

Abbildung 1.4: Automatische Gruppenbildung bei Rechnernamen ohne Domain

Die Navigationselemente

Ein Klick auf die Gruppenbezeichnung ruft eine Indexseite für die jeweilige Gruppe auf. Diese beschreiben wir im Abschnitt 1.6.2 ab Seite 28.

Sobald eine Gruppe (wie **Webserver** in Abbildung 1.3) mehr als ein Mitglied hat, finden Sie rechts neben dem Gruppennamen weitere Links, die mit **day**, **week**, **month** und **year** bezeichnet sind. Sie führen zu Übersichtsseiten, in denen Munin die auf den aktuellen Tag, die Woche, den Monat bzw. das Jahr bezogenen Graphen aller Rechner der Gruppe im direkten Vergleich präsentiert. In Abschnitt 1.6.3 stellen wir dies ab Seite 29 am Beispiel der Tagesansicht für die Gruppe **Webserver** vor.

Auf zweiter Gliederungsebene unterhalb der Gruppen finden Sie die Namen der überwachten Rechner. Klicken Sie auf den Rechnernamen, erscheint die Übersicht zum entsprechenden Host (siehe Abschnitt 1.6.4 ab Seite 30). Ein Beispiel ist in Abbildung 1.7 auf Seite 31 zu sehen.

Als letztes Navigationselement bleiben auf der Einstiegsseite die in eckigen Klammern gesetzten Links rechts neben dem Hostnamen übrig. Sie beziehen sich auf die Plugin-Kategorien[13] und gruppieren die Überwachungsresultate so, dass Verwandtes nah beieinander steht, damit Sie die Graphen im Vergleich betrachten können. Entsprechend landen Sie beim Klick auf die Plugin-Kategorie im betreffenden Abschnitt der Hostansicht.

1.6.2 Die Indexseite zur Gruppe

Die Indexseite einer Gruppe (Abbildung 1.5 gibt ein Beispiel) ähnelt der im vorigen Abschnitt erläuterten Einstiegsseite. Auch sie präsentiert einen reinen Textindex und ist so – gerade weil auf ihr noch keine Plugin-Graphen zu sehen sind – im Nu geladen und schnell durchgeblättert. Die Seite empfiehlt sich darum als Startpunkt für Erkundungsgänge zu bestimmten Graphen, während sich die Hostansicht besser dazu eignet, sich einen allgemeinen Überblick über einen Host zu verschaffen.

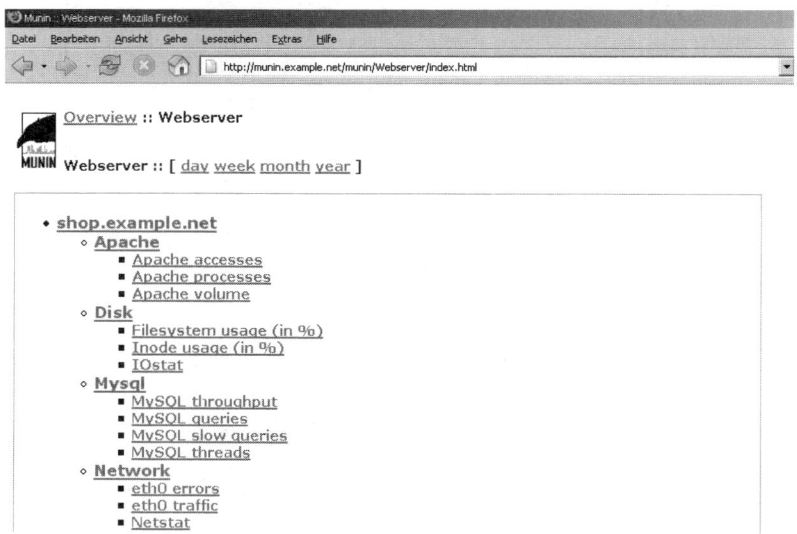

Abbildung 1.5: Die Indexseite einer Gruppe

Ganz oben auf der Seite rechts neben dem Munin-Logo zeigt sich nun eine sogenannte *Breadcrumb Navigation*. (In deutscher Übersetzung spricht

[13] Siehe Kapitel 6.1 ab Seite 110.

man von Brotkrümelnavigation.)[14] Je tiefer Sie sich in der Gliederung der Munin-Webseiten befinden, umso länger wird die Liste der Links zu den übergeordneten Ebenen. An letzter Stelle ist stets die Ebene angegeben, auf der Sie sich zur Zeit befinden. Im Beispiel ist das die Ebene der Gruppe **Webserver**; zudem gibt es einen Link zurück zur Ebene **Overview**.

Die Zeile darunter gibt es wiederum nur bei Gruppen, die mehr als einen Rechner enthalten: Die Links **day**, **week**, **month** und **year** führen zu den entsprechenden vergleichenden Darstellungen aller Rechner in der Gruppe. Diese stellen wir im Abschnitt 1.6.3 ab Seite 29 vor.

Unterhalb der Linie beginnt der eigentliche Seiteninhalt, eine Listenansicht, die alle Hosts der Gruppe aufführt. In Abbildung 1.5 ist nur der Hostname **shop.example.net** zu sehen. Weiter unten folgen (hier unsichtbar) die Angaben zu **foo.example.org**.

Ein Klick auf den Hostnamen führt Sie zur entsprechenden Hostansicht. Diese beschreiben wir im Abschnitt 1.6.4 ab Seite 30. Einfach eingerückt führt die Liste die Plugin-Kategorien auf. Auch diese Links gehen zur Hostansicht, nur springen Sie hiermit gleich an die Stelle, die die Plugins der entsprechenden Kategorie aufführt. Auf zweiter Einrückungsebene schließlich sind die Titel der Graphen aufgeführt. Hier bringt Sie ein Klick auf die Detailseite mit allen Informationen und allen vier Graphen (Tag, Woche, Monat, Jahr) zum jeweiligen Plugin. Diese Ansicht beschreiben wir im Abschnitt 1.6.5 ab Seite 32. Dort finden Sie in Abbildung 1.8 auch ein Beispiel.

1.6.3 Vergleichende Darstellungen

Nur für Gruppen, denen mehr als ein Rechner zugeordnet wurde, erstellt Munin eine tabellarische Gegenüberstellung, die die Graphen aller Rechner dieser Gruppe zeigt.

Jedem Rechner ist eine Tabellenspalte zugeordnet, die Graphen gleichnamiger Plugins finden sich jeweils auf einer Zeile. Setzen Sie auf allen Rechnern das gleiche Plugin ein (in Abbildung 1.6 `apache_accesses`), erscheinen die Graphen dieses Plugins für die verschiedenen Rechner nebeneinander.[15] Je mehr sich die Überwachungsparameter von Rechnern einer Gruppe ähneln, umso nützlicher ist diese Ansicht. Im Umkehrschluss empfiehlt

[14] Die Bezeichnung spielt auf das Märchen von Hänsel und Gretel an, in dem die beiden Kinder ihren Weg mit Brotkrumen kennzeichneten, um wieder aus dem Wald herausfinden zu können. Leider verschleppten Ameisen und Käfer im Wald die Krümel, so dass die Strategie dort nicht aufging. Auf Webseiten ist es eine gängige Methode, beim Eintauchen in die Hierarchie der Site Krümel, in diesem Fall also Links, für den Rückweg auszustreuen.

[15] Nachteile haben hier die SNMP-Plugins. Bei diesen geht der Hostname in die Bezeichnung des Plugins ein. Da Munin die Zeilen auf Basis des Plugin-Namens bildet, stehen diese – auch wenn sie gleiche Parameter überwachen – in dieser Ansicht nicht nebeneinander.

es sich also, die Gruppenbildung so vorzunehmen, dass Rechner mit ähnlichem Überwachungsprofil, bei denen der Vergleich von Interesse ist, in einer Gruppe stehen.

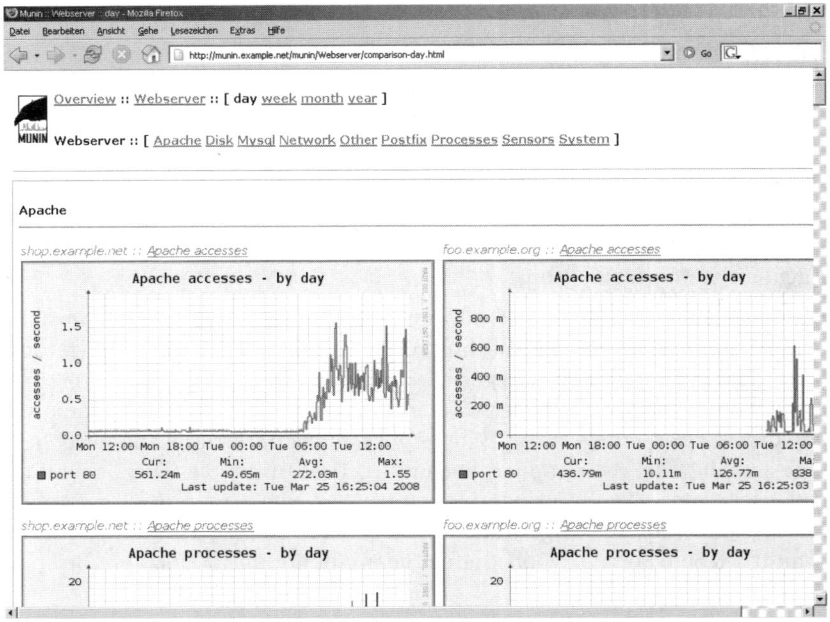

Abbildung 1.6: Tagesgraphen der Gruppe im direkten Vergleich

Jede Vergleichsübersicht zeigt die Graphen je einer Zeitdimension, im Beispiel die Ansicht für den Tag (**day**). Über die weiteren Links ganz oben auf der Seite wechseln Sie mit **week** auf die Wochenansicht, mit **month** auf die Monatsansicht und mit **year** auf die Jahresansicht.

Per Klick auf die Plugin-Kategorien in der Zeile darunter springen Sie – ebenso wie in der Hostansicht – an die Stelle der Tabelle, wo die Graphen dieser Kategorie aufgeführt sind.

1.6.4 Die Hostübersicht

Die Hostansicht (Abbildung 1.7) zeigt alle Graphen, die den entsprechenden Host betreffen, in den zwei aktuellen Zeitdimensionen Tag und Woche nebeneinander. Bei Klick auf einen der beiden Graphen gelangen Sie zur Detailansicht des entsprechenden Plugins (siehe Abschnitt 1.6.5 ab Seite 31, der mit Abbildung 1.8 auch ein Exemplar zum Anschauen enthält). Dort sind auch die langfristigeren Zeitdimensionen Monat und Jahr dargestellt.

Damit sich verwandte oder zusammengehörige Dienste oder Komponenten im Vergleich betrachten lassen, sind die Graphen in dieser Ansicht nach Kategorien[16] sortiert. Die Zeile unter der Breadcrumb Navigation oben auf der Seite führt alle Kategorien auf, die hier vertreten sind. Mit einem Klick auf die Bezeichnung springen Sie zum entsprechenden Abschnitt der Übersicht.

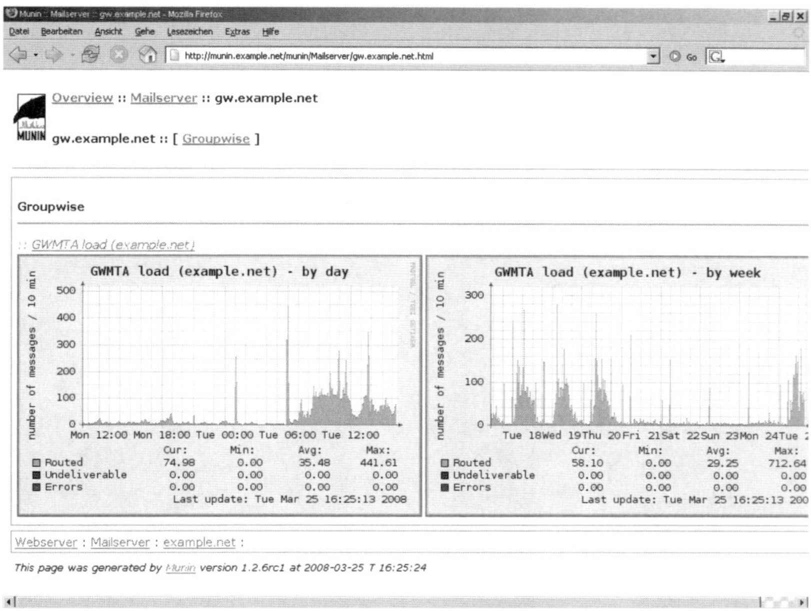

Abbildung 1.7:
Die Hostansicht

In Abbildung 1.7 überwacht nur ein einziges Plugin den Host. Dementsprechend gibt es auch nur eine Kategorie, hier **Groupwise**. Der Name der Kategorie wird am Beginn des Abschnitts genannt. Es folgen alle Graphen, die dieser Kategorie zugeordnet sind und anschließend ggf. die nächste Kategorie mit dem nächsten Schwung Graphen.

Ganz unten auf der Seite befinden sich als weiteres Navigationselement Links zu den Indexseiten aller Gruppen.

1.6.5 Die Detailseite zum Plugin

Wann immer Sie in der Munin-Master-Konfiguration Plugin-Einstellungen überschreiben wollen,[17] benötigen Sie die Munin-interne Bezeichnung des Plugins als Referenz. Diese wichtige Information lässt sich der Breadcrumb

16 Siehe Kapitel 6.1 ab Seite 110.

17 Kapitel 5.3.3 erklärt ab Seite 93, wie das geht.

Navigation in der Detailseite zum Plugin entnehmen. In Abbildung 1.8 haben wir die Stelle mit der Ziffer **1** gekennzeichnet.

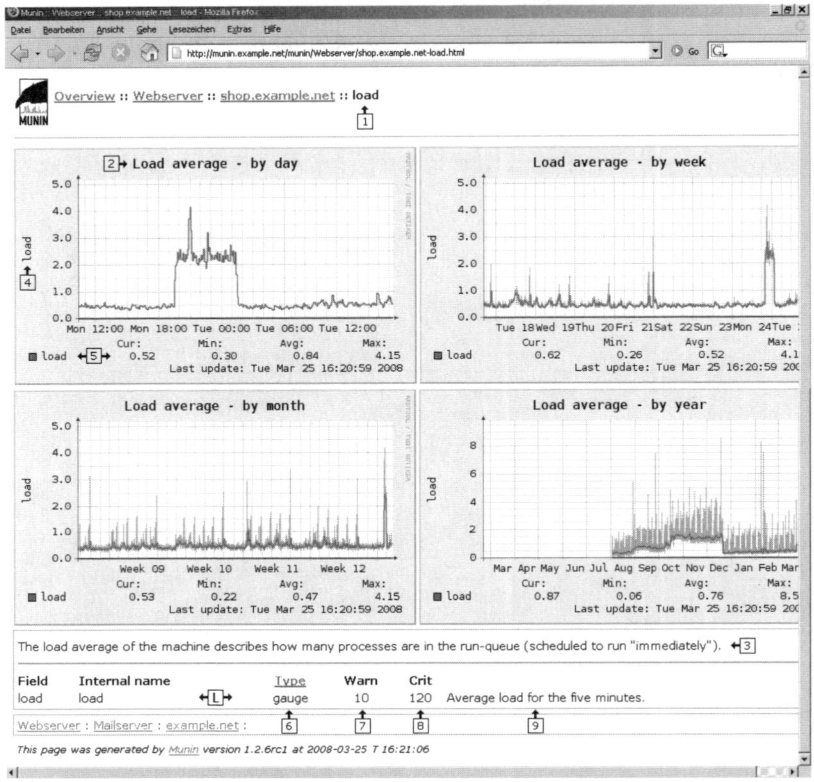

Abbildung 1.8: Detailansicht zum Plugin

Diese Ansicht zeigt eine ausführliche Legende (Ziffer **L** in Abbildung 1.8) zu allen Datenquellen des Plugins. Dort finden Sie Informationen, die das Webinterface nirgendwo anders präsentiert.

Insbesondere bei neu eingespielten Plugins lohnt es sich, einen Blick auf die Informationszeile zum Graphen (Ziffer **3** in Abbildung 1.8) sowie zu den einzelnen Datenquellen (Ziffer **9**) zu werfen. Die hier gegebenen Beschreibungen helfen dabei, den Graphen in angemessener Weise zu interpretieren.

Die Ansicht verrät auch, welche Schwellenwerte für Warnungen (Ziffer 7) und kritische Fehler (Ziffer 8) ggf. gesetzt sind.[18] Verletzt der aktuelle Messwert die dort angegebenen Grenzen, färbt Munin den Hintergrund des Feldes gelb bzw. im Fehlerfall rot ein. Auf den übergeordneten Seiten erscheinen die Links auf die entsprechende Plugin-Kategorie in gelber oder roter

[18] Kapitel 5.3.3 zeigt ab Seite 94, wie Sie die Schranken auf Ihren Bedarf einstellen.

Farbe. Gleiches gilt für den Link mit dem Titel des Graphen auf der Indexseite der Gruppe und in der Hostansicht. Auf diese Weise sind Warnungen im Webinterface gut zu erkennen.

Munin kann in solchen Fällen auch aktiv werden und Sie per E-Mail benachrichtigen oder auf andere Weise Alarm schlagen. Lesen Sie dazu das Kapitel 5.3.4 ab Seite 96.

Die Detailansicht eines Plugins verrät zudem den im Plugin vorgegebenen Datentyp,[19] der bei der Speicherung des Messwerts genutzt wird. In Abbildung 1.8 ist die Stelle mit der Ziffer **6** markiert.

Nicht zuletzt finden Sie hier die Graphen in allen vier Zeitdimensionen (Tag, Woche, Monat und Jahr) versammelt. Deren Aufbau gleicht sich: Links (in Abbildung 1.8 mit der Ziffer **4** markiert) gibt die vertikale Achsenbeschriftung Auskunft, was in welcher Einheit aufgetragen wird. Im Beispiel ist es die gerade aktuelle Last. (**load**). Andere Graphen enthalten aussagekräftigere Bezeichnungen, z. B. **bits in (-) / out (+) per second** beim Plugin `if_`, das Netzwerkschnittstellen überwacht. Auf der X-Achse ist immer die Zeit aufgetragen.

Oben (Ziffer **2** in der Abbildung 1.8) steht als Titel des Graphen die gleiche Bezeichnung, die auch der Link zur Detailansicht des Plugin verwendet, jeweils ergänzt um die Zeitdimension, über die der Graph Auskunft gibt.

Auch der Graph selbst führt eine Legende (Ziffer **5**). Das Kästchen links zeigt, in welcher Farbe die Kurve oder Fläche zur Datenquelle eingezeichnet ist. Rechts daneben verrät die Spalte **Cur:** den zuletzt gemeldeten Wert. Die Spalte **Min:** zeigt den kleinsten, **Max:** den größten Wert und **Avg:** den über den Berichtszeitraum des Graphen (also Tag, Woche, Monat oder Jahr) gemittelten Wert.

1.6.6 Das Layout anpassen

Wer statt des Munin-Logos lieber sein eigenes einblenden möchte, tauscht einfach die Datei `logo.png` durch eine gleichnamige Fassung mit eigenem Bild aus. Sehr einfach können Sie auch das typografische Layout (Eigenschaften von Schrift, Linien und Tabellen) der Webseiten nach Ihrem Geschmack gestalten, indem Sie entsprechende Anpassungen in der Datei `style.css` vornehmen.

Möchten Sie die Struktur und Gestaltung der Webseiten grundsätzlicher ändern, müssen Sie in die Templates eingreifen, die der Munin-Master (konkret sein Perl-Skript `munin-html`) zur Herstellung der Webseiten heranzieht. Wo Sie diese finden, verrät die Direktive `tmpldir` in der Munin-Master-Konfigurationsdatei `/etc/opt/munin/munin.conf`.

Sie können auch schauen, ob Ihnen ein auf JavaScript basierendes, alterna-

[19] Siehe Kapitel 9.4.3 ab Seite 203.

tives Template aus dem Munin-Wiki[20] besser gefällt oder ob es eine bessere Grundlage für Ihre Anpassungen darstellt. Kommen in Zukunft weitere Templates (vielleicht von Ihnen?) hinzu, sollten sie ebenfalls im Wiki[21] zu finden sein.

Templates nehmen Bezug auf eine ganze Reihe Variablen, die Munin zu diesem Zweck zur Verfügung stellt. Die Version 1.3.4 führte hier viele Neuerungen ein, z. B. die sogenannten *Nested Groups*. Damit kann eine Munin-Gliederung mehr als eine Gruppenebene verwalten; Gruppen dürfen nun ineinander verschachtelt werden. Das hat großen Einfluss auf die Struktur der Website, die die Gliederung abbildet. Die Variablen der komplett überarbeiteten Schnittstelle aus Version 1.3.4 dokumentiert das Munin-Wiki.[22]

[20] `http://munin.projects.linpro.no/wiki/Munin_Template_nodeview_javascript`

[21] `http://munin.projects.linpro.no/wiki/Munin_additional_templates`

[22] `http://munin.projects.linpro.no/wiki/MuninTemplates`

Kapitel 2

Round-Robin-Datenbanken

Erinnerung
Die Reihen lichten sich.
Zurück bleibt – hoffentlich – das Wesentliche.

Helga Schäferling

Obwohl Round-Robin-Datenbanken (RRDs) das Wort *Datenbank* im Namen führen, versteckt sich dahinter nichts, was sich mit MySQL oder Oracle vergleichen ließe. Sie können auf die darin enthaltenen Daten weder per SQL-Anweisung noch über einen Netzwerkport zugreifen. Da sie in einem eigenen, binären Dateiformat gespeichert werden, scheidet auch ein Texteditor für den Zugriff aus.[1]

Um mit Round-Robin-Datenbanken etwas anfangen zu können, sind Sie auf die RRD-Tools angewiesen. Stellen Sie sich diese als Programme vor, die laufend Messwerte (englisch: *Samples*) entgegennehmen und für jedes Messintervall einen ggf. zusammengefassten Wert (den *Primary Data*

[1] Wer sich für Interna des Dateiformats interessiert, findet es in der Datei `rrd_format.h` im Sourcecode des Programms ausführlich kommentiert.

Point) in eine Binärdatei schreiben. Aus dem gesammelten Datenbestand können Sie außerdem Statistiken erzeugen oder die Werte visualisieren.

Während RRDs umfassende Datenoperationen kennen, kommt Munin mit einem Teil dieser Funktionalität aus. So unterstützt die Software keine aufwändigen Statistiken, lässt das Perl-Modul `RRDs` jedoch die Graphen erzeugen. Auch die Verwaltung der Messwerte und der Historie bleibt diesem Perl-Modul überlassen.

Ähnlich wie bei Datenbanktabellen bedarf es einer gewissen Vorbereitung, bevor erstmalig Daten geschrieben werden können. Die erforderlichen Angaben zur Struktur und Arbeitsweise der Archive werden beim Anlegen der RRD-Datei spezifiziert.

Bei Munin steht der entsprechende Aufruf im Skript `munin-update` des Munin-Servers. Er bedient sich der Funktion `RRDs::create` aus dem Perl-Modul `RRDs.pm`,[2] die folgende Angaben erwartet:

- Den Namen der anzulegenden RRD-Datei unter Angabe des kompletten Pfads. Nach welchen Regeln Munin die Dateinamen bildet, erfahren Sie im Unterkapitel 2.2 auf Seite 40.
- Den Datentyp der Datenquelle als zweites Argument:
  - `GAUGE` besagt, dass die Datei absolute Werte (etwa die CPU-Last oder die Plattenauslastung) enthält.
  - Bei `COUNTER` enthält die Datei den Wert eines Zählers. Dieser Datentyp geht davon aus, dass der Wert ständig ansteigt und nie kleiner wird. Damit eignet er sich z. B. zur Protokollierung der Anzahl der im Netzwerk übertragenen Bytes. Gespeichert wird jeweils die Differenz zum *letzten gemessenen Wert*. Aus der Differenz und der inzwischen vergangenen Zeit wird beim Netzwerkbeispiel also die Datenrate in Bytes pro Sekunde ermittelt.

    Läuft der Zähler über, prüft die Programmlogik, ob dies bei Erreichen der 32-Bit bzw. der 64-Bit-Grenze geschah und korrigiert das Ergebnis. Lässt sich der Wert nicht korrigieren, macht sich das durch Spitzen oder Lücken in der Grafik bemerkbar.
  - Bei `DERIVE` enthält die Datei jeweils die Differenz zum vorherigen Wert. Anders als bei `COUNTER` fehlt jedoch die Überlaufprüfung. Dafür darf der Wert auch kleiner werden, so dass sich dieser Datentyp z. B. dazu eignet, die Anzahl von Personen in einem Raum zu überwachen.
  - `ABSOLUTE` wird als sehr schneller Zähler genutzt. Um zu verhindern, dass er regelmäßig an seine 32- oder 64-Bit-Grenze stößt, erfährt der `ABSOLUTE`-Zähler nach jeder Messung einen Reset. So bleibt bis zum

[2] `RRDs.pm` nutzt seinerseits `RRDs.so`, das Shared-Library-Modul der RRD-Tools, das wiederum Funktionen aus `librrd.so` verwendet.

nächsten Überlauf die maximal mögliche Zeit. Dieser Datentyp eignet sich z. B. zum Datensammeln in extrem schnellen Netzwerken wie InfiniBand.

  - Mit COMPUTE berechnen die RRD-Tools virtuelle Datenquellen aus anderen. Der Inhalt einer solchen Datenquelle ist also das Ergebnis einer formelgestützten Berechnung, basierend auf Werten aus anderen Data Sources. Solange keine Berechnung angestoßen wird, werden die Werte in einer solchen Datei nicht regelmäßig upgedatet. Möchten Sie die Summe aller Datenraten einiger Netzwerkkarten grafisch darstellen, bietet sich die Addition der entsprechenden Datenquellen an.

- Der dritte Parameter, `step`, legt fest, welche Granularität der gesammelte Datenbestand hat. Voreingestellt sind 300 Sekunden. Das bedeutet, dass die RRD-Tools für ein fünfminütiges Zeitintervall je einen sogenannten *primären Datenpunkt* (englisch: *Primary Data Point, PDP*) in die RRD-Datei schreiben. Gehen innerhalb dieser fünf Minuten mehrere Messwerte ein, bilden sie diesen aus der Mittelung aller betreffenden Messwerte. Ob ein gültiger Datenpunkt geschrieben wird, wenn im betreffenden Zeitraum keine Messwerte eingingen, hängt vom Wert des Parameters `minimal_heartbeat` ab.

- Der `minimal_heartbeat` definiert, wieviel Zeit zwischen dem Eintreffen von Daten maximal vergehen darf. Der damit festgelegte *Herzschlag* definiert Ihre Anforderungen an die Frequenz der eingehenden Samples, auch dies eine Angabe in Sekunden. Treffen innerhalb des angegebenen Zeitraums keine Daten ein, wird die Messung als ungültig angesehen und der Wert `nan` (*not a number*) ins Archiv übernommen.

  Ist der durch den Heartbeat definierte Zeitraum kleiner als der von `step`, bedeutet das, dass mehrere Messwerte zur Bildung eines gültigen PDP gefordert sind. Üblicherweise ist der Wert für Heartbeat jedoch größer. Bei Munin ist `step` auf 300, `minimal_heartbeat` auf 600 Sekunden eingestellt. Wenn nach 300 Sekunden kein neuer Messwert gemeldet wurde, wird in diesem Fall der letzte Messwert zur Erzeugung des aktuellen PDP herangezogen, und das Archiv wartet noch weitere 300 Sekunden, ob neue Werte eingehen, bevor – wenn diese ausbleiben – `nan`-Werte gespeichert werden.

- Mit dem Parameter `min` gibt man die untere Schranke des Wertebereichs an. Ist der gemeldete Messwert kleiner, wird er verworfen. Für Munin lässt sich der Wertebereich einer Datenquelle durch Belegung des datenspezifischen Attributs `min.`[3] nach unten beschränken. Hat man eine solche Grenze für die Datenquelle definiert, übernimmt der `RRDs::create`-Befehl diese. Anderenfalls symbolisiert die Angabe `U` für *unbekannt*, dass keine Beschränkung existiert. Diese sorgt dafür, dass in der RRD-Datei der Pseudowert `NaN` vermerkt wird.

[3] Die Liste der datenspezifischen Attribute finden Sie im Anhang auf Seite 299.

- Die obere Schranke des Wertebereichs legt der Parameter `max` fest. Überschreitet der gemeldete Messwert die Schranke, wird er verworfen.

  Analog zu `min` lässt sich der Wert für `max` bei Munin durch Belegung des datenspezifischen Attributs `max` definieren.

- Als letztes Argument verlangt `RRDs::create` Regeln zum Aufbau der Robin-Round-Archive (RRAs), deren Syntax wir ab Seite 39 vorstellen und am Beispiel der Munin-Archive erläutern.

2.1 Datenverdichtung

Das eigentlich interessante Feature der RRDs sind die darin enthaltenen *Robin-Round-Archive* (RRAs). Dabei handelt es sich um Ableitungen aus den Primärdaten, ermittelt mit Hilfe statistischer Auswertungen und für die festgelegten Zeitintervalle komprimiert. Die Anzahl der im jeweiligen Archiv gespeicherten Datenwerte steht mit Erzeugung der RRD fest; zu Beginn dienen `nan`-Werte als Platzhalter. Neuere Daten verdrängen ältere. So bleibt die Größe der Datei über die Zeit gleich.

Abbildung 2.1: Ein Datenmodell, das sich nicht aufbläht

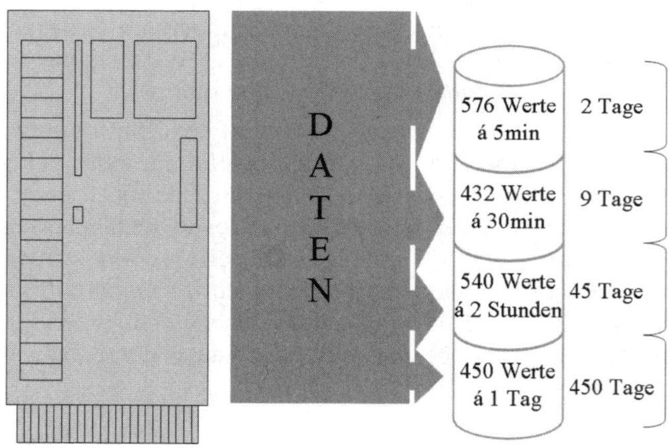

Munin benutzt RRAs als hochauflösende Archive, die die Messwerte des aktuellen Tages, eine etwas komprimierte Fassung zur Darstellung der Daten der laufenden Woche sowie – stärker eingedampft – die Daten für den aktuellen Monat und das Jahr enthalten. Die Munin-Plugins liefern die Messwerte. Aus diesen Samples leiten die RRD-Tools die primären Datenpunkte ab und ergänzen die Daten in den Archiven für die vier protokollierten

Zeiträume (Abbildung 2.1). Der neue Wert fließt gemäß den Archivierungsregeln (Erläuterungen folgen in Abschnitt 2.1.1) anteilig bei der Bildung von Mittelwerten ein und wird bei der Ermittlung der Minimal- bzw. Maximalwerte berücksichtigt.

Während sich die Werte für den aktuellen Tag noch auf fünf Minuten genau ablesen lassen, werden sie in den Wochen-, Monats- und Jahresgrafiken immer weiter eingedampft, so dass ein Pixel in der Jahresansicht ungefähr einen Tag repräsentiert.

2.1.1 Archivierungsregeln für RRD-Dateien

Die RRD-Tools sehen zur Definition der Archivierungsregeln beim Anlegen der RRD-Datei folgende Syntax vor:

```
RRA:datenart:xff:stufen:zeilenanzahl
```

Der Parameter ***datenart*** gibt an, für welche Datenart die Regel gelten soll:

- Auf `AVERAGE` gesetzt, gilt sie für die Bildung der Mittelwerte.
- Mit `MIN` bezieht sie sich auf die Ermittlung der Minimalwerte,
- mit `MAX` auf die der Maximalwerte.
- Eine Regel für `LAST` legt fest, auf welche Weise der jeweils aktuelle Wert gebildet wird.

Anstelle des Platzhalters ***xff*** gibt man als sogenannten *XFiles Factor* einen Wert zwischen `0` und `1` an. Dieser besagt, wie viele Messwerte mindestens eintreffen müssen, damit der Datenpunkt als ausreichend gesichert betrachtet werden darf. Bei einem Wert von `0.5` muss mindestens die Hälfte der Werte vorliegen. Anderenfalls wird keine Berechnung durchgeführt und das Datum erhält den Wert *undefiniert*, also `nan`.

stufen gibt an, wieviele Werte in die Berechnung des Datenpunktes eingehen sollen. Der Parameter ***zeilenanzahl*** legt fest, für wieviele Messintervalle das Archiv Daten vorhält.

Entsprechende Regeln enthält das Skript `munin-update` fest einkodiert. Der Wert für ***xff*** ist für alle Regeln auf 0,5 festgelegt. Die Vorgaben für ***stufen*** und ***zeilenanzahl*** variieren für die verschiedenen Zeitebenen.

Das aus primären Daten gewonnene Tagesarchiv enthält je einen Datensatz pro fünfminütigem Messintervall, der in aller Regel dem eingetroffenen Wert entspricht. Hier findet also keine Komprimierung statt. Das Archiv hält die Daten aus 576 Intervallen vor. Das entspricht einer Aufzeichnung von zwei Tagen:

```
RRA:AVERAGE:0.5:1:576
RRA:MIN:0.5:1:576
RRA:MAX:0.5:1:576
```

Das Wochenarchiv enthält nur noch einen Datensatz alle 30 Minuten. In die dort gespeicherten Werte gehen jeweils sechs primäre Datenpunkte ein. Das Archiv gibt Auskunft über 432 halbstündige Intervalle. Das entspricht einer Aufzeichnung von neun Tagen:

```
RRA:AVERAGE:0.5:6:432
RRA:MIN:0.5:6:432
RRA:MAX:0.5:6:432
```

Im Monatsarchiv münden je 24 Datenpunkte aus Fünf-Minuten-Intervallen in einen Wert für ein Zwei-Stunden-Intervall. Es beherbergt die Werte für 540 solcher zweistündiger Intervalle und umfaßt damit einen Beobachtungszeitraum von 45 Tagen:

```
RRA:AVERAGE:0.5:24:540
RRA:MIN:0.5:24:540
RRA:MAX:0.5:24:540
```

Das Jahresarchiv. fasst in jedem seiner gespeicherten Werte 288 primäre Datenpunkte zusammen, was einem Punkt pro Tag entspricht. Mit 450 Datenzeilen ist der Zeitraum von anderthalb Jahren zu überblicken:

```
RRA:AVERAGE:0.5:288:450
RRA:MIN:0.5:288:450
RRA:MAX:0.5:288:450
```

Munin legt pro Graph eine RRD-Datei an, die alle vier zugehörigen RRAs enthält. Diese hat von Anfang an eine Größe von rund 50 KB; auf 64-Bit-Systemen ist sie nur wenige Bytes größer als auf 32-Bit-Systemen.

2.2 Ablage und Benennung der RRD-Dateien

Der Parameter `dbdir` in der Konfigurationsdatei `munin.conf` des Munin-Servers (vgl. Seite 89) legt fest, an welcher Stelle das Lager für die RRD-Dateien errichtet wird. Das dort festgelegte Verzeichnis spiegelt die Struktur der Munin-Übersicht[4] wieder: Auf oberster Ebene finden Sie Verzeichnisse, deren Namen denen der definierten Rechner*gruppen* (siehe Seite 91) entsprechen. Darin landen die RRD-Dateien sämtlicher Hosts, die dieser Gruppe zugeordnet sind.

[4] Lesen Sie im Kapitel 5.3.2 ab Seite 90, wie die Munin-Hierarchie konfiguriert wird.

Der Name einer RRD-Datei folgt bei Munin dem Schema *`hostname-service-datenquelle-typ`*`.rrd`. Anstelle des Platzhalters *`hostname`* steht der Name des zu überwachenden Hosts, wie er in eckigen Klammern in der Datei `/etc/opt/munin/munin.conf` angegeben wird.

Mit *`service`* ist der Name des zu überwachenden Dienstes gemeint, wie ihn der entsprechende Link im Service-Verzeichnis `/etc/opt/munin/plugins` vorgibt. Eventuelle Sonderzeichen im Dienstnamen werden durch Unterstriche ersetzt.

Die interne Bezeichnung der Datenquelle gibt das Feld *`datenquelle`* wieder. Damit ist *nicht* die Bezeichnung gemeint, die jeder Datenquelle über das Attribut `label`[5] zugewiesen werden kann und die in der Legende des Munin-Graphen auftaucht, sondern der interne Name, mit der das entsprechende Munin-Plugin sie anspricht.

Anstelle von *`typ`* steht der erste Buchstabe des Typs der erfassten Daten (siehe Seite 36), also `g` für `GAUGE`, `d` für `DERIVE`, `c` für `COUNTER`, `a` für `ABSOLUTE`.

Damit ergibt sich für die RRD-Datei, die die vom `memory`-Plugin auf dem Rechner `server.example.net` gelieferten Daten vom Datentyp `GAUGE` aus der Datenquelle `active` aufnimmt, der Name `server.example.net-memory-active-g.rrd`. Gehört dieser Host `server.example.net` zur Gruppe `linux`, findet man diese Datei im Verzeichnis `/var/opt/munin/linux/`.

2.3 Das Dateiformat

Jede RRD-Datei enthält einen Header, der Basisinformationen zu den gesammelten Daten enthält, darunter ihren Namen (im Parameter `filename`), den Datentyp (im Parameter `ds[42].type`), den Zeitpunkt des letzten Updates (`last_update`), den kleinsten (`ds[42].min`) sowie den größten erlaubten Wert (`ds[42].max`).

Da RRD-Dateien ausschließlich binär erzeugt werden, benötigen Sie das Werkzeug `rrdtool`, um sich diese Werte anzusehen: Entweder Sie exportieren die Daten in eine XML-Datei mit dem Kommando `rrdtool dump webserv.example.com-load.rrd | less` oder Sie nutzen wie hier den `rrdtool`-Befehl `info` (siehe auch Tabelle 2.1 auf Seite 43):

```
user@master:/var/opt/munin/db/example.com/> rrdtool info \
webserv.example.com-load.rrd
filename = "webserv.example.com-load.rrd"
rrd_version = "0001"
step = 300
```

5 Eine Liste der datenspezifischen Attribute mit Erläuterung bietet der Anhang ab Seite 299.

```
last_update = 1194111342
ds[42].type = "GAUGE"
ds[42].minimal_heartbeat = 600
ds[42].min = NaN
ds[42].max = NaN
ds[42].last_ds = "UNKN"
ds[42].value = 5.3760000000e+01
ds[42].unknown_sec = 0
[...]
```

Außerdem sind hier Metainformationen wie die Version des Datenbankformats (`rrd_version`) und das Intervall für die Erzeugung primärer Datenpunkte (`step` Sekunden) zu finden. Der Zeitpunkt des letzten Eintrags wird als Unix-Timestamp angegeben: Der Wert `1194111342` im Beispiel entspricht dem 03. November 2007 um 18:45 Uhr.

Die `ds[]`-Einträge enthalten Informationen zur Datenquelle (englisch: *Data Source*). Obwohl eine RRD-Datei mehrere Datenquellen und damit mehrere unabhängige Messreihen beherbergen kann, legt Munin für jede Kurve eine eigene Datei an. Damit entfällt die Notwendigkeit, die Datenquellen unterschiedlich zu benennen. Deswegen finden Sie als Name einer Datenquelle in Munins RRD-Dateien immer 42, obwohl das Datenformat bis zu 19 beliebige Buchstaben und Zahlen erlaubt. Da der Name der Datenquelle bereits im Dateinamen steckt, vereinfacht Munin die Datenverarbeitung, indem es die Datenquellen in den RRD-Dateien einheitlich benennt. Dass die Munin-Autoren diese ausgerechnet 42 nennen, legt eine Hommage an Douglas Adams'[6] Roman *Per Anhalter durch die Galaxis* nahe, auch wenn sie auf Nachfrage von einem „zufälligen Zufall" sprechen.

Die in dieser Beispieldatei gelagerten Daten sind vom Typ `GAUGE`, das heißt, jeder Wert wird so eingetragen, wie ihn das Plugin liefert. Von den auf Seite 36 besprochenen Data-Source-Typen nutzt Munin lediglich `GAUGE`, `COUNTER`, `DERIVE` und `ABSOLUTE`

Außerdem enthält der Header mit `ds[42].value` jeweils den letzten gespeicherten Wert im Klartext, im Beispiel also `5,376`.

An den Header schließen sich die Round-Robin-Archive an. Sollte spätestens nach der in `ds[42].minimal_heartbeat` angegebenen Anzahl Sekunden (im Beispiel `600`) kein neuer Wert eingetrudelt sein, wird für diesen Zeitslot statt eines Werts `nan` eingetragen. Bei mehrfachen Dateneingängen in einem Zeitslot überschreiben RRD-Tools nicht einfach den alten Wert, sondern bilden jeweils den arithmetischen Mittelwert.

Außerdem speichern sie jeweils den kleinsten und größten im Zeitslot eingegangenen Wert sowie den letzten Eintrag, der in diesem Intervall einging.

Da Munin innerhalb von `step` (im Beispiel `300`) Sekunden nur einen Wert hinzufügt, ist dieser gleichzeitig minimaler (`MIN`), maximaler (`MAX`) wie auch

[6] `http://de.wikipedia.org/wiki/Douglas_Adams`

Durchschnittswert (AVERAGE) und wird entsprechend dreifach notiert. Kontrollieren können Sie dies, indem Sie die Werte zu einem bestimmten Zeitpunkt innerhalb der letzten 30 Stunden (im Folgenden 1204910100, also Freitag, der 07. 03. 2008 um 18:15 Uhr)[7] für alle drei RRAs abrufen und miteinander vergleichen:

```
user@master:/var/opt/munin/example.com> rrdtool fetch \
webserv.example.com-load-load-g.rrd AVERAGE | grep 1204910100
1204910100: 4.3012368584e-01
user@master:/var/opt/munin/example.com> rrdtool fetch \
webserv.example.com-load-load-g.rrd MAX | grep 1204910100
1204910100: 4.3012368584e-01
user@master:/var/opt/munin/example.com> rrdtool fetch \
webserv.example.com-load-load-g.rrd MIN | grep 1204910100
1204910100: 4.3012368584e-01
```

2.4 Die RRD-Tools

Munins Arbeitsweise versteht man am besten, wenn man mit den RRD-Tools selbst ein wenig spielt. So werden Möglichkeiten und Grenzen deutlich.

2.4.1 Das Kommandozeilenprogramm `rrdtool`

Das Programm, mit dem man RRDs auf der Kommandozeile bearbeitet, heißt `rrdtool`. Die wichtigsten Unterbefehle für erste Experimente sowie die Befehle, die Munin benutzt, sind in Tabelle 2.1 genannt. [8]

Tabelle 2.1: Subkommandos zu `rrdtool`

Kommando	Funktion
`create`	Eine neue Datei im RRD-Format erzeugen.
`update`	Legt einen neuen Wert in einer RRD-Datei ab.
`graph`	Erzeugt aus den RRD-Daten eine Grafik und führt u. U. Berechnungen aus (siehe Seite 45).
`dump`	Erzeugt einen XML-Dump einer RRD-Datei unter Verwendung des ASCII-Zeichensatzes.
`restore`	Wandelt einen XML-Dump in eine RRD-Datei zurück.

[7] Einen Timestamp rechnen Sie mit `date -d @zeitstempel` in ein gängiges Datum um.

[8] Eine umfangreiche Beschreibung aller Befehle finden Sie auf `http://oss.oetiker.ch/rrdtool/doc/index.en.html`.

Fortsetzung:

Kommando	Funktion
`fetch`	Liest Messwerte einer Reihe aus (siehe Seite 44). Da in Munin-RRDs immer nur eine Messung pro Timeslot eingeht, ist es unerheblich, unter Angabe welches Parameters Sie dies tun: `MIN` gibt die Minimal-, `MAX` die Maximal- und `AVERAGE` die Mittelwerte aus. Mit `rrdtool fetch` *`datei.rrd`* `LAST` liest man den jeweils letzten Wert im Intervall aus, den Munin allerdings nicht speichert.
`tune`	Verändert die Konfigurationsdaten im Header der RRD, z. B. das in `step` gespeicherte Messintervall oder die Minimal- bzw. Maximalwerte (siehe auch Seite 204).
`last`	Gibt den Zeitpunkt des letzten Updates aus. Dieser entspricht der Angabe `last_update` bei Aufruf des `info`-Befehls.
`first`	Gibt den Zeitpunkt aus, zu dem der erste Messwert eingetragen wurde.
`info`	Gibt den kompletten Header des Round-Robin-Archivs aus (siehe den auf Seite 41 erzeugten Dateiausschnitt).
`resize`	Verändert die Anzahl der Zeilen in einer bestehenden RRD-Datei. `rrdtool info` zeigt diese in den `rra[`*`zahl`*`].rows`-Einträgen an, wobei *`zahl`* die fortlaufende Nummer des Datenpunkts ist.
`xport`	Exportiert Bereiche einer RRD-Datei als XML-Code.

Um die Werte aus einer von Munin angelegten RRD-Datei auszulesen, ruft man `rrdtool` mit dem Subkommando `fetch` auf:

```
user@master:/var/opt/munin/example.com> rrdtool fetch \
webserv.example.com-load-load-g.rrd AVERAGE
[...]
1191161700: 4.0790000000e-01
1191162000: 2.6400000000e-01
1191162300: 2.7953333333e-01
1191162600: 3.2883333333e-01
1191162900: nan
```

In der Ausgabe ist schön zu sehen, dass die Datei alle 300 Sekunden einen neuen Wert aufnimmt, zuletzt den mit dem Unix-Timestamp `1191162600` versehenen Eintrag vom 30. September 2007 um 16:30 Uhr. Sie deckt die letzten 24 Stunden ab und enthält damit genau 288 Werte. Dazu kommt mit `nan` ein Platzhalter für einen Messpunkt, der innerhalb der nächsten fünf Minuten erwartet wird.

Traf innerhalb von ds[42].minimal_heartbeat Sekunden kein neuer Zahlenwert ein, wird an dieser Stelle ebenfalls ein nan (oder NaN) vermerkt. Für Munin beträgt dieser Wert 600 Sekunden, also das doppelte des normalen, im Parameter step angegebenen Messintervals.

Sie können mit rrdtool Graphen zeichnen – genau so, wie Munin dies mit Hilfe der Perl-Plugins tut. Es steht Ihnen aber auch frei, mehrere Datensätze zu Vergleichszwecken in eine einzige Grafik zu packen, Farben und Zeitbereiche frei zu wählen und selbstverständlich die Bildbeschriftung anzugeben. Natürlich sollten gemeinsam dargestellte Graphen auf der Grundlage vergleichbarer Daten entstehen, beispielsweise der Last zweier Rechner wie in Abbildung 2.2:

```
user@master:/var/opt/munin/db/example.com/> rrdtool graph \
load_AppWebServer.png DEF:pkt=appserv.example.com-load.rrd:42:AVERAGE \
DEF:avr=webserv.example.com-load.rrd:42:AVERAGE \
LINE1:pkt\#ff0000:"Load Appserver" LINE2:avr\#0000ff:"Load Webserver"
```

Neben absolut notwendigen Angaben wie dem Namen der Grafikdatei (hier load_AppWebServer.png), der RRD-Datei(en) (im Beispiel appserv.example.com-load.rrd und webserv.example.com-load.rrd) und der Datenquelle (bei Munin immer 42) können Sie auch die Farben (hier #ff0000 (rot) und #0000ff (blau)) und und/oder den Graphtypen, im Beispiel Liniengrafik, festlegen. Auch den Legendentext legen wir im Beispiel mit Load Appserver und Load Webserver fest.

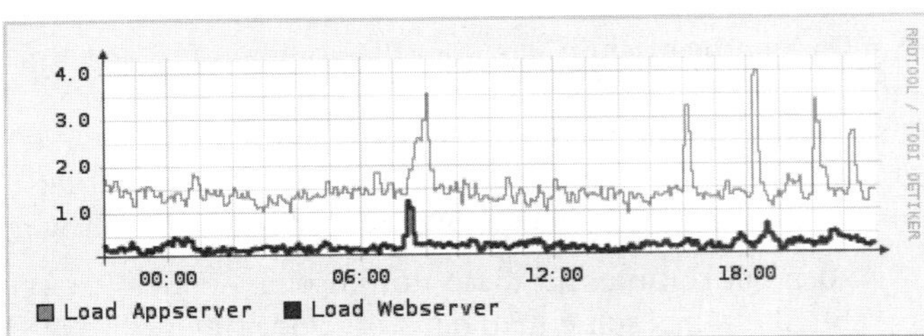

Abbildung 2.2: Eigene Kreation: zwei Lastkurven in einem Graphen

Interessant ist auch die Möglichkeit, den gezeichneten Bereich mit den zusätzlichen graph-Optionen --start -4h --end now einzuschränken. Der --start-Parameter gibt an, zu welchem Zeitpunkt an die Darstellung beginnen soll, --end bestimmt, wann sie endet. Mit den genannten Angaben dokumentiert die Grafik die letzten (daher das Minuszeichen vor der 4) vier Stunden, vom Zeitpunkt des Programmaufrufs (now) aus gerechnet.

2.4.2 rrdtune

Mit rrdtune legt man den *Heartbeat*, also das Messintervall, die zu erwartenden Minimal- oder Maximalwerte und die Art der Datenquelle neu fest.

Sinnvoll ist das z. B., um die obere Grenze für Messwerte so zu setzen, dass Spikes (also Ausreißer nach oben oder unten) entfernt und zukünftig verhindert werden. `http://munin.projects.linpro.no/wiki/SpikeRemoval` zeigt, wie das mit einer einzigen Zeile Perl geht.

2.4.3 `rrdcgi`

Das eigenständige Perl-Programm `rrdcgi` ist ein Skriptspracheninterpreter, der es erlaubt, HTML-Templates mit RRD-Graphen anzureichern. Es setzt RRD-Tools ab der Version 1.2 voraus. Möchten Sie Webseiten mit *on the fly* erzeugten RRD-Dateien anreichern, lohnt ein Blick auf `http://haroon.sis.utoronto.ca/rrd/scripts/`.

2.4.4 RRDs bearbeiten

Wenn Sie aus einer RRD-Datei Messwerte nachträglich verändern wollen, gibt es zwei Möglichkeiten: den Weg über einen einen speziellen RRD-Editor oder das Bearbeiten einer exportierten XML-Datei und deren Reimport in die RRD.

Ein kommerzieller Editor für RRD-Dateien[9] funktioniert zumindest in der derzeit aktuellen Version 0.5.3 mehr schlecht als recht. Er kann zudem nur Dateien bearbeiten, die unter dem gleichen Betriebssystem erzeugt wurden auf dem der Editor läuft.

Möchten Sie Dateien bearbeiten, die die RRD-Tools unter Windows erzeugt haben, sind Sie auf die Windowsversion des Editors angewiesen. Mit der Linuxversion lassen sich ausschließlich unter Linux erzeugte RRDs bearbeiten. Die „Unixversion" (damit ist Solaris gemeint) kommt dieser Logik folgend nur mit Dateien klar, die ebenfalls unter Solaris erstellt wurden.

Deswegen ist das Subkommando `dump` mit anschließendem `restore` das Mittel der Wahl. Allerdings sollte man den Aufwand, eine über 500 KB große Datei Zeile für Zeile zu durchsuchen, nicht unterschätzen.

Wählen Sie den Umweg über die XML-Datei, lässt sich diese mit einem Texteditor oder einem speziellen XML-Editor bearbeiten:

```
user@master:/var/opt/munin/example.com> rrdtool dump \
websrv.example.com-cpu-softirq-d.rrd > \
/tmp/websrv.example.com-cpu-softirq-d.xml
user@master:/var/opt/munin/example.com> cat \
/tmp/websrv.example.com-cpu-softirq-d.xml
<!-- Round Robin Database Dump -->
<rrd>
        <version> 0003 </version>
```

[9] `http://thetoolsmith.com/rrd_editor_index.php`

```
        <step> 300 </step> <!-- Seconds -->
        <lastupdate> 1204917065 </lastupdate> <!-- 2008-03-07 20:11:05 C
ET -->

        <ds>
                <name> 42 </name>
                <type> DERIVE </type>
                <minimal_heartbeat> 600 </minimal_heartbeat>
                <min> 0.0000000000e+00 </min>
                <max> 5.0000000000e+03 </max>

                <!-- PDP Status -->
                <last_ds> 352575 </last_ds>
                <value> 2.1741379310e+01 </value>
                <unknown_sec> 0 </unknown_sec>
        </ds>

<!-- Round Robin Archives -->
        <rra>
                <cf> AVERAGE </cf>
                <pdp_per_row> 1 </pdp_per_row> <!-- 300 seconds -->

                <params>
                <xff> 5.0000000000e-01 </xff>
                </params>
                <cdp_prep>
                        <ds>
                        <primary_value> 0.0000000000e+00 </primary_value>
                        <secondary_value> 0.0000000000e+00 </secondary_va
lue>
                        <value> NaN </value>
                        <unknown_datapoints> 0 </unknown_datapoints>
                        </ds>
                </cdp_prep>
                <database>
                        <!-- 2008-03-05 20:15:00 CET / 1204744500 --> <ro
w><v> 2.0280936455e-01 </v></row>
                        <!-- 2008-03-05 20:20:00 CET / 1204744800 --> <ro
w><v> 3.2891082859e-01 </v></row>
                        <!-- 2008-03-05 20:25:00 CET / 1204745100 --> <ro
w><v> 3.2954917088e-01 </v></row>
                        <!-- 2008-03-05 20:30:00 CET / 1204745400 --> <ro
w><v> 3.7563007856e-01 </v></row>
                        <!-- 2008-03-05 20:35:00 CET / 1204745700 --> <ro
w><v> 4.1394628975e-01 </v></row>
                        <!-- 2008-03-05 20:40:00 CET / 1204746000 --> <ro
w><v> 5.2257678717e-01 </v></row>
                        <!-- 2008-03-05 20:45:00 CET / 1204746300 --> <ro
w><v> 4.1288846607e-01 </v></row>
                        <!-- 2008-03-05 20:50:00 CET / 1204746600 --> <ro
w><v> 3.0616308215e-01 </v></row>
[...]
```

```
                </database>
        </rra>
[...]
</rrd>
```

Die von Munin berücksichtigten Durchschnittswerte stehen im von `<rra>` und `</rra>` umschlossenen Abschnitt mit der Überschrift `<cf> AVERAGE </cf>`, und zwar im Datenblock zwischen den beiden Tags `<database>` und `</database>`. In der ersten Spalte enthält dieser auskommentiert die Uhrzeit, in der zweiten Spalte die eigentlichen Werte (hier `2.0280936455e-01`, `3.2891082859e-01`, `3.2954917088e-01` usw.).

Die `MIN`- und `MAX`-Werte, die sich in eigenen (hier nicht abgebildeten) `rra`-Abschnitten befinden, ignoriert Munin ohnehin.

Der Dump selbst beginnt mit Angaben zur RRD und zur Datenquelle (Abschnitt `ds`). Die korrigierte XML-Datei lässt sich wie folgt in die Binärform konvertieren:

```
user@master:/var/opt/munin/example.com> rrdtool restore \
/tmp/websrv.example.com-cpu-softirq-d.xml \
websrv.example.com-cpu-softirq-d.rrd
```

Bei Dateien aus anderen Quellen, die Minimal- und Maximalwerte nutzen, kann die Änderung eines Werts einige Kopfrechnungen verlangen oder die Programmierung eines Skripts nahelegen. Letzteres empfiehlt sich ohnehin, denn nach spätestens fünf Minuten muss die geänderte RRD-Datei wieder an Ort und Stelle sein, sonst gehen entsprechend viele neuere Werte verloren.

3 Kapitel

Linux-/Unix-Systeme als Munin-Nodes

Wir sind des Schicksals vorfliegende Zwei,
Es haftet der Spruch an den Taten.

Aus Rabengesang[1]

Munin-Nodes erstatten Bericht über die überwachten Rechner. Auf Anfrage des Munin-Masters geben sie bereitwillig Auskunft über die Situation vor Ort. Sie sind gut informiert, kennen Land und Leute und haben Kontakte bis in die höchsten Kreise: Im Gegensatz zum Munin-Master, dessen Skripte *alle* unter der eigenen Kennung `munin` ablaufen, sammeln Munin-Nodes die Daten bei Bedarf auch mit `root`-Rechten ein.

[1] `http://www.rabenbaum.com/pageID_2710181.html`

3.1 Voraussetzungen für die Installation

Die Installation der Munin-Node-Software ist auf ihre Weise anspruchsvoll, denn es gilt, mannigfaltige Abhängigkeiten zu beachten. Generell muss Perl mitsamt des Moduls `Net::Server` installiert sein. Auf diesem Modul basiert der Munin-Node-Daemon, der ständig auf Port 4949 lauscht und auf Anfragen des Munin-Masters wartet.

Solange Konfigurationsdateien im Verzeichnis `/etc/opt/munin/plugin-conf.d/` nichts anderes festlegen, führt der `munin-node`-Daemon Plugins mit den Benutzerrechten des Users `nobody` und der Gruppe `munin` aus. `nobody` ist auf allen bekannten Unixen standardmäßig angelegt.[2]

Manche Plugins für den Munin-Node benötigen zum Funktionieren weitere Software. So verlangt das Paket `munin-node` unter Debian nach den Paketen `lsb-base`, `libwww-perl`, `libnet-irc-perl` (enthält das Perl-Modul `Net::IRC`), `mysql-client`, `smartmontools`, `acpi`, `lm-sensors`, `python`, `ethtool` sowie `libnet-snmp-perl`, das das Perl-Modul `Net::SNMP` enthält.

Anhang D ab Seite 303 beschreibt die Abhängigkeiten der mitgelieferten Plugins von Hilfsprogrammen oder Perl-Modulen, sagt, auf welchen Betriebssystemen diese laufen und in welcher Programmiersprache sie geschrieben sind.

Manche Plugins sind sehr anspruchslos, was Benutzerrechte betrifft, andere müssen mit `root`- oder speziellen Gruppenrechten aufgerufen werden. Zur ersten Kategorie gehört das `load`-Plugin, während Plugins, die Netzwerkschnittstellen abfragen, unbedingt `root`-Rechte brauchen.

Deshalb läuft der Munin-Node-Daemon selbst mit `root`-Rechten, startet die meisten Plugins jedoch als Benutzer `nobody`. Die Einstellung können Sie später bei Bedarf mit Hilfe der Parameter `user` und `group` in der Konfigurationsdatei `munin-node.conf` ändern.

3.2 Installation des Nodes

Setzen Sie auf dem zu überwachenden Rechner Linux oder eine der vielen BSD-Varianten ein, beschränkt sich die Installation auf die üblichen Aufrufe des Paketmanagers. So genügt bei Distributionen, die die APT-Paketmanagement-Werkzeuge[3] oder `apt4rpm` einsetzen, die Eingabe des Befehls `apt-get install munin-node`.

[2] Wir gehen auf die Konfiguration des Munin-Nodes im Abschnitt 3.3 ab Seite 59 ausführlich ein. So finden Sie auf Seite 74 eine Beispielkonfiguration, die für ein Plugin eine abweichende Gruppe festlegt.

[3] Die Abkürzung APT steht für *Advanced Package Tool*.

Anwender der Gentoo-Distribution nutzen das Kommando `emerge`. Unter FreeBSD lautet der entsprechende Befehl `pkg_add -r munin-node`.

Für die freien Varianten von Solaris 10, beispielsweise Nexenta OS, das ein Debian-ähnliches Paketsystem benutzt, existieren Binärpakete, die sich mit wenigen Befehlen installieren lassen. Wie auch bei Debian-Linux möglich, wird das Paket im `deb`-Format (für die zur Drucklegung aktuelle Version *Elatte-testing* heißt es `munin-node_1.2.4-1nexenta2_all.deb`)[4] mit `dpkg --install` installiert.

Einzelne Linux-Distributionen liefern im `munin-node`-Binärpaket weitere Plugins mit, die das Monitoring distributionsbedingter Einstellungen erlaubt. Dazu zählt z. B. `apt_all`, das zeigt, ob und wie viele Updates für das System zur Verfügung stehen.[5]

3.2.1 Anpassen und Installieren des Quellcodes

Bietet Ihre Distribution keine fertigen oder aktuellen Pakete an, müssen Sie den Quellcode von Sourceforge[6] herunterladen und installieren. Alternativ zum Download des Munin-Quellcodes als `tgz`-Archiv gibt es die Möglichkeit, Munin aus dem Subversion[7]-Repository der Entwickler herunter zu laden.

Der Befehl `svn ls svn://munin.projects.linpro.no/munin/tags` listet alle bisherigen Versionen auf, von denen Sie die gewünschte mit dem Befehl `svn checkout svn://munin.projects.linpro.no/munin/tags/`*`version`* `/usr/src/munin` herunterladen. Mit `svn checkout svn://munin.projects.linpro.no/munin/trunk/ /usr/src/munin` erhalten Sie stattdessen die aktuelle Entwicklerversion.

Entscheiden Sie sich dafür, den Quelltext aus dem Subversion-Repository zu nutzen, überschreiben Sie die dort mitgelieferte Datei `Makefile.conf`, die die von den Entwicklern genutzten Verzeichnisvorgaben enthält, mit der Datei `Makefile.conf-dist`. Letztere sorgt dafür, dass Munin standardmäßig dieselben Verzeichnisse unter `/opt/munin` verwendet wie die Sourcepakete von Sourceforge.

Für den Betrieb des Nodes benötigen Sie das Perl-Modul `Net::Server` und ggf. auch `Net::SNMP`. Wenn Perl inklusive des Moduls `CPAN` installiert wurde, können Sie Modulinstallation `cpan` nutzen. Seite 311 beschreibt die Details.

Den Munin-Quellcode entpackt man z. B. in `/usr/src`. Das dabei entste-

4 `http://www.gnusolaris.org/archive/elatte-unstable/net/munin-node`

5 Damit die lokale Datenbank, die die Namen der verfügbaren Pakete speichert, immer aktuell ist, muss man `apt-get update` möglichst mehrfach täglich, am besten stündlich, aufrufen.

6 `http://sourceforge.net/project/showfiles.php?group_id=98117`

7 Ein Programm zur Versionsverwaltung von Dateien und Verzeichnissen.

hende Unterverzeichnis `munin-`*`version`* enthält die Datei `Makefile.con fig`, in der man mit den Parametern `PREFIX`, `CONFDIR` und `MANDIR` festlegt, in welche Verzeichnisse Munin installiert wird (siehe auch Tabelle 3.1).

`PREFIX` ist standardmäßig mit `$(DESTDIR)/opt/munin` vorbelegt. Die Umgebungsvariable `DESTDIR` erlaubt es Paketerstellern, das Basisverzeichnis der Installation festzulegen und braucht bei einer normalen Installation nicht gesetzt werden.

Abbildung 3.1: Die Filesystem-Hierarchie des Munin-Nodes bei Installation aus dem Quellcode

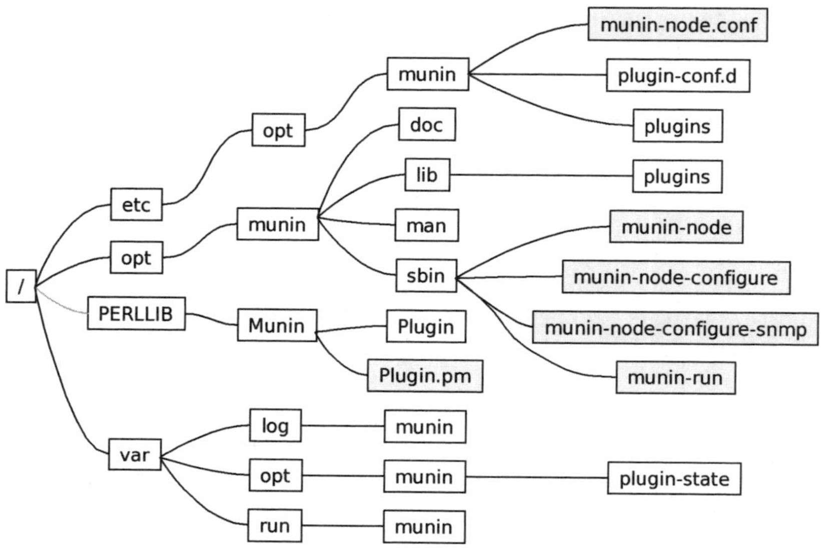

Abbildung 3.1 zeigt die Verzeichnisstruktur einer Standard-Installation aus dem Quellcode, bei der `PREFIX` auf `/opt/munin` gesetzt ist. Diese Pfade nutzen wir auch in diesem Buch. Alle weiteren Verzeichnisse leiten sich von der Variablen `PREFIX` ab oder werden mit dem Perlbefehl `$(PERL) -V:sitelib | cut -d"'" -f2` ermittelt.

Tabelle 3.1: Zielverzeichnisse der Munin-Node-Installation

Variable	Vorgabe	Inhalt
`PREFIX`	`/opt/munin`	Installationsverzeichnis
`CONFDIR`	`/etc/opt/munin`	Konfigurationsdateien für den Node und die Plugins
`SBINDIR`	`$(PREFIX)/sbin`	Ausführbare Programme
`DOCDIR`	`$(PREFIX)/doc`	Dokumentation
`MANDIR`	`$(PREFIX)/man`	Manpages

Fortsetzung:

Variable	Vorgabe	Inhalt
LIBDIR	$(PREFIX)/lib	Plugins und ggf. intern genutzte Programme
DBDIR	/var/opt/munin	Basisverzeichnis für „bewegliche“ Daten
PLUGSTATE	$(DBDIR)/plugin -state	Arbeitsdateien der Plugins
LOGDIR	/var/log/munin	Logdateien
STATEDIR	/var/run/munin	PID-Files und weitere Dateien, die Informationen zum Prozess-Status festhalten.
PERLLIB	$(DESTDIR)$(shell $(PERL) -V:sitelib | cut -d"'" -f2)	Perl-Bibliotheken

Um das Setup an den *Linux Filesystem Hierarchy Standard*[8] anzugleichen, ändern Sie die Standortangaben wie folgt:

```
PREFIX     = /usr/local
CONFDIR    = $PREFIX/etc/munin
BINDIR     = $PREFIX/bin
DOCDIR     = $PREFIX/doc
MANDIR     = $PREFIX/man
```

Die übrigen Variablen in `Makefile.config` können unverändert bleiben, da ihr Wert zur Laufzeit ermittelt wird. Ein gutes Beispiel hierfür ist

```
PERL       = $(shell which perl)
```

Der Eintrag führt dazu, dass `make` eine Shell aufruft, die den Befehl `which perl` ausführt. Das Ergebnis speichert die Variable `PERL`.

Damit der `which`-Befehl das `perl`-Binary findet, muss es sich in einem der in der Umgebungsvariable `PATH` genannten Verzeichnisse befinden.

Entspricht die Datei `Makefile.config` den eigenen Vorstellungen, legen Sie die Benutzergruppe `munin` an. Bei deren ID können Sie dem Vorschlag der Entwickler folgen und `111` wählen oder ihr auch eine andere ID zuweisen.

Einen separaten Benutzeraccount brauchen Sie, wie eingangs erwähnt, nicht anlegen, da das Perlskript `munin-node`, das die Netzwerkkommunikation

[8] `http://www.pathname.com/fhs/`; deutschsprachige Informationen finden Sie z. B. auf Wikipedia unter `http://de.wikipedia.org/wiki/Filesystem_Hierarchy_Standard`.

übernimmt und die Plugins startet, mit `root`-Rechten läuft und Plugins meist mit den Rechten von `nobody` ausführt. Gerade bei Rechnern hinter einer Firewall empfiehlt es sich allerdings, einen User `munin` anzulegen, mit dessen Rechten sich der Endpunkt für einen SSH-Tunnel aufbauen lässt:

```
node: # groupadd -g 111 munin
node: # useradd -u 111 -g 111 -d /var/opt/munin -s /bin/false \
-c "Munin monitoring tool" munin
```

Sind alle Vorarbeiten erledigt, ruft man `make` auf. Dazu braucht es `root`-Rechte, da nichts kompiliert werden muss, vielmehr sofort installiert wird:

```
node:/usr/src/munin # make install-node
node:/usr/src/munin # make install-node-plugins
```

Das Makefile nutzt den Befehl `getent`, um zu überprüfen, ob der Benutzer und die Gruppe `munin` existieren. Leider gibt es `getent` nicht auf jedem Unix; so fehlt es z. B. unter IRIX. Auf eher exotischen Unixsystemen zeigt die Erfahrung, dass es sich lohnt, einen nicht verfügbaren Befehl mutig durch ein simples `true` zu ersetzen. Das ist oft zielführender als der Versuch, einen Check möglichst narrensicher zu implementieren – so auch hier. Natürlich muss man dann händisch den Zustand herbeiführen, den der auskommentierte Befehl hätte herstellen sollen.

Im Anschluss an die Installation machen Sie sich Gedanken darüber, wie der Munin-Node gestartet werden soll. Von Haus aus erstellt das Kommando `make install-node` kein Init-Skript für `/etc/init.d`; entsprechend fehlen auch die Links im jeweiligen Runlevelverzeichnis. Allerdings enthält das Quellarchiv das Start-Stopp-Skript `munin-node.rc` in den Verzeichnissen `dists/suse` und `dists/redhat`, das sich für die eigenen Zwecke anpassen und nach `/etc/init.d` kopieren lässt.

Munin bringt sehr informative Manpages für die einzelnen Programme sowie für die Konfigurationsdateien mit. Damit `man` diese Dateien findet, muss dessen Konfiguration angepasst werden. Je nach System erweitert man die Umgebungsvariable `MANPATH` um `/opt/munin/man` oder ergänz in der `/etc/manpath.config` einen entsprechenden Eintrag:

```
OPTIONAL_MANPATH          /opt/munin/man
```

3.2.2 Erstellen eines selbstextrahierenden Installationsskripts

Wenn Sie über einige 100 oder gar mehrere 1000 Computer herrschen, nutzen Sie sicher ein Programm wie Suns UCE oder die Open-Source-Software `puppet`,[9] mit dem sich die Installation und Konfiguration neuer Software

[9] `http://reductivelabs.com/trac/puppet`

mit wenigen Mausklicks bewältigen lässt – sieht man von der notwendigen Vorarbeit ab.

Ist Ihr Rechnerpark kleiner, raten wir zu einer simpleren Methode, Munin auf alle Computer zu verteilen: Erstellen Sie ein eigenes Installationspaket und installieren sie dieses auf all Ihren Rechnern! Das setzt voraus, dass sich die Systemumgebungen stark ähneln: Schon wenn das `perl`-Binary in einem abweichenden Verzeichnis liegt, zieht das Nacharbeit nach sich.

Mit Hilfe der speziell zum Paketbau vorgesehenen Umgebungsvariablen `DESTDIR` lässt sich der Munin-Node in ein *temporäres* Verzeichnis installieren. Den Inhalt dieses Verzeichnisses stecken Sie dann in ein `tar`- oder ein selbstentpackendes Archiv, das Sie auf den zu installierenden Rechnern auf Ebene des Rootverzeichnisses auspacken.

Als ersten Schritt geben Sie das temporäre Installationsverzeichnis vor. Anschließend rufen Sie `make` mit den entsprechenden Optionen auf:

```
node:/usr/src/munin # export DESTDIR=/usr/src/munin-package
node:/usr/src/munin # make install-node install-node-plugins
```

Damit stellt die Installationsroutine allen Zielverzeichnissen den Pfad zu `DESTDIR` als Präfix voran. Lauffähig ist der Munin-Node in `/usr/src/munin-package` allerdings nicht!

Die Installation auf den Zielrechnern übernimmt ein selbstextrahierendes Skript, das sich in kleinen Netzwerken von fünf bis zehn Nodes händisch auf die entsprechenden Rechner kopieren lässt. Anschließend ruft man es dort auf, wodurch der Munin-Node in die richtigen Verzeichnisse entpackt, konfiguriert und gestartet wird.

Solch ein selbstextrahierendes Skript enthält eine komplette Munin-Node-Installation, darunter die ausführbaren Dateien und die um die Information, welcher Server die Munin-Daten abfragt, ergänzte Konfigurationsdatei `munin-node.conf` sowie einen Mechanismus, der die einzelnen Dateien aus dem Skript extrahiert und startet.

Will man nach dem Extrahieren automatisch ein Programm starten, greift man zu einem einfachen Skript: `sfx-header`, ursprünglich von der Linux Group Malta publiziert, besteht aus gerade mal neun Zeilen Shellcode und erledigt doch (fast) alles Notwendige:

```
#!/bin/sh
echo ""
echo "sfx-header startet die Installation"
echo ""

# Das temporäre Verzeichnis erstellen, in das das Archiv entpackt wird
export WRKDIR=`mktemp -d /tmp/selfextract.XXXXXX`
```

```
# Ermittelt die Zeilennummer, auf der der Binärcode (das tgz) beginnt
SKIP=`awk '/^__ARCHIVE_FOLLOWS__/ { print NR + 1; exit 0; }' $0`

# Den tgz-Abschnitt dieser Datei mit tar entpacken:
tail +$SKIP $0 | tar xz -C $WRKDIR

# Nun das Installationsskript aufrufen
PREV=`pwd`
cd $WRKDIR
./install.sh

# Alle Dateien im temporären Verzeichnis entfernen
cd $PREV
rm -rf $WRKDIR

exit 0
__ARCHIVE_FOLLOWS__
```

Sofern Sie den Munin-Node nicht ins Verzeichnis `/usr/src/munin-package` installiert haben, erstellen Sie dieses Verzeichnis jetzt und erzeugen darin eine Verzeichnishierachie, die der Munin-Verzeichnisstruktur entspricht. Anschließend kopieren Sie die Munin-Skripte nach `/usr/src/munin-package/opt/munin/sbin` und die Plugins nach `/usr/src/munin-package/opt/munin/lib/plugins`.

Legen Sie zudem das Verzeichnis `/usr/src/munin-package/etc/opt/munin/plugins` an. Es soll später die symbolischen Links aufnehmen, über die die Plugins erreichbar sind.

Nach `/usr/src/munin-package/etc/opt/munin` kopieren Sie die Konfigurationsdatei `munin-node.conf`, in der Sie die `allow`-Zeile wie in Kapitel 3.3 auf Seite 59 angepasst haben.[10] Außerdem kopieren Sie auf Systemen, die das System-V-Init verwenden, das Start-Stopp-Skript ins Verzeichnis `/usr/src/munin-package/etc/init.d/` und verlinken es nach `/etc/init.d/rcx.d`.[11]

Während Perl heutzutage quasi zum Betriebssystem gehört, muss das `Net::Server`-Modul auf dem Zielsystem meist nachinstalliert werden. Die cpan-Methode ist hier nur zweite Wahl, denn das Skript kann all die Fragen, die cpan beim ersten Aufruf stellt, nur schlecht beantworten. Außerdem soll das selbstentpackende Archiv das Modul enthalten, so dass es nicht bei jeder Installation erneut heruntergeladen werden muss.

Deswegen packt man die `Net::Server`-Quellen[12] nach `/usr/src/munin-package/usr/src/` und weist das Skript später an, sie mit `make install` zu installieren.

10 Überwachen Sie nur wenige Nodes, können Sie diese Korrektur auch im Anschluss an die Installation auf jedem Rechner separat einpflegen.

11 Das *x* steht für das Runlevel, in dem der Munin-Node starten soll.

12 http://search.cpan.org/dist/Net-Server/

Wenn die Perlversionen auf den Zielrechnern nicht zu sehr voneinander abweichen, kann man alternativ ein fertig gebautes Perl-Modul in die `/usr/src/munin-package/`-Hierarchie aufnehmen.

Soll der Node Abfragen per SNMP vornehmen, gilt Gleiches für das Modul `Net::SNMP`.

Steht der Node in einer DMZ (siehe Kapitel A ab Seite 275), gehört zudem der öffentliche Schlüssel des **munin**-Users auf dem Munin-Server für den passwortlosen SSH-Tunnel-Zugang ins Verzeichnis `var/lib/munin/.ssh/` unterhalb des Archivverzeichnisses `/usr/src/munin-package`.

Das Skript, das alle Komponenten installiert und konfiguriert, legen Sie – zunächst leer – etwa mit `touch /usr/src/munin-package/install.sh` an. Nun sieht der Verzeichnisbaum etwa so aus:

```
node:/usr/src/munin-package #  tree -a
|-- etc
|   |-- init.d
|   |   `-- munin-node
|   |-- munin
|   |   `-- plugins
|   `-- rc2.d
|       `-- S98munin-node -> ../init.d/munin-node
|-- install.sh
|-- opt
|   `-- munin
|       |-- lib
|       |   `-- plugins
|       |       |-- cpu
|       |       `-- load
|       `-- sbin
|           |-- munin-node
|           `-- munin-node-configure
|-- usr
|   `-- src
|       |-- Net-SNMP-5.2.0.tar.gz
|       `-- Net-Server-0.96.tar.gz
`-- var
    `-- lib
        `-- munin
```

In `install.sh` folgen auf das obligatorische `#!/bin/sh` die Installationsbefehle für die Perl-Plugins:[13]

[13] Kommerzielle Unixe bringen zur Verwaltung von Useraccounts meist nur **useradd** mit. Der im Listing angegebene **adduser**-Befehl lässt sich dort durch **useradd -u 111 -d /var/lib/munin -c "Munin monitoring tool" munin** ersetzen. Teils erfordern selbst unterschiedliche **adduser**-Versionen unterschiedliche Parameter.

```
#!/bin/sh

# Perlmodule Net::Server und Net::SNMP installieren
cd /usr/src
tar xfz Net-Server-0.96.tar.gz
cd Net-Server ; make install

cd /usr/src
tar xfz Net-SNMP-5.2.0.tar.gz
cd Net-SNMP ; make install

# Gruppe und Benutzer munin anlegen
# Bitte tauschen Sie die beiden Befehle ggf. gegen für Ihr System
# passende aus!
addgroup --system --gid 111 munin
adduser --group --system --no-create-home --home /var/lib/munin munin

# Symbolische Links für Munin-Plugins anlegen
munin-node-configure --shell | sh

# munin-node starten
/etc/init.d/munin-node start
```

Steht der Rechner in der DMZ, nutzt man den Benutzeraccount `munin`, um den SSH-Tunnel zu bedienen. Funktioniert der Zugriff direkt, können Sie auf den Benutzeraccount sowie seinen SSH-Schlüssel natürlich verzichten.

`munin-node-configure` durchforstet das System und stellt fest, welche Plugins sich sinnvoll verwenden lassen. Dank der Option `--shell` gibt `munin-node-configure` Kommandos zum Erzeugen der passenden Symlinks aus. Diese Kommandos gehen per Pipe an eine Shell und werden damit ausgeführt. Dieser Vorgang meldet die entsprechenden Plugins sozusagen bei Munin an.

Als Letztes startet das Installationsskript den Munin-Node mit `/etc/init.d/munin start` und aktiviert damit auch die angemeldeten Plugins.

Überprüfen Sie bitte unbedingt selbst, dass das Skript weder Syntaxfehler, die zum Abbruch der Ausführung führen, noch logische Fehler enthält, sonst kann es passieren, dass mit seiner Hilfe installierte Munin-Komponenten nicht wie erwartet funktionieren. Dazu empfehlen sich reale Testläufe des nun zu erstellenden selbstentpackenden Archivs auf Testrechnern oder in virtuellen Umgebungen, die Sie mit Qemu, VMWare oder Solaris-Zonen aufsetzen.

Um keine Probleme mit Benutzerrechten zu bekommen, wechseln Sie als `root` ins Verzeichnis `/usr/src/munin-package` und packen alles mit `tar cvfz /var/tmp/munin-package.tgz *` ein.[14] Damit das Skript `install.`

[14] Bei fehlendem GNU-`tar` verwenden Sie alternativ den Befehl `tar cvf - * | gzip --stdout > /var/tmp/munin-package.tgz` .

`sh` ausgeführt wird, ist ein weiterer Verarbeitungsschritt notwendig: das Hinzufügen des eingangs erwähnten `sfx-header`. Dieser Code wird in eine Datei kopiert (das spätere selbstextrahierende Skript), an das sich nahtlos der gepackte Code der `tar`-Datei anschließt:

```
node:/var/tmp # cat sfx-header /var/tmp/munin-package.tgz > \
munin-package.sh
```

Mit `munin-package.sh` erhält man ein ausführbares Skript, welches im oberen Teil (bis zur Zeile `__ARCHIVE_FOLLOWS__`) normalen Shellcode enthält. Darauf folgt das `tar`-Archiv, das aus den Perlskripten und allem besteht, was installiert werden soll. Der Skriptteil der Datei extrahiert alles unterhalb von `__ARCHIVE_FOLLOWS__` in eine eigene Datei und entpackt diese. Danach wird die Datei `install.sh` ausgeführt, die für den Rest sorgt.

Die Installationsarbeit beschränkt sich nun darauf, das selbstextrahierende Installationspaket auf den zu überwachenden Rechner zu kopieren und zu starten, und die serverseitige Konfiguration anzupassen. Je mehr gleichartige Rechner Sie betreiben, umso eher lohnt sich die Vorarbeit. Erweitern Sie `install.sh` um zusätzliche Logik, die weitgehend Betriebssystemunabhängigkeit garantiert, reicht u. U. ein einziges Installationspaket für alle unixoiden Betriebssysteme unabhängig von der Version.

3.3 Konfiguration des `munin-node`-Daemons

Munin funktioniert zwar selten ganz ohne Eingriff in die Konfiguration,[15] doch reicht meist die Anpassung der Zeile mit dem Schlüsselwort `allow` in der Datei `munin-node.conf`. Sie gewährt dem Master Zugriff auf den Node.

Die Konfigurationsdatei befindet sich bei der Installation distributionsseitiger Binärpakete meist unterhalb von `/etc/munin/`. Bei Source-Installationen, die den `CONFDIR`-Parameter unverändert aus der Vorgabe übernommen haben, findet man sie unter `/etc/opt/munin`.

3.3.1 Zugriffsberechtigung für den Master einrichten

Typischerweise übernimmt ein einziger Munin-Master die Aufgabe, die Nodes abzufragen. Erlauben (englisch: *allow*) Sie ihm dies, indem Sie seine IP-Adresse (im Folgenden `192.0.2.1`) angeben:

```
allow ^192\.0\.2\.1$
```

15 Alle Direktiven zur Konfiguration des Munin-Node erläutert der Anhang B im Abschnitt B.2 ab Seite 289.

Die Direktive `allow` darf beliebig oft verwendet werden. Fügen Sie einfach weitere `allow`-Zeilen hinzu, wenn der Bedarf besteht.

Beim Node auf dem Munin-Master-Rechner oder auf Nodes, die wegen einer Firewall über einen SSH-Tunnel (siehe Seite 275) angesprochen werden, behalten Sie die vorgegebene Adresse des `localhost` bei. In diesem Fall verweigert sich der Node allen Verbindungsaufbauversuchen von außen:

```
allow ^127\.0\.0\.1$
```

Die Schreibweise bedarf einer Erklärung: Um zu vermeiden, dass die Punkte als Teil eines regulären Ausdrucks falsch interpretiert werden, muss ihnen ein Backslash vorangestellt werden, Dieser macht klar, dass dieser Punkt für sich selbst steht und nicht als Platzhalter für ein beliebiges Zeichen dient. Das Zeichen ^ signalisiert den Anfang der IP-Adresse, das $ sein Ende.

Damit die Konfigurationsänderungen wirksam werden, stoppen und starten Sie `munin-node`:

```
node: # /etc/init.d/munin-node restart
Stopping Munin Node agents:                                  [  OK  ]
Starting Munin Node:                                         [  OK  ]
```

Alternativ zum Neustart sendet man das Signal HUP an den `munin-node`, was ihn veranlasst, die Konfigurationsdatei neu zu lesen:

```
node: # kill -HUP `cat /var/run/munin/munin-node.pid`
```

Anschließend sollte Ihnen der Node antworten, wenn Sie von einem mit einer berechtigten IP-Nummer ausgestatteten Rechner Verbindung zu ihm aufnehmen:

```
master: # ifconfig | grep "inet "
          inet Adresse:192.0.2.1  Bcast:192.0.2.255  Maske:255.255.255.0
          inet Adresse:127.0.0.1  Maske:255.0.0.0
master: # telnet 192.0.2.60 4949
Trying 192.0.2.60...
Connected to foo.example.org.
Escape character is '^]'.
# munin node at foo.example.org
list
open_inodes irqstats df swap load df_inode cpu forks open_files iostat m
emory vmstat entropy postfix_mailqueue processes interrupts netstat if_e
th1 if_err_eth1
quit
Connection closed by foreign host.
```

Der Munin-Node `192.0.2.60` ließ hier die Verbindung vom Rechner mit der IP-Nummer `192.0.2.1` zu und führte als Antwort auf das Kommando `list` alle aktiven Plugins auf, die über den Zustand des Node-Rechners Bericht erstatten.[16]

3.3.2 Abweichenden Port festlegen

Wenn Sie den Node *nicht* auf dem Standardport 4949 ansprechen wollen, ändern Sie den Wert 4949 in der Zeile

```
port 4949
```

so ab, dass er Ihren Bedarf trifft:

```
port 6088
```

Beim nächsten Neustart versucht `munin-node`, sich an diesem Port anzuklinken. Die Übersicht[17] bekannter Ports bei der *Internet Assigned Numbers Authority* (IANA) kann beim Finden eines freien Ports (englisch: *Unassigned*) nützliche Dienste leisten.

Natürlich müssen Sie auch dem Munin-Master mitteilen, dass der Munin-Node über einen anderen als den Standardport erreichbar ist. Lesen Sie dazu den Abschnitt 5.3.2 ab Seite 90.

3.3.3 An spezielle IP-Adresse binden

Per Voreinstellung reagiert der Munin-Node auf Anfragen an alle IP-Adressen des Node-Rechners:

```
host *
```

Tragen Sie dort die IP-Adresse ein, an die der Munin-Node gebunden werden soll. Diese muss natürlich aus dem Pool der IP-Adressen stammen, die dem Rechner zugewiesen sind:

```
host 192.0.2.60
```

Der Node reagiert dann nur noch auf Anfragen an diese Adresse. Sie muss ebenfalls bei den zugehörigen Host-Einträgen in der Master-Konfiguration angegeben werden, denn der Master kann keine Daten einsammeln, wenn der `munin-node` keine Antwort gibt. Die entsprechende Stelle zeigt Ihnen Abschnitt 5.3.2 ab Seite 90.

[16] Ein Beispiel einer etwas ausführlicheren Unterhaltung mit einem **munin-node** finden Sie im Kapitel 1.2 ab Seite 21.

[17] **http://www.iana.org/assignments/port-numbers**

3.3.4 Speziellen Hostnamen zuordnen

Falls ein überwachter Host in der Munin-Übersicht nicht unter seinem lokal verwendeten, womöglich kryptischen Namen, sondern unter einer anderen, sprechenden Bezeichnung erscheinen soll, hilft der Parameter `host_name`:

```
host_name webserver.example.org
```

Dieser legt fest, welchem Hostnamen der Node die Daten zuordnen soll. Die Angabe mehrerer Aliase ist dabei nicht möglich. Der Node nimmt den so festgelegten Namen in sein Register auf und präsentiert ihn auf das Kommando `nodes` hin.

Achtung: Die entsprechenden Daten stehen dann *nicht* mehr bei Abfragen unter Verwendung des lokal benutzten Rechnernamens zur Verfügung! `host_name` verschiebt sie sozusagen zum angegebenen Host.

3.3.5 Timeout für offene Verbindungen

Normalerweise wartet der Munin-Node zehn Sekunden lang auf weitere Kommandos, bevor er die Verbindung beendet. Da viele Plugins recht lange und kryptische Namen haben, ist das für einen manuell geführten Dialog oft zu kurz. Stellen Sie darum, bevor Sie die Verbindung zum Munin-Node von Hand testen,[18] eine längere Wartezeit, etwa 20 Sekunden, ein:

```
timeout 20
```

Das entspannt bei der Tipperei.

3.3.6 Umfang des Loggings einstellen

Der Munin-Node protokolliert, welche Anfragen eingehen und von ihm beantwortet wurden. Wie ausführlich das Protokoll ausfällt, hängt vom Grad der Berichterstattung ab (englisch: *Loglevel*) ab. Voreingestellt ist mit Level 4 die Obergrenze der Gesprächigkeit:

```
log_level 4
```

Mit dem Wert 0 schalten Sie das Logging ganz ab.

[18] Demonstriert im Kapitel 1.2 ab Seite 21.

3.3.7 Syslog oder Munin-spezifische Logdatei?

Bei der Installation legt der Konfigurationsparameter `LOGDIR` in der Datei `Makefile.config`[19] fest, wo sich das Logverzeichnis befinden soll. `make` ersetzt den Ausdruck `@@LOGDIR@@` in diversen Dateien der Munin-Node-Installation durch den entsprechenden Wert.[20] Unter anderem geschieht dies in der Datei `munin-node.conf.in`, die als Vorlage für die spätere Konfigurationsdatei `munin-node.conf` dient:

```
log_file @@LOGDIR@@/munin-node.log
```

Der Standardname für die Munin-Node-Logdatei lautet demnach `munin-node.log`. Sie können Ort und Namen des Logfiles jedoch auch später noch in `munin-node.conf` ändern:

```
log_file /var/log/munin/munin-node.log
```

Für den Fall, dass alle Meldungen im zentralen Syslog landen sollen, tragen Sie stattdessen folgenden Ausdruck ein:

```
log_file Sys::Syslog
```

Diesen Wert ersetzt `munin-node` intern durch den Pfad zum Syslog auf Ihrem System.

Möchten Sie den `munin-node` zu Debugzwecken dazu bringen, nach STDERR zu loggen, kommentieren Sie die Direktive `log_file` in der Konfigurationsdatei `munin.conf` aus. Nach dem Neustart des Nodes aus einer Shell heraus landen alle Meldungen statt im Logfile in dieser Shell.

3.4 Der Munin-Node auf Apple-Computern

Beim Basissystem Darwin, das Apples Mac OS X zugrunde liegt, handelt es sich um ein modifiziertes FreeBSD. Deswegen läuft der Munin-Node selbstverständlich auch auf diesem Betriebssystem, aufgrund der Modifikationen allerdings nicht in Version 1.2, sondern erst ab der Entwicklungsversion 1.3.4, die Sie als separaten Tarball oder im `trunk`-Zweig des Subversion-Repositorys finden.

Wagen Sie das Experiment, empfiehlt es sich, zunächst Fink[21] zu installieren, das es dem APT-Mechanismus von Debian vergleichbar erlaubt, Software aus dem Netz mit einem einzigen Befehl zu installieren und gleichzeitig Rücksicht auf Abhängigkeiten zu nehmen. Nach dem Herunterladen

19 Siehe dazu die Tabelle auf Seite 52.

20 Neugierige Naturen finden diese Stellen mit einem `grep`-Lauf im Verzeichnis mit dem ausgepackten Quellcode: `grep -R @@LOGDIR@@ `*`verzeichnis`*.

21 `http://www.finkproject.org/`

und der Installation des *Binary Installers* rufen Sie das Kommando `sudo apt-get update` auf, um Finks Paketdatenbank auf den neuesten Stand zu bringen. Anschließend installieren Sie `make` und `subversion` mit `sudo apt-get install make svn`.

Derzeit bietet Fink keinen Support für OS X 10.5 (Leopard). In diese Bresche springt das MacPorts-Projekt.[22] Sein Ansatz, Open-Source-Software auf den Mac zu bringen, unterscheidet sich etwas von dem von Fink: Während Fink fertige Binärpakete aus dem Netz holt und installiert, lädt MacPorts wie von FreeBSD gewohnt den Quellcode einer Applikation und kompiliert diesen auf dem lokalen System. Die enthaltene Software ist durchweg aktueller, allerdings bietet das MacPorts-Projekt nur 4000 Ports an, während Fink doppelt so viele Pakete bereitstellt. Da `make` als `gmake`-Port und `subversion` im Port `subversion` verfügbar sind, stört das hier nicht.

Beim Herunterladen des *gesamten* Munin-Repositorys unterhalb von `svn://munin.projects.linpro.no/munin/` stößt man auf das Problem, dass Apples Dateisystem HFS+ Groß- und Kleinbuchstaben nicht unterscheidet. Munins Entwicklerbaum enthält aber einige Verzeichnisse, deren Namen sich nur durch Groß- und Kleinschreibung unterscheiden. Das lässt sich umgehen, indem man eine mit UFS formatierte Partition (gerne auf einem USB-Speichermedium) oder ein von einem Unix- oder Linuxserver per NFS exportiertes Verzeichnis nutzt.

Der einfachste Weg besteht allerdings darin, mit `svn checkout svn://munin.projects.linpro.no/munin/trunk /usr/src/munin/` ausschließlich das `trunk`-Verzeichnis auszuchecken, denn die problematischen Verzeichnisse befinden sich alle außerhalb dieses einzigen unter Darwin interessanten Ordners.

Beim Anlegen des User- und Gruppenaccounts werden Sie Kommandos wie `useradd` oder `adduser` vergeblich suchen; auch Fink bietet hier keine passenden Pakete an. Auf dem Mac sorgt `dscl` für die Verwaltung der Benutzeraccounts auf der Kommandozeile. Unter `http://www.osxfaq.com/tips/unix-tricks/week91/wednesday.ws` finden Sie ein Skript, das ähnlichen Komfort bietet wie `adduser` unter nichtkommerziellen unixoiden Betriebssystemen. Alternativ kann man auch die `/etc/passwd` sowie die `/etc/group` von Hand erweitern. Abgeraten sei von der Möglichkeit, den Account `munin` mit Hilfe der Systemeinstellungen anzulegen, da der Account dann nicht in der `/etc/passwd` erscheint, sondern von Apples Multifunktionswerkzeug *NetInfo* (bis 10.4) bzw. *DirectoryService* (ab 10.5) verwaltet wird.

Der Munin-Node führt Plugins in der Regel mit den Benutzerrechten von `nobody` aus, was unter Darwin zu einigen Problemen führt. Sowohl die UID als auch die GID von `nobody` sind in der `/etc/passwd` und der `/etc/group` mit `-2` vorbelegt. Das verhindert zuverlässig, dass `munin-node` beim Aus-

[22] `http://www.macports.org/`

führen von Plugins die Rechte auf nobody ändert. nobodys IDs anzupassen, mag dazu führen, dass Munin funktioniert, schafft jedoch an anderen Stellen Probleme. Ein Ausweg aus dem Dilemma besteht darin, Plugins mit den Rechten des eigens anzulegenden Benutzeraccounts munin zu starten. Dafür weisen Sie der Variablen PLUGINUSER in der Datei Makefile.config den Wert munin zu.

Nach diesen Vorarbeiten geht es wie von anderen Systemen gewohnt weiter mit den Befehlen make install-node, make install-node-plugins und munin-node-configure --suggest --shell | sh, um die symbolischen Links anzulegen. Vergessen Sie auch nicht, die IP-Adresse des Munin-Masters in munin-node.conf einzutragen.

Nun fehlt noch ein Skript, das den munin-node bei jedem Booten startet. Das funktioniert hier etwas anders als auf anderen Unixen. Im Verzeichnis /System/Library/StartupItems legen Sie ein Verzeichnis an, in das Sie das eigentliche Startskript kopieren. Als Verzeichnisname liegt Munin-Node nahe, das Startskript kann denselben Namen erhalten. Da Darwin anders als Linux oder Solaris keine Runlevel kennt, fällt das Skript etwas anders aus als bisher gesehene:

```
#!/bin/sh
. /etc/rc.common

StartService()
{
mkdir -p /var/run/munin
/usr/sbin/munin-node
}
StopService()
{
kill `cat /var/run/munin.pid`
}
RunService "$1"
```

Damit das Betriebssystem weiß, was dieser Dienst anbietet und dass zuvor das Netzwerk gestartet sein muss, legen Sie eine weitere Datei namens StartupParameters.plist im selben Verzeichnis an:

```
{
 Description = "Munin Node for Mac OS X";
 Provides = ("Munin-Node");
 Requires = ("Network");
 OrderPreference = "Late";
}
```

Abschließend sorgen Sie mit chmod 755 * dafür, dass beide Dateien ausführbar sind, und starten den Rechner neu.

Kapitel 4

Einbindung und Konfiguration der Plugins

> Wasser in der Ferne kann kein Feuer in der Nähe löschen.
>
> Aus China

Bei seiner Installation bringt der Munin-Node bereits eine Sammlung Plugins auf Ihrem Rechner unter. Diese landen in dem durch `LIBDIR` vorgegebenen Verzeichnis.[1] Standardmäßig ist das bei einer Source-Installation das Verzeichnis `/opt/munin/lib`.

Jedes Plugin, dessen Abfrage der Daemon `munin-node` erlauben soll, muss im Service-Verzeichnis verlinkt sein. Seine bloße Existenz im `$(LIBDIR)`-Verzeichnis reicht hierzu nicht aus. Im einfachsten Fall entspricht der Name des Links dem Namen des Plugins:

```
node: # ln -s /opt/munin/lib/plugins/cpu /etc/opt/munin/plugins/cpu
```

[1] Siehe dazu die Tabelle der Installationsverzeichnisse auf Seite 52.

4.1 Wildcard-Plugins

Falls der Name des Plugins mit einem Unterstrich endet, handelt es sich um ein sogenanntes *Wildcard-Plugin*. Diese Sorte Plugins erwartet in der Bezeichnung des Links, spezifische Parameter zu seiner Ausführung vorzufinden. Im Fall des Plugins `ping_` beispielsweise entnimmt das Plugin dem Linknamen den Namen oder die IP-Adresse des anzupingenden Hosts:

```
node: # ln -s /opt/munin/lib/plugins/ping_ \
/etc/opt/munin/plugins/ping_192.0.2.20
node: # ln -s /opt/munin/lib/plugins/ping_ \
/etc/opt/munin/plugins/ping_bar.example.org
```

In diesem Fall ermittelt der Aufruf des Plugins `ping_` über den Link `ping_192.0.2.20` die Ping-Antwortzeiten des Hosts mit der IP-Adresse `192.0.2.20`, während der Aufruf von `ping_bar.example.org` diejenigen des Hosts `bar.example.org` erhebt. Schauen Sie in den Quelltext der entsprechenden Plugins. Dort sollte im Header beschrieben sein, welche Angaben das Plugin aus dem Service-Link herauslesen will. Benennen Sie den Link dann entsprechend.

4.2 SNMP-Plugins

Typischerweise liefert ein Munin-Node Daten, die auf dem lokalen Host gemessen werden. Über dort installierte SNMP-Plugins ist es aber auch möglich, den Status anderer Rechner abzufragen. SNMP-Plugins benötigen daher grundsätzlich immer die Angabe, an welchen Host sich die SNMP-Abfrage richtet.

Darum schreibt Munin für SNMP-Plugins eine besondere Namenskonvention für die Links im Service-Verzeichnis vor. Die Namen der Plugins selbst beginnen immer mit dem Präfix `snmp`, gefolgt von zwei Unterstrichen, woran sich die konkrete Plugin-Funktion anschließt:

```
snmp__df
snmp__load
snmp__processes
snmp__users
```

Zwischen die beiden Unterstriche gehört im Linknamen die IP-Adresse oder der Name des Host, an den sich die Abfrage richten soll:

```
snmp_192.0.2.20_df
snmp_192.0.2.20_load
snmp_bar.example.org_processes
snmp_foo.example.org_users
```

Auch unter den SNMP-Plugins gibt es Wildcard-Plugins. Deren Namen enden ebenfalls mit einem Unterstrich:

```
snmp__if_
snmp__if_err_
```

Die Bezeichnung des Links muss auch hier (wie im Kapitel 4.1 erklärt) um das vom Plugin vorgesehene Parametersuffix ergänzt werden:

```
snmp_foo.example.org_if_1000.3
snmp_192.0.2.20_if_err_1000.3
```

Kapitel 7 ab Seite 155 geht ausführlicher auf die Thematik SNMP-Plugins und die Konfiguration der Laufzeitumgebung ein.

4.3 Automatische Einbindung

Viele der mitgelieferten Plugins können selbst testen, ob die Voraussetzungen für ihren Einsatz auf dem Host gegeben sind. Deren Entwickler haben Prüfroutinen ins Plugin eingebaut und machen durch sogenannte *Magic Markers* im Quelltext des Plugins bekannt, welche Unterstützung bei der automatischen Konfiguration es bietet. Die Angaben finden sich am Ende eines Headers, der Kommentare zum Plugin enthält:

```
# Magic markers
#%# capabilities=autoconf suggest
#%# family=auto
```

Die Installationsroutine des `munin-node` analysiert die mit `#%#` markierten Zeilen. Wenn die *Capability* `autoconf` aufgeführt ist, versucht sie, das entsprechende Plugin automatisch einzubinden. Darum finden Sie sofort nach der Installation einige Links im Service-Verzeichnis `/etc/opt/munin/plugins` bzw. `/etc/munin/plugins`. Dabei nicht berücksichtigte oder später hinzukommende Plugins lassen sich mit Hilfe des Werkzeugs `munin-node-configure` aktivieren.

4.3.1 Voraussetzungen schaffen

Welche Voraussetzungen für den Einsatz von Plugins fehlen, verrät Ihnen der Aufruf von `munin-node-configure --suggest`. Dieser durchforstet das lokale Plugin-Lager nach Kandidaten, die sich automatisch konfigurieren lassen, verrät, ob sie bereits aktiv sind (`yes` oder `no`), und macht in der Spalte Suggestions ggf. Vorschläge, wie sich Hindernisse ausräumen lassen, die einer Inbetriebnahme des Plugins im Wege stehen:[2]

```
node: #  munin-node-configure --suggest
Plugin                        | Used | Suggestions
------                        | ---- | -----------
acpi                          | no   | [ACPI program not found]
apache_accesses               | no   | [no apache server-status or Extended
Status missing on ports 80]
apache_processes              | no   | yes
apache_volume                 | no   | [no apache server-status or Extended
Status missing on ports 80]
courier_mta_mailqueue         | no   | [spooldir not found]
courier_mta_mailstats         | no   | [could not find executable]
courier_mta_mailvolume        | no   | [could not find executable]
cupsys_pages                  | no   | [logfile not found]
exim_mailqueue                | no   | [exim not found]
exim_mailstats                | no   |
if_                           | yes  | +eth1
if_err_                       | yes  | +eth1
ip_                           | no   |
mysql_isam_space_             | no   |
nfs_client                    | no   | [no /proc/net/rpc/nfs]
nfsd                          | no   | [no /proc/net/rpc/nfsd]
ntp_                          | no   |
postfix_mailvolume            | no   | [logfile not found]
ps_                           | no   |
sendmail_mailqueue            | no   |
sendmail_mailstats            | no   | [/usr/local/sbin:/usr/local/bin:/sbi
n:/bin:/usr/sbin:/usr/bin:/root/bin) no (no mailstats command]
sendmail_mailtraffic          | no   |
smart_                        | yes  |
squid_cache                   | no   | [could not connect: Connection refus
ed]
squid_requests                | no   | [could not connect: Connection refus
ed]
squid_traffic                 | no   | [could not connect: Connection refus
ed]
```

Im Beispiel wurde nach der Installation des Munin-Nodes der Apache-Webserver installiert und gestartet (nicht aber der Webproxy Squid, wie der Hinweis `could not connect ...` verrät). Entsprechend empfiehlt Munin mit dem Wort yes in der Spalte `Suggestions`, das Plugin `apache_processes` einzubinden. Dieser Vorschlag lässt sich durch Anlegen des entsprechenden Links im Service-Verzeichnis umsetzen:

```
node: #  ln -s /opt/munin/lib/plugins/apache_processes \
/etc/opt/munin/plugins/apache_processes
```

[2] Diese Empfehlungen gibt das Tool für alle Plugins, bei denen der Magic Marker **suggest** gesetzt ist.

Nach Anschalten des `ExtendedStatus` im Apache-Webserver lassen sich auch die weiteren Apache-Plugins `apache_accesses` und `apache_volume` einbinden. (Was Sie konkret tun müssen, verrät Kapitel 6.2.4 ab Seite 114.)

Weiterhin hat `munin-node-configure` im Beispiel herausgefunden, dass die Plugins `if_` und `if_err_` zur Überwachung des Netzverkehrs zwar schon für einige Interfaces aktiv sind, aber `eth1` bislang noch nicht überwachen. Die `munin-node-configure`-Option `--shell` liefert die dazu erforderlichen Verlinkungsbefehle fertig zum Copy & Paste:

```
node: # munin-node-configure --shell
ln -s /opt/munin/lib/plugins/if_ /etc/opt/munin/plugins/if_eth1
ln -s /opt/munin/plugins/if_err_ /etc/opt/munin/plugins/if_err_eth1
```

Damit neu verlinkte Plugins die Arbeit aufnehmen, müssen Sie den Munin-Node neu starten:

```
node: # /etc/init.d/munin-node restart
```

4.3.2 Plugin-Familien

Munin teilt die Plugins in sogenannte Familien (englisch: *Families*) ein.[3] Welcher Familie ein Plugin angehört, geht aus der Belegung des Magic Markers `family` im Quelltext des Plugins hervor:[4]

`auto`
: So gekennzeichnete Plugins versucht die Installationsroutine automatisch einzubinden. Sie sollten allenfalls kleine Konfigurationsanpassungen erfordern. Stammen die Plugins aus der Sammlung der bei der Distribution mitgelieferten Plugins, dann leisten die Munin-Entwickler selbst den Support, falls Probleme auftauchen.

`manual`
: Auch beim Einsatz dieser Plugins können Sie auf die Unterstützung der Munin-Entwickler zählen. Die ist umso wertvoller, als diese Plugins umfangreichere Konfigurationsarbeiten erfordern, um sich überhaupt einsetzen zu lassen. Lesen Sie unbedingt die Erläuterungen im Header des Plugin-Quelltexts, bevor Sie zu Werke gehen!

`contrib`
: Plugins dieser Familie stammen von Dritten. Fragen dazu richten Sie

[3] Siehe dazu auch den Abschnitt **Family marker** im Munin-Wiki unter `http://munin.projects.linpro.no/wiki/plugin-fields#Familymarker`.

[4] Im Kapitel 9.2 ab Seite 170 gehen wir auf die Anforderungen ein, die die Mitgliedschaft in einer Familie an die Entwicklung stellt.

bitte nicht an die Munin-Entwickler, sondern an die im Quelltext angegebene E-Mail-Adresse des Urhebers bzw. der Urheberin. Wenn Sie eigene Plugins auf MuninExchange zur allgemeinen Verfügung stellen, sollten Sie sie dieser Familie zuordnen und im Quelltext Ihre E-Mail-Adresse zur Kontaktaufnahme mitteilen.

Standardmäßig sucht `munin-node-configure` nach Plugins, die der Familie `auto` angehören. Sie können `munin-node-configure --suggest` jedoch auch auf andere Plugin-Familien, hier z. B. auf die Familie `manual` anwenden:

```
node: # munin-node-configure --families manual --suggest
Plugin                    | Used | Suggestions
------                    | ---- | -----------
apt                       | no   | [apt-get not found]
apt_all                   | no   | [apt-get not found]
cps_                      | no   |
df_abs                    | no   | yes
fw_conntrack              | no   | yes
fw_forwarded_local        | no   |
fw_packets                | no   | yes
ircu                      | no   | [Net::IRC not found]
loggrep                   | no   |
multips                   | no   | yes
munin_graph               | no   | yes
munin_update              | no   | yes
ntp_states                | no   | yes
ping_                     | no   |
port_                     | no   | yes +2207 +2208 +cgms +csoftragent +
exlm-agent +geniuslm +http +https +ipp +midnight-tech +munin +mysql +pxc
-ntfy +smtp +smux +ssh +twsdss
postfix_mailstats         | no   | [logfile not found]
psu_                      | no   |
sensors_                  | no   | yes +fan +temp +volt
squid_icp                 | no   | [could not connect: Connection refus
ed]
uptime                    | no   | yes
vlan_                     | no   |
vlan_inetuse_             | no   |
vlan_linkuse_             | no   |
```

Auch hier sind die Voraussetzungen zur Aktivierung all der Plugins erfüllt, bei denen die Spalte `Suggestions` ein `yes` anzeigt. Dass der Rechner im Beispiel als Munin-Master fungiert, hat zur Folge, dass `munin-node-configure --suggest` den Einsatz der beiden Plugins `munin_graph` und `munin_update` vorschlägt. Diese überwachen, wieviel Zeit der Munin-Master zum Einsammeln der Daten und zum Zeichnen der Graphen benötigt.

4.3.3 Verlinkungskommandos erfragen

Die Befehle zum Anlegen der erforderlichen Links liefert wiederum `munin-node-configure --shell`:

```
node: # munin-node-configure --families manual --shell
[...]
ln -s /opt/munin/lib/plugins/munin_graph /etc/opt/munin/plugins/munin_gr
aph
ln -s /opt/munin/lib/plugins/munin_update /etc/opt/munin/plugins/munin_u
pdate
[...]
```

Auch, wenn Sie Dienste auf einem Rechner abgeschaltet oder die Hardware umgebaut haben, so dass einzelne Plugins überflüssig werden bzw. nicht mehr funktionieren, serviert `munin-node-configure --shell` die zum Entschlacken nötigen Befehle frei Haus. Ergänzen Sie in diesem Fall die Option `--remove-also` auf der Befehlszeile:

```
node: # munin-node-configure --shell --remove-also
rm -f /etc/opt/munin/plugins/if_eth2
rm -f /etc/opt/munin/plugins/if_err_eth2
```

Hier wurde eine Netzwerkkarte ausgebaut, so dass die Plugins `if_` und `if_err_` melden, dass die Voraussetzungen für ihren Einsatz nicht mehr gegeben sind.

4.4 Konfiguration der Laufzeitumgebung

Über Umgebungsvariablen, die man auch in der Shell mit `export` setzen könnte, und Konfigurationsparameter lassen sich alle Plugins an das lokale System anpassen. Diese setzt man in individuellen, Plugin-spezifischen Konfigurationsdateien im Verzeichnis `$(CONFDIR)/plugin-conf.d`. Die darin gespeicherten Dateien liest der Daemon `munin-node` beim Start in alphabetischer Reihenfolge.

Eine solche Datei namens `munin-node` bringen die Paket-Installationen in der Regel im entsprechenden Verzeichnis mit. Sie enthält einige Vorgaben für die mitgelieferten Plugins. Bei der Source-Installation finden Sie die Vorlagen im Verzeichnis `dists` unter dem Namen `plugins.conf` und kopieren sie bei Bedarf in Ihr Konfigurationsverzeichnis.

Ob sie alle Plugin-Konfigurationen in einer Datei unterbringen – wir nutzen in diesem Buch die Datei `munin-node` – oder sie alternativ in separate Dateien im gleichen Verzeichnis auslagern, bleibt Ihnen überlassen. Beachten Sie dabei, dass Munin die Dateien in alphabetischer Reihenfolge einliest und dass später vorgenommene Einstellungen frühere überschreiben!

4.4.1 Ansprache über Mustervergleich

Jeder Konfigurationsabschnitt beginnt mit einem Ausdruck in eckigen Klammern. Wenn der Link zum Plugin im Service-Verzeichnis `$(CONFDIR)/plugins` mit dem darin angegebenen Muster übereinstimmt, nimmt der `munin-node` die entsprechenden Einstellungen vor und führt das Plugin in dieser Umgebung aus.

Das folgende Beispiel sorgt dafür, dass das Plugin zur Abfrage des SMART-Status mit den Rechten des Users `root` und der Gruppe `disk` aufgerufen wird. Das ist erforderlich, weil es Zugriff auf die Gerätedateien der fraglichen Speichermedien benötigt:

```
[smart_*]
user root
group disk
```

Das Muster `smart_*` passt etwa auf Links namens `smart_hda` und `smart_hdb` im Service-Verzeichnis.

Über die Wildcard `*` lassen sich so Einstellungen für ein ganzes Bündel von Plugins treffen. Wenn Sie in den eckigen Klammern den konkreten Namen eines einzelnen Plugin-Links einsetzen, beziehen sich die Einstellungen nur darauf.

4.4.2 Standardparameter

Bei den Konfigurationsoptionen `user` und `group` handelt es sich um zwei der drei Standardparameter, die bei allen Plugins gesetzt werden können:

`user`
: Das Plugin soll mit den Rechten des angegebenen Users ausgeführt werden.

`group`
: Das Plugin soll mit den Rechten dieser Gruppe ausgeführt werden.

`command`
: Statt des Plugins soll der angegebene Befehl ausgeführt werden. Mit dem Formatstring `%c` lässt sich der ursprünglich vorgesehene Plugin-Aufruf in dieses Kommando einbinden:

```
command sudo -u root %c
```

4.4.3 Rangordnung bei mehrdeutigen Zuweisungen

Passen mehrere Konfigurationsabschnitte auf einen Link, gilt: Je weniger unscharf die Übereinstimmung, desto relevanter ist sie. Zuweisungen in

Abschnitten, die den Pluginnamen genauer treffen, überschreiben damit diejenigen in Abschnitten mit Wildcard-Ausdruck:

```
[blockdevice_*]
env.festplatte hda

[blockdevice_scsi_*]
env.festplatte sda
env.tapelaufwerk sr
```

Weil `festplatte` in beiden Abschnitten definiert ist, überschreibt der in `[blockdevice_scsi_*]` verordnete Wert den in `[blockdevice_*]` gesetzten: Die Variable `festplatte` erhält für ein über den Link `blockdevice_scsi_1` angesprochenes Plugin demnach den Wert `sda`. Für den Link `blockdevice_1` hingegen bleibt es beim Wert `hda`.

Die Schreibweise `env.`*`variablenname`* ist eine Spezialität der Plugin-Konfiguration. Sie erlaubt es, Umgebungsvariablen (englisch: *Environment Variables*) für die Plugin-Ausführung zu setzen (siehe im Abschnitt 4.4.5 auf Seite 75). Bei `festplatte` und `tapelaufwerk` handelt es sich also um Umgebungsvariablen.

4.4.4 Hostnamen auf Plugin-Ebene ändern

Der auf Seite 62 vorgestellte Parameter `host_name` kann ebenfalls auf Ebene der Plugin-Konfiguration verwendet werden. Damit sorgen Sie bei Bedarf dafür, dass die entsprechenden Graphen in der Munin-Übersicht einem speziellen Host zugeordnet werden.

Von praktischer Relevanz ist diese Option im Falle von SNMP-Plugins, mit denen der Munin-Node Daten entfernter Rechner abruft. Stimmt der Hostname, mit dem das Plugin den Node anspricht, nicht mit der in der Munin-Master-Konfiguration (siehe Seite 90) benutzten Bezeichnung überein, passen Sie diesen an die Munin-Master-Konfiguration an.

4.4.5 Plugin-spezifische Parameter

Viele Plugin erlauben es, ihr Verhalten mit spezifischen Parametern zu steuern, indem sie *Umgebungsvariablen* definieren. Folgt ein Plugin den Empfehlungen der Munin-Entwickler, sind diese zu Beginn des Plugin-Quellcodes aufgeführt und erläutert.

Als Beispiel sei nochmal das sehr gut dokumentierte Plugin `smart_` in den Zeugenstand berufen. In dessen Quellcode teilt Autor Nicolas Stransky mit, dass sich der Pfad zum Programm `smartctl` mit dem Parameter `smartpath` angegeben lässt und dass man `smartctl` über den Parameter `smartargs` spezifische Argumente mitgegeben kann:

```
# Parameters
#   smartpath    - Specify path to smartctl program (Default: /usr/sbin/s
martctl)
#   smartargs    - Override '-a' argument passed to smartctl with '-A -i'
+smartargs
```

In der Plugin-Konfiguration des Munin-Nodes in den Dateien im Verzeichnis `plugin-conf.d` sprechen Sie diese über `env.`*`umgebungsvariable`* an und weisen ihr den gewünschten Wert zu:

```
[smart_hda]
user root
group disk
env.smartargs -H -c -l error -l selftest -l selective -d ata
env.smartpath /usr/local/sbin/smartctl
```

Der Munin-Node sorgt dann dafür, dass die Variable vor dem Aufruf des Plugins gesetzt wird. Auf Seite 129 finden Sie eine weiteres Beispiel zur Konfiguration von `smart_`.

4.5 Einheitliche Plugin-Dokumentation mit `munindoc`

Seit den Versionen 1.2.6 und 1.3.4 bringt Munin ein eigenes Werkzeug für die Abfrage der Plugin-Dokumentation mit: `munindoc` macht sich die Funktionen von `perldoc`[5] zunutze. Enthält ein Plugin Dokumentation im POD-Format,[6] zeigt es diese in der Art von Manpages an:

```
node: # munindoc apache_accesses

APACHE_ACCESSES(1)    User Contributed Perl Documentation    APACHE_ACCES
SES(1)
[...]
perl v5.8.8                       2008-03-23                 APACHE_ACCES
SES(1)
```

Die Dokumentation kann in den Quelltext des Plugins integriert sein oder als separate Datei mit Endung `.pod` mitgeliefert werden.

Bislang sind noch nicht viele Plugins in der entsprechenden Form dokumentiert. Die Munin-Entwickler bitten in ihren Richtlinien zur Plugin-Ent-

5 Siehe **`http://perldoc.perl.org/perldoc.html`**.

6 Die Abkürzung steht für *Plain Old Documentation*. Bei POD handelt es sich um eine simple Auszeichnungssprache, deren Format unter **`http://perldoc.perl.org/perlpod.html`** beschrieben ist

wicklung[7] alle Autoren, die Dokumentation zukünftig eingereichter Plugins im neuen Stil zu erstellen. Als Vorlage empfehlen sie die Dokumentation der Apache-Plugins. Diese sehen folgende Abschnitte vor:

NAME
: Name des Plugins und eine kurze Beschreibung seines Zwecks. Am Beispiel des oben gezeigten `munindoc`-Aufrufs für das Plugin `apache_accesses` sieht dieser Abschnitt so aus:

```
NAME
   apache_processes - Munin plugin to monitor the number of accesse
s to
   Apache servers. It handles a list of ports passed in from a plug
in con-
   figuration file.
```

APPLICABLE SYSTEMS
: Welche Voraussetzungen stellt das Plugin an das Einsatzsystem?

```
APPLICABLE SYSTEMS
   Apache HTTP servers with "/server-status" enabled.
```

Falls es nur auf bestimmten Betriebssystemen lauffähig ist, muss in diesem Abschnitt stehen, welche das sind.

CONFIGURATION
: Welche Konfigurationsmöglichkeiten bietet das Plugin?

```
CONFIGURATION
   The plugin needs access to http://localhost/server-status?auto (
or mod-
   ify the URL for another host). See your Apache documentation on
how to
   set up this URL in your httpd.conf. Apache needs ExtendedStatus
enabled
   for this plugin to work.

   Tip: To see if it's already set up correctly, just run this plug
in with
   the parameter "autoconf". If you get a "yes", everything should
work
   like a charm already.

   This configuration section shows the defaults of the plugin:

     [apache_*]
        env.url    http://127.0.0.1:%d/server-status?auto
```

7 Den Leitfaden zur *Best Practice* finden Sie im Munin-Wiki unter **http://munin.projects.linpro.no/wiki/plugin-bcp**.

```
        env.ports 80

   The %d in the url will be replaced with the port.  The default p
ort is
   80 as shown.

   The port list is a space separated list of ports.  NOTE that one
 single
   Apache can have several open ports, and the plugin needs only to
 con-
   tact one to get the servers global status.  The list of ports is
 only
   needed if you have several different Apaches configured on your
host.

   If you need authenticated access to the URL you can specify the
user-
   name and password in the URL.  For example:

     [apache_volume]
        env.url http://munin:spamalot@localhost/server-status?auto

   This will provide for HTTP basic authentication.
```

INTERPRETATION
Was zeigt der Graph? Wie ist er zu interpretieren?

```
INTERPRETATION
   The plugin shows the number of accesses (pages and other items s
erved)
   globaly on the Apache server.
```

VERSION
Zu welcher Plugin-Version gehört diese Dokumentation?

```
VERSION
     $Id: apache_accesses.in 1454 2008-02-09 11:12:32Z janl $
```

BUGS
Sind Bugs bekannt? Welche?

```
BUGS
   Does not support digest authentication.
```

MAGIC MARKERS
Mit den Magic Markers[8] teilt das Plugin mit, zu welcher Familie es gehört und welche Unterstützung es bezüglich seiner Konfiguration auf dem System bietet. Diese gehören dem neuen Dokumentationsstil

[8] Siehe Kapitel 4.3.2 ab Seite 71.

entsprechend nicht mehr in den normalen Header des Quellcodes, sondern in die POD-Dokumentation:[9]

```
MAGIC MARKERS
     #%# family=auto
     #%# capabilities=autoconf
```

AUTHOR
Wer ist der Autor/die Autorin des Plugins?

```
AUTHOR
   Unknown
```

LICENSE
Unter welcher Lizenz steht das Plugin zur Verfügung?

```
LICENSE
   GPLv2
```

[9] Diese Empfehlung des Munin-Maintainers Nicolai Langfeldt ist unter http://sourceforge.net/mailarchive/message.php?msg_name=47D03476.80803%40linpro.no zu finden.

5 Kapitel

Der Munin-Master

Zwei Raben sitzen auf seinen Schultern
und sagen ihm ins Ohr alle Zeitungen,
die sie hören und sehen; sie heißen Hugin und Munin.
Er sendet sie Morgens aus, alle Welten zu umfliegen,
und Mittags kehren sie zurück
und so wird er manche Zeitungen gewahr.

Die Edda (Übersetzung: Karl Simrock)[1]

Die Installation der Munin-Software und der Start des `munin-node`-Daemons auf dem entsprechenden Node-Rechner ist nur die halbe Miete. Erst wenn der Munin-Master aufgrund eines Eintrags[2] in seiner Konfigurationsdatei weiß, dass es den Munin-Node gibt, und seine Späher zu ihm aussendet, werden dort Messdaten erhoben, dem Master mitgeteilt, von ihm gespeichert, bewertet und visualiert.

1 `http://gutenberg.spiegel.de/index.php?id=5&xid=2659&kapitel=79`

2 Siehe Abschnitt 5.3.2 ab Seite 90

5.1 Hardwareanforderungen

An den Rechner, auf dem der Munin-Master läuft, werden hohe Anforderungen gestellt, die mit der Anzahl der überwachten Nodes steigen.

So liegt jeder von Munin dargestellten Kurve eine 50 KB große RRD-Datei zu Grunde. Bei der Überwachung einer kleinen Workstation fallen rund 30 Tagesgraphen an, die meist wesentlich mehr als eine Kurve enthalten. Selbst wenn man die Zahl aller Kurven auf knapp 200 schätzt, benötigt man mit rund 200 * 50 KB, also 10 MB keinen nennenswerten Platz auf der Festplatte.

Wird ein großer Server mit vielen per NFS oder SAN[3] angebundenen Mountpoints überwacht, kommt schnell eine große Anzahl LUNs[4] zusammen. Da auch heute noch die Größe einer Festplatte lächerlich klein im Vergleich zum Platzbedarf einer Datenbank ist, kommen schnell einige Hundert LUNs zusammen. Mit ihren **busy**- und **wait**-, den **read**- und **written**- sowie den **reads**- und **writes**-Kurven, deren Daten Munin in vier RRD-Dateien pro LUN speichert, kommt schnell ein Plattenplatzbedarf von 100 MB und mehr für diesen einen Node zusammen.

Der Munin-Master führt für jeden seiner vier Prozesse (als da wären `munin-update`, `munin-limits`, `munin-graph` und `munin-html`) eine eigene Logdatei.[5] Diese befinden sich im Verzeichnis `/var/log/munin/` und wachsen mit der Zeit an. Um deren Größe zu begrenzen, sollten Sie die Mechanismen Ihres Betriebssystems (z. B. `logrotate`) nutzen.

Während sich der benötigte Plattenplatz recht gut quantifizieren lässt, fällt das bei der Rechenleistung schwer. Gerade das alle fünf Minuten stattfindende Update der RRD-Dateien sowie die Erzeugung der Grafikdateien ist sehr prozessorintensiv. Überwachen Sie nur einige Dutzend Nodes, reicht ein x86-Prozessor mit 512 MB Hauptspeicher mehr als aus.

Steigt die Anzahl der Nodes im Monitoring oder die Anzahl der zu zeichnenden Graphen, sollte der Rechner für keine zusätzlichen Aufgaben mehr eingesetzt werden. Ansonsten besteht die Gefahr, dass ein vollständiger Munin-Lauf länger als fünf Minuten dauert. Damit startet ein neuer Update-Zyklus, obwohl der vorherige noch nicht abgeschlossen ist.

Um zu verhindern, dass ein Munin-Prozess die Daten eines anderen überschreibt oder gar die RRD-Datei durch gleichzeitigen Schreibzugriff zerstört, kommt ein Lockfile-Mechanismus zum Einsatz. Munin schaut beim Start eines `munin-update`-Laufs nach, ob die Datei `/var/run/munin/munin-update.lock` existiert und ob ein Prozess mit der darin vermerkten Prozess-ID läuft. Falls dem so ist, bricht er mit folgender Fehlermeldung ab:

[3] Per *Storage Area Network* bindet man externe Festplattensubsysteme an einen Server an.

[4] Die *Logical Unit Number* als Teil der SCSI-Adressierung besteht aus Controller-Nummer, SCSI-ID und Partition.

[5] Diese stellen wir im Kapitel 11.1 ab Seite 234 im Einzelnen vor.

```
Lock already exists: /var/run/munin/munin-update.lock. Dying.
```

Findet die Prüfung keinen konkurrierenden Prozess, schreibt der aktuelle Prozess die eigene PID hinein. Am Ende seines Update-Zyklusses bleibt die Datei samt PID-Eintrag erhalten.

Wegen der parallelen Verarbeitung aller Nodes profitiert Munin deutlich von mehr Speicher. Wenn Sie bemerken, dass der Rechner Swapspace benötigt, wenn Munin das Update durchführt, empfiehlt es sich, RAM aufzustocken. Auch ein Prozessor mit mehreren Kernen sorgt aufgrund der vielen gleichzeitigen Munin-Prozesse für einen Performancegewinn, ohne dass Perl Multiprozessormaschinen unterstützen muss. Das folgende Beispiel zeigt, wie sich mehrere Munin-Prozesse auf mehrere CPUs, nämlich die CPUs 0, 2 und 3, verteilen:

```
PID USER       PRI NI  SIZE  RSS SHARE STAT %CPU %MEM  TIME CPU COMMAND
11660 munin    25  10 31032  30M  1944 D N   0.7  1.5  3:50 0 munin-graph
12413 munin    15   0 30100  29M  2128 D     0.3  1.4  0:00 3 munin-update
12432 munin    15   0 30096  29M  2128 S     0.3  1.4  0:00 3 munin-update
12308 munin    15   0 29832  29M  1880 S     0.2  1.4  0:05 3 munin-update
12325 munin    15   0 30096  29M  2128 S     0.2  1.4  0:00 3 munin-update
12360 munin    15   0 30004  29M  2040 D     0.2  1.4  0:00 3 munin-update
12408 munin    15   0 30000  29M  2040 S     0.2  1.4  0:00 2 munin-update
12430 munin    15   0 30004  29M  2040 D     0.1  1.4  0:00 2 munin-update
12439 munin    15   0 30152  29M  2152 R     0.1  1.4  0:00 3 munin-update
```

So bleibt noch genug Leistung für andere Prozesse übrig.

5.2 Installation

Wer gängige Linux-Distributionen benutzt, lädt das passende Binärpaket aus dem Paketrepository der Distribution in `.rpm`- oder `.deb`-Form herunter und spielt es ein. Für FreeBSD gibt es einen Munin-Port, womit sich die Installation auf `make install` im Verzeichnis `/usr/ports/sysutils/munin-main` beschränkt.

Wer den Quellcode des Munin-Masters benötigt, findet auf Seite 51 Informationen darüber, welche Möglichkeiten des Downloads es gibt. Damit man mit den Munin-Sourcen etwas anfangen kann, muss `make` und Perl mit folgenden Erweiterungen installiert sein:

- `libparse-recdescent-perl` stellt mit dem Modul `Parse::RecDescent` einen Textparser bereit.
- `librrds-perl` enthält als Bibliothek die nötigen Funktionen, um mit RRD-Daten zu arbeiten. Die Implementation greift nicht auf `rrdtool` und Co. selbst, sondern auf `librrd.so` u. a. Bibliotheken zu.

- `libhtml-template-perl` enthält das `HTML::Template`-Modul zur Verarbeitung von HTMl-Templates. Dieses nutzt Munin, um die Munin-Übersicht mit den Überwachungsgraphen zu erstellen.
- `libdigest-md5-perl` erlaubt das Bilden von MD5-Checksummen über das `Digest::MD5`-Modul.
- `libtime-hires-perl` enthält das Perl-Modul `Time::HiRes`, das Perl den Zugriff auf Systemaufrufe wie `usleep`, `nanosleep`, `ualarm` und `gettimeofday` ermöglicht.
- `libdate-manip-perl` enthält Routinen, mit denen sich Datumsangaben manipulieren und auf Plausibilität prüfen lässt, bereitgestellt über das Modul `Date::Manip`.

Welchen Webserver man mit Munin nutzt, ist völlig egal, denn statische HTML-Seiten ausliefern können sie alle. Apache oder Sun Webserver, nach Belieben auch `khttpd`, der extrem schnelle Webserver im Kernelspace des Linux-Kernels, oder einen der unzähligen Java-basierten Webserver eignen sich alle gleichermaßen.

Abbildung 5.1: Filesystem-Hierarchie des Munin-Master

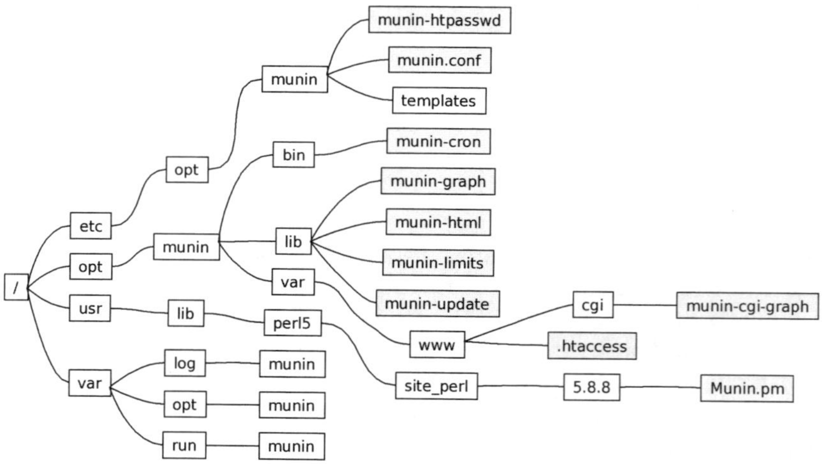

Bevor Sie im Archiv mit den Munin-Master-Quellen `make` aufrufen, müssen Sie in der Datei `Makefile.config` die Verzeichnisse anpassen, in denen die Munin-Komponenten landen sollen. Die Vorgaben `/etc/opt` für die Konfigurationsdaten und `/opt/munin` für die Programme, die Logdateien und die Perlskripte entsprechen am ehesten der Verzeichnisstruktur von Solaris. Unter Linux werden Sie sich eher nach dem *File System Hierarchy*

Standard[6] richten und die Konfiguration unter /etc und die Perlbestandteile unterhalb von /usr installieren.

In diesem Buch folgen wir den Vorgaben der Munin-Entwickler, installieren letztere also nach /opt/munin. Wählen Sie andere Zielverzeichnisse, passen Sie die Variablen PREFIX, CONFDIR und u. U. HTMLDIR (siehe Tabelle 5.1) in der Datei Makefile.config *vor* dem make-Aufruf an. Die restlichen Verzeichnisse leiten sich von diesen dreien ab und passen deswegen für die allermeisten Systeme. Wie beim Node ist die Umgebungsvariable DESTDIR nur dazu gedacht, Installationspakete vorzubereiten und sollte für eine normale Installation *nicht* gesetzt werden. Wir lassen Sie darum in den folgenden Darstellungen beiseite und führen in Abbildung 5.1 die Pfade der Standardinstallation auf, auf die wir uns im Buch beziehen.

Tabelle 5.1: Zielverzeichnisse für die Master-Installation

Variable	Vorgabe	Inhalt
PREFIX	/opt/munin	Installationsverzeichnis
CONFDIR	/etc/opt/munin	Konfigurationsdateien
BINDIR	$(PREFIX)/bin	Ausführbare Programme
DOCDIR	$(PREFIX)/doc	Dokumentation
MANDIR	$(PREFIX)/man	Manpages
LIBDIR	$(PREFIX)/lib	Munin-Master-Skripte
HTMLDIR	/var/www	Webseiten der Munin-Übersicht
CGIDIR	$(HTMLDIR)/cgi	Munins CGI-Skript zur Graphenerstellung (siehe Seite 105)
DBDIR	/var/opt/munin	RRD-Dateien und Arbeitsdateien der Munin-Master-Skripte
LOGDIR	/var/log/munin	Logdateien
STATEDIR	/var/run/munin	PID- und Lock-Dateien

Der Aufruf von make install-main stößt keinen Übersetzungsvorgang an, denn Munin besteht vollständig aus Perlskripten. Diese ändert make entsprechend den Vorgaben in Makefile.config ab, legt die notwendigen Verzeichnisse an und kopiert die angepassten Skripte dort hinein:

```
master:/usr/src/munin-version #  make install-main
mkdir -p /etc/opt/munin/templates
mkdir -p /opt/munin/lib
mkdir -p /opt/munin/bin
mkdir -p /usr/local/share/perl/5.8.8
mkdir -p /var/log/munin
```

6 Der FHS definiert, an welcher Stelle im Dateisystem welche Komponente eines Linux-Systems zu speichern ist.

```
mkdir -p /var/run/munin
mkdir -p /opt/munin/var/www
mkdir -p /var/opt/munin
mkdir -p /opt/munin/var/www/cgi
chown munin /var/log/munin /var/run/munin  /opt/munin/var/www /var/opt/m
unin
for p in build/server/*.tmpl; do                                  \
              ./install-sh -m 0644 "$p" /etc/opt/munin/templates/ ; \
        done
./install-sh -m 0644 server/logo.png /etc/opt/munin/templates/
./install-sh -m 0644 server/style.css /etc/opt/munin/templates/
./install-sh -m 0644 server/definitions.html /etc/opt/munin/templates/
./install-sh -m 0755 server/VeraMono.ttf /opt/munin/lib/
./install-sh -m 0644 resources/favicon.ico /opt/munin/var/www/
test -f /opt/munin/var/www/.htaccess || ./install-sh -m 0644 build/serve
r/munin-htaccess /opt/munin/var/www/.htaccess
test -f "/etc/opt/munin/munin.conf"  || ./install-sh -m 0644 build/ser
ver/munin.conf /etc/opt/munin/
./install-sh -m 0755 build/server/munin-cron /opt/munin/bin/
./install-sh -m 0755 build/server/munin-update /opt/munin/lib/
./install-sh -m 0755 build/server/munin-graph /opt/munin/lib/
./install-sh -m 0755 build/server/munin-html /opt/munin/lib/
./install-sh -m 0755 build/server/munin-limits /opt/munin/lib/
./install-sh -m 0755 build/server/munin-cgi-graph /opt/munin/var/www/cgi/
./install-sh -m 0644 build/server/Munin.pm /usr/local/share/perl/5.8.8/
```

Was zu tun ist, damit Munins Manpages gefunden werden, haben wir bereits auf Seite 54 beschrieben.

Da schnelle Erfolge für gute Laune sorgen, passt man als Erstes die Datei `/etc/opt/munin/munin.conf` an, die später alle abzufragenden Clients enthalten wird. Für den ersten Test genügt es, einen Rechner in die Konfiguration aufzunehmen, auf dem die Munin-Node-Software bereits installiert und gestartet wurde. Bauen Sie eine `telnet`-Session[7] zum entsprechenden Munin-Node auf und schauen Sie, unter welchem Namen er sich meldet. Die Angabe finden Sie in der Zeile

```
Connected to webserv.example.com
```

Diesen Namen geben Sie hier in eckigen Klammern an. Damit wird dieser Host überwacht. Darunter geben Sie die IP-Adresse des Rechners an, auf dem der `munin-node`-Daemon läuft. Statt der IP-Adresse kann auch ein Hostname angegeben werden, der sich mit Hilfe der `/etc/hosts` oder des Nameservers auflösen lässt:[8]

```
[webserv.example.com]
   address 192.0.2.60
   use_node_name yes
```

[7] Den Verbindungsaufbau haben wir in Kapitel 1.2 ab Seite 21 demonstriert.
[8] Die Konfiguration der Nodes besprechen wir ab Seite 89 im Detail.

5.2.1 Konfiguration des Webservers

Damit der Webserver auf die HTML-Dateien und die eingebetteten Grafiken zugreifen kann, empfiehlt sich ein Alias, der den Aufruf von `http://rechnername/munin/` auf das entsprechende lokale Verzeichnis umlenkt. Bei Apache 1.3 geschieht dies in der `httpd.conf` mit dem Eintrag

```
Alias /munin/ /opt/munin/var/www/
```

Wenn Sie die Munin-Webseiten mit einem Passwortschutz[9] versehen wollen, ergänzen Sie dort außerdem folgenden Abschnitt:

```
<Directory "/opt/munin/var/www">
AllowOverride AuthConfig
</Directory>
```

Die Apache-Direktive sorgt dafür, dass eine ggf. im Verzeichnis platzierte Datei `.htaccess` Einfluss auf die Authorisierung nehmen kann.

Bei Apache 2 ergänzt man beide Einträge in einer eigenen Datei namens `/etc/apache2/conf.d/munin.conf`.

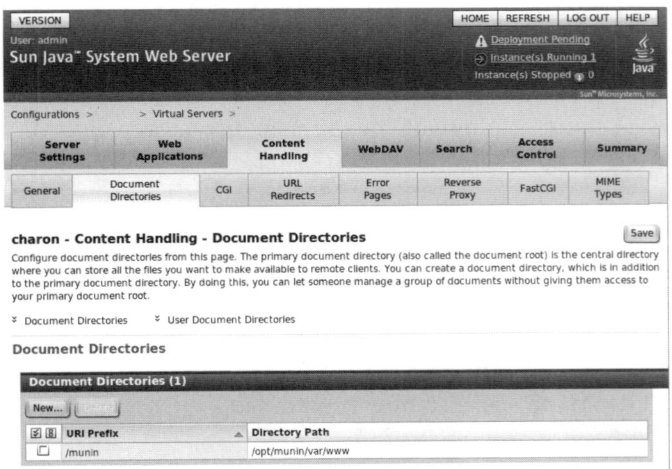

Abbildung 5.2: Konfiguration des iPlanet-Webservers

Setzen Sie den *iPlanet*-Webserver von Sun ein (der offizielle Name dieses Produkts lautet *Sun Java System Web Server*), gibt es zwei Möglichkeiten: In der GUI des Admin-Servers klicken Sie **Content Handling | Document Directories | New ...** an und tragen im sich öffenden Fenster als **URI** `/munin/` und unter **Directory Path** `/opt/munin/var/www` ein. Das Ergebnis stellt sich wie in Abbildung 5.2 dar. Alternativ erweitern Sie den Abschnitt

[9] Munin liefert in den neueren Versionen ab 1.3.3 eine Vorlage für die `.htaccess`-Datei mit. Wir gehen darauf im Kapitel 5.6 ab Seite 107 ein.

```
<Object name="default">
[...]
</Object>
```

in der Datei `obj.conf` um folgenden Eintrag:

```
NameTrans fn="pfx2dir" from="/munin" dir="/opt/munin/var/www"
```

5.2.2 Automatischer Start der Munin-Master-Skripte

Das Skript `/opt/munin/bin/munin-cron`, das die Verarbeitungskette auf dem Master anstößt, ruft man Cron-gesteuert alle fünf Minuten auf.[10] Auf den meisten Unix-artigen Betriebssystemen erledigt man das in der Datei `/etc/cron.d/munin`:

```
# Cron-Jobs für Munin
MAILTO=root

*/5 * * * *     munin test -x /opt/munin/bin/munin-cron && /opt/munin/bi
n/munin-cron
```

Benutzer `munin` ruft darin das Shell-Skript `munin-cron` auf, welches seinerseits die Perl-Skripte `munin-update`, `munin-limits`, `munin-graph` und `munin-html` startet.[11] Alternativ nimmt man diesen Cronjob in die Crontabelle des Users `munin` auf.[12] Dazu erstellt man eine Datei folgenden Inhalts:

```
# Cron-Jobs für Munin
MAILTO=root

0,5,10,15,20,25,30,35,40,45,50,55 * * * * test -x /opt/munin/bin/munin-c
ron && /opt/munin/bin/munin-cron
```

und spielt den darin spezifizierten Cronjob mit

```
master:/var/log/munin # crontab -u munin datei
```

10 Dieser Abstand ist durch Munins Archivierungsregeln vorgegeben. Sie können die Skripte zwar häufiger aufrufen – das geschieht in der Praxis gelegentlich, wenn Sie `munin-cron` zur Fehlersuche manuell starten –, die Auflösung der Munin-Graphen dadurch aber nicht verfeinern. Munin nimmt auch dann lediglich einen resultierenden *primären Datenpunkt* in die RRD auf. Zu den Archivierungsregeln siehe Kapitel 2.1.1 ab Seite 39.

11 Nutzern kommerzieller Unixe sei die ausführliche Schreibweise `0,5,10,15,20,25,30,35,40,45,50,55 * * * *  munin test -x /opt/munin/bin/munin-cron && /opt/munin/bin/munin-cron` empfohlen.

12 Das funktioniert allerdings nur, wenn für diesen Nutzer eine Login-Shell definiert ist.

in die Crontabelle des Users `munin` ein. Anschließend dauert es maximal fünf Minuten, bis Munins Perlskripte das Verzeichnis `/opt/munin/var/www` langsam mit Inhalt füllen. Sollte dies nicht der Fall sein, gibt ein Blick in die vom Cron-Daemon generierten (und im obigen Fall an `root` adressierten) Mails Auskunft über aufgetretene Probleme. Denkbar sind nicht vorhandene oder nicht auffindbare Perl-Module, eine Konstellation, die meist zum sofortigen Abbruch des Perlskripts ohne viele Fehlermeldungen führt.

5.3 Konfiguration

Die zentrale Konfigurationsdatei `munin.conf`, die sich üblicherweise im Verzeichnis `/etc/opt/munin/` befindet, steuert das Verhalten des Munin-Masters, im Einzelnen der auf Seite 20 erwähnten Skripte `munin-update`, `munin-limits`, `munin-graph` und `munin-html`.

5.3.1 Ablageverzeichnisse festlegen

Gleich am Anfang der `munin.conf` ist festgelegt, welche Verzeichnisse Munin nutzen soll. Das folgende Beispiel stammt aus einer Fedora-Installation:

```
dbdir   /var/lib/munin
htmldir /var/www/html/munin
logdir  /var/log/munin
rundir  /var/run/munin
tmpldir /etc/munin/templates
```

Der Nutzer, der `munin-cron` ausführt (im Allgemeinen `munin`), benötigt Schreibzugriff auf alle hier angegebenen Verzeichnisse mit Ausnahme des `tmpldir`-Eintrags. Üblicherweise sorgt die Installationsroutine für die entsprechende Rechtevergabe. Sie müssen nur daran denken und entsprechende Vorkehrungen treffen, wenn Sie nach der Installation noch auf andere Verzeichnisse umschwenken wollen.

Die einzelnen Parameter legen Folgendes fest:

`dbdir`
: In diesem Verzeichnis lagern die RRD-Dateien. Munin erstellt Unterverzeichnisse für jede *Domain* bzw. *Group* (die Erläuterung dazu folgt auf Seite 91). Die Namen der Unterverzeichnisse entsprechen den Namen der Domains bzw. Gruppen. Darin landen die RRDs der zugehörigen Datenquellen.

  Direkt auf der Ebene des durch `dbdir` festgelegten Verzeichnisses legen die Munin-Master-Prozesse außerdem Dateien an, die der Zwischenspeicherung und Datenübergabe an die im Zyklus folgenden Prozesse dienen.

`logdir`
: Logverzeichnis für die Munin-Master-Prozesse. Den Inhalt der dort gespeicherten Dateien beschreibt Kapitel 11.1 ab Seite 234.

`rundir`
: In diesem Verzeichnis legen die Prozesse Lock-Dateien an. Diese verhindern, dass sich Prozesse zeitlich aufeinanderfolgender Munin-Zyklen beim Schreiben von Daten in die Quere kommen, wenn der alte Zyklus noch nicht abgeschlossen war, als der neue begann.

`htmldir`
: Hier erstellt `munin-html` die HTML-Dateien der Munin-Übersicht.

`tmpldir`
: Dort befinden sich die Vorlagen für die Munin-Übersicht. Änderungen an diesen Dateien bieten die Möglichkeit, das Layout nach eigenem Gusto zu gestalten (siehe Kapitel 1.6.6 auf Seite 33).

5.3.2 Die zu überwachenden Hosts festlegen

Für jeden Host, den Sie überwachen möchten, ergänzen Sie einen entsprechenden Eintrag in der `munin.conf`:

```
[munin.example.net]
    address 127.0.0.1
```

Damit wird `munin-update` bei seinem nächsten Rundflug beim Munin-Node auf dem Rechner mit der IP-Nummer `127.0.0.1` auf Port 4949 anklopfen und die Daten zu Host `munin.example.net` abfragen.

Sollte der dortige `munin-node`-Daemon nicht auf dem Standard-Port 4949 lauschen, sondern auf einem in der Munin-Node-Konfiguration eigens anders konfigurierten Port (siehe Seite 61), geben Sie diesen mit der Direktive `port` an:

```
[munin.example.net]
    address localhost
    port 6088
```

Die Aufzeichnungen zum neuen Host erscheinen in der Munin-Übersicht unter dem Namen, der in den eckigen Klammern angegeben wird, hier also unter **munin.example.net**. Außerdem geht dieser Rechnername als Präfix in den Namen der entsprechenden RRD-Datei ein.

Nach dem Schlüsselwort `address` steht die IP-Adresse, unter der der zuständige `munin-node`-Daemon zu erreichen ist. Es kann auch ein per DNS auflösbarer Name angegeben werden:

```
[foo.example.org]
   address foo.example.org
```

Handelt es sich um den lokal auf dem Munin-Master laufenden Munin-Node, gibt man als `address`-Wert wie oben gezeigt `localhost` oder `127.0.0.1` an.

Auch Nodes, die über einen SSH-Tunnel mit dem Munin-Master kommunizieren, werden über `localhost` angesprochen. Eine Anleitung dazu finden Sie im Anhang A ab Seite 275.

Gruppen bilden

Oberhalb der Hosts gibt es noch eine weitere Gliederungsebene, die der Gruppe (englisch: *Group*) oder der *Domain*, wie sie in früheren Munin-Versionen genannt wurde. Die Begriffsverwirrung ist darauf zurückzuführen, dass Munin – so möglich – den der Domain entsprechenden Anteil[13] des Hostnamens als Gruppenbezeichnung nutzt, sofern keine Gruppe ausdrücklich definiert wird.

Die Gruppe dient als oberste[14] Gliederungsebene in der Munin-Übersicht. Eine eigene Webseite zur Gruppe führt Links zu allen Plugins in dieser Gruppe auf. Diese ermöglicht den schnellen Zugriff auf die Detailseite mit allen Graphen zum Plugin.

Seit man die Gruppenbezeichnungen bei Bedarf selbst frei definieren kann (Leerzeichen und Unterstriche sind darin nicht erlaubt.) sprechen die Munin-Entwickler hier vom *Group Level*.

Wollen Sie die Rechner Ihres Netzwerks beispielsweise in die Gruppen `Mailserver` und `Webserver` untergliedern, geben Sie diese Bezeichnung innerhalb der eckigen Klammern *vor* dem Namen des Rechners ausdrücklich an und trennen sie vom Hostnamen mit einem Strichpunkt ab. Achten Sie darauf, dass der Hostname unmittelbar – also ohne eingeschobenes Leerzeichen – dem Semikolon folgt.

```
[Mailserver;gw.example.net]
    address 192.0.2.60
[Webserver;shop.example.net]
    address 192.0.2.11
```

13 Munin interpretiert den Teilstring rechts vom ersten Punkt als Bezeichnung der Domain.

14 In den stabilen Versionen 1.2.x gibt es nur eine solche Ebene. Der Aufbau einer hierarchischen Struktur mit Untergruppen ist dort nicht möglich. Die Development-Versionen ab 1.3.4 erlauben die Verschachtelung von Gruppen. Dazu geben Sie beim Hosteintrag in eckigen Klammern statt der einen Gruppe alle Gruppen an, die man auf dem Weg durch den Baum bis zum entsprechenden Host passiert. Beispiel: `[Server;Webserver;Shop;shop1.example.net]`

```
[Webserver;foo.example.org]
    address foo.example.org
```

Der Host `foo.example.org` taucht in der Munin-Übersicht nun auch unterhalb der Gruppe **Webserver**) auf. Seine Messdaten befinden sich im Gruppenverzeichnis gleichen Namens (`Webserver`), während die zur `foo.example.org`-Konfiguration auf Seite 90 gehörenden Daten im Verzeichnis `example.org` unterhalb des als `dbdir` festgelegten Ordners (siehe Seite 89) landen. Diese Doppeltdeklaration ist die einzige Möglichkeit, einen Node (hier: `foo.example.org`) in mehreren Gruppen (nämlich `Webserver` und `example.org`) auftauchen zu lassen. Leider ist dies mit doppelter Datenhaltung und doppelten Abfragen des Hosts verbunden.[15] Sollten Sie die Gruppe später umbenennen oder den Host einer anderen Gruppe zuordnen, müssen Sie seine Datenfiles ins neue Gruppenverzeichnis verschieben, damit Ihnen keine Daten in der Ansicht verloren gehen.

Per Voreinstellung baut Munin die Listen der Gruppen und Hosts in den HTML-Seiten der Munin-Übersicht[16] in alphabetischer Reihenfolge auf. Mit den bisher definierten Nodes ergibt sich damit folgende Hierarchie.

```
- example.net
  --- munin.example.net
- example.org
  --- foo.example.org
- Mailserver
  --- gw.example.net
- Webserver
  --- foo.example.org
  --- shop.example.net
```

Wollen Sie die überwachten Rechner innerhalb der Gruppe anders anordnen, nutzen Sie die Direktive `node_order` in einem Abschnitt, der ausschließlich den Gruppennamen trägt:

```
[Webserver;]
    node_order shop.example.net foo.example.org
```

Sie müssen dabei die Hostnamen all der Rechner ausdrücklich[17] aufführen, die die Liste anführen sollen. Die nicht genannten folgen im Anschluss alphabetisch sortiert.

15 Darum wird man in der Praxis bei Bedarf eher andere Wege beschreiten, um Graphen in speziellen Zusammenstellungen zu präsentieren: Da die Munin-Graphen feste Namen haben und – solange Sie die Struktur des Munin-Baums nicht ändern – in den gleichen Verzeichnissen unterhalb von `HTMLDIR` zu finden sind, lassen sie sich sehr gut in selbst gebastelte statische HTML-Seiten integrieren.

16 Siehe Kapitel 1.6 ab Seite 26.

17 Eine Verwendung von Wildcards oder regulären Ausdrücken ist nicht möglich.

Mit der Direktive `domain_order` ist auch möglich, die Sortierung der Gruppen umzustellen. Die entsprechende Zeile führen Sie noch vor der Definition der ersten Gruppe auf, hier zur besseren Übersicht der ganze Abschnitt mit der Munin-Gliederung:

```
domain_order Webserver Mailserver

[munin.example.net]
    address 127.0.0.1
[foo.example.org]
   address foo.example.org
[Mailserver;gw.example.net]
    address 192.0.2.60
[Webserver;]
    node_order shop.example.net foo.example.org
[Webserver;shop.example.net]
    address 192.0.2.11
[Webserver;foo.example.org]
    address foo.example.org
```

Mit diesen beiden Änderungen an der Sortierung sieht die Struktur so aus:

```
- Webserver
  --- shop.example.net
  --- foo.example.org
- Mailserver
  --- gw.example.net
- example.net
  --- munin.example.net
- example.org
  --- foo.example.org
```

Kapitel 1.6 ab Seite 26 zeigt, wie die Munin-Webseiten mit dieser Struktur aussehen. Lediglich `foo.example.org` haben wir dort – anders als hier – nicht doppelt eingebunden.

5.3.3 Überschreiben der Plugin-Konfiguration

Sämtliche von Munin-Plugins vorgegebene Einstellungen lassen sich im Abschnitt des gewünschten Hosts überschreiben. Nennen Sie zunächst den Namen des Plugins, wie er oben auf der Detailseite zum Plugin[18] angegeben ist. Diese Bezeichnung weicht ggf. von der des Links im Service-Verzeichnis ab, weil in dieser Punkte durch Unterstriche ersetzt werden. Durch einen Punkt abgetrennt folgt dann die Bezeichnung des Attributs, dem auf der rechten Seite des Ausdrucks der neue Wert zugewiesen wird.

[18] Siehe die entsprechende Abbildung auf Seite 32.

Spezifische Warnschwellen setzen

So lassen sich Warnschwellen oder Wertebereiche individuell für einzelne Hosts festlegen, etwa für das Plugin `cpu`,[19] das die CPU-Auslastung beobachtet:

```
[Webserver; foo.example.org]
[...]
    cpu.system.warning 40
    if_err_eth0.rcvd.critical 3
    if_err_eth0.trans.critical 2
```

Dieses sieht normalerweise vor, dass Munin warnt, wenn Systemprozesse mehr als 30 Prozent der CPU auslasten. Die Warnschwelle wird hier auf den Wert 40 gesetzt, so dass der Prozessor zu mehr als 40 Prozent von Systemprozessen in Anspruch genommen werden muss, um eine Meldung zu verursachen.

Des Weiteren passt das Beispiel die Warnschwellen des Plugins `if_err_`[20] für die Überwachung der Schnittstelle `eth0` dieses Rechners an. Auch hier wurden die Ansprüche gelockert. Von Haus aus ist die Warnschwelle bei diesem Plugin sowohl für eingehenden als auch für den ausgehenden Datenverkehr auf 1 festgelegt. Damit warnt Munin, sobald die Fehlerrate bei einem fehlerhaften Paket pro Sekunde liegt. Mit obigen Einstellungen muss die Fehlerrate beim ausgehenden Verkehr (Datenquelle `trans`) mindestens 2 Pakete pro Sekunde betragen, damit der Admin eine Warnung erhält. Beim eingehenden Verkehr (`rcvd`) liegt die Warnschwelle mit 3 Paketen pro Sekunde sogar noch höher.

Das Beispiel legt nur obere Grenzen fest. Durch Verwendung einer Schreibweise mit Doppelpunkt ist es aber auch möglich, den Wertebereich nach unten abzugrenzen:

```
pluginname.datenfeld.warning unterer_grenzwert:oberer_grenzwert
pluginname.datenfeld.critical unterer_grenzwert:oberer_grenzwert
```

Ein entsprechendes Beispiel finden Sie im Kapitel 12.2.3 ab Seite 252. Es verwendet auch negative Zahlen.

Hostspezifische Überschriften in Graphen setzen

Auch die Überschriften zu den einzelnen Graphen lassen sich so aussagekräftiger gestalten. So trägt die Darstellung des `apache_accesses`-Plugins für den Rechner `foo.example.org` im Folgenden den Titel **Zugriffe auf Webserver foo**:

[19] Eine Vorstellung des Plugins finden Sie im Kapitel 6.6.1 ab Seite 132.

[20] Vorgestellt auf Seite 139.

```
[Webserver;foo.example.org]
[...]
    apache_accesses.graph_title Zugriffe auf Webserver foo
```

Art der Kurvendarstellung ändern

Auch die grafische Darstellung der Kurven können Sie ändern:

```
[Webserver;foo.example.org]
[...]
    if_eth0.down.draw AREA
    if_eth0.up.draw AREA
```

`if_`, das Plugin zur Überwachung des Netzverkehrs, zeichnet seine Kurve normalerweise als Linie. Mit `AREA` erscheinen die Werte als ausgemalte Fläche.

Wenn Sie die Darstellungsweise für ein Plugin generell und nicht nur auf einen Host bezogen ändern wollen, weisen Sie diesem Attribut am besten im Quelltext des Plugins den neuen Wert zu und verteilen die modifizierte Version an die Munin-Nodes. Das Kapitel 9 beschreibt eingehend, wie die Quelltexte von Plugins beschaffen sind.[21]

Plugins in andere Kategorien einordnen

Sollen die Graphen eines Hosts in einer anderen, als der vom Plugin vorgesehenen Abteilung (**Category**) erscheinen, sorgt die Direktive `graph_category` dafür:

```
[foo.example.net]
[...]
   postfix_mailqueue.graph_category Mail
```

Das Beispiel ordnet den Postfix-Graphen des Rechners `foo.example.net` der Kategorie **Mail** zu. Damit taucht dieser nicht mehr unterhalb von **Postfix** auf.

Ein Plugin kann nur einer einzigen Kategorie zugeordnet sein. Die Einstellung in der Munin-Master-Konfiguration überschreibt den Wert des Plugin-Attributs, den der Aufruf mit der Option `config` liefert.

[21] Vielleicht verbessern Sie das Plugin bei der Gelegenheit generell und stellen es der Allgemeinheit als neue Version über die Austauschplattform *MuninExchange* zur Verfügung?

5.3.4 Benachrichtigung im Fehlerfall

Nachdem das Skript `munin-update` die Host-bezogenen Messwerte bei den Munin-Nodes abgeholt hat, überprüft das Skript `munin-limits`, ob dabei vorgegebene Warnschwellen oder kritische Schranken überschritten wurden. Falls dem so ist, benachrichtigt es die dafür vorgesehenen Kontakte.

Das gesamte Benachrichtigungswesen ist bei Munin optional. Nur wenn Sie informiert werden wollen, kommentieren Sie die in der Konfigurationsdatei mitgelieferten Kommandos aus und passen Sie Ihrem Bedarf an:

```
#contact.someuser.command mail -s "Munin notification" somejuser@fnord.c
omm
#contact.anotheruser.command mail -s "Munin notification" anotheruser@bl
ibb.comm
```

Ersetzen Sie die Bezeichnung *`someuser`* bzw. *`anotheruser`* links in der Zeile durch den Namen, den der Kontakt in Ihrem System tragen soll. Im Mailkommando rechts geben Sie die E-Mail-Adresse an, an die die Nachrichten in dem Fall gehen sollen:

```
contact.admin.command mail -s "Munin notification" admin@example.org
contact.gabriele.command mail -s "Munin notification" gabriele@example.o
rg
```

Damit definieren Sie zwei Kontakte, die Sie in der Konfiguration mit `admin` und `gabriele` ansprechen. Mit der Direktive `contact.`*`kontakt`*`.always_send` (der besseren Übersicht wegen am besten auf der nächsten Zeile)[22] geben Sie anschließend an, bei welcher Art Ereignis der jeweilige Kontakte benachrichtigt wird:

```
contact.admin.always_send warning critical
contact.gabriele.always_send critical
```

In diesem Fall informiert Munin den Kontakt `admin` schon bei Warnungen, während `gabriele` erst bei kritischen Werten ins Spiel kommt.

Tatsächlich enthält die Konfiguration bis hierher lediglich Willenserklärungen: Munin versendet erst dann Nachrichten, wenn die Zuständigkeiten geklärt sind. Dazu dient die Direktive `contacts`. Diese kann auf allen Ebenen der Munin-Konfiguration zum Einsatz kommen. Typischerweise legt man gleich im Anschluss an die obigen Zeilen einen globalen Kontakte fest. Diesen benachrichtigt Munin in allen Fällen, in denen auf unterer Ebene keine speziellen Regelungen getroffen werden:

[22] Munin fordert lediglich, dass diese Direktive vor der Definition der Munin-Gliederung steht, also vor dem ersten Ausdruck in eckigen Klammern.

```
contacts admin
```

Nehmen wir an, gabriele sei alleinverantwortlich für den Server munin-master.example.org, so dass admin niemals benachrichtigt werden soll, wenn es damit Probleme gibt. In diesem Fall geben Sie die Zuständigkeit im entsprechenden Hostabschnitt an:

```
[munin-master.example.org]
contacts gabriele
```

Ist gabriele für eine ganze Gruppe von Hosts zuständig, platzieren Sie die Direktive auf der Ebene dieser Gruppe (hier Gabriele genannt):

```
[Gabriele;]
contacts gabriele
```

Soll gabriele nur Nachrichten erhalten, die sich auf ein ganz bestimmtes Plugin beziehen, vereinbaren Sie dies im entsprechenden Hostabschnitt unter Bezugnahme auf den Pluginnamen:

```
[hostname]
name_des_plugins.contacts gabriele
```

Am Beispiel eines SNMP-Plugins, das Sie in Kapitel 9.4.3 ab Seite 200 genauer kennenlernen, sieht das wie folgt aus:

```
[groupwise;192.0.2.20]
    address 127.0.0.1
    use_node_name no
    snmp_192_0_2_20_gwweb_1.r_failed.warning 5
    snmp_192_0_2_20_gwweb_1.r_failed.critical 10
    snmp_192_0_2_20_gwweb_1.contacts gabriele
```

Diese Konfiguration zeigt außerdem, wie man spezifische Warnschwellen für ein Plugin auf einem konkreten Host festlegt. Da gabriele laut unserer Konfiguration im globalen Abschnitt Benachrichtigungen nur beim Erreichen kritischer Werten erhält, bemerkt sie Warnungen nur anhand der farblichen Hervorhebung in der Munin-Übersicht und nicht anhand entsprechender E-Mails.

Auf das Schlüsselwort contacts können mehrere Kontaktnamen folgen. Wenn Sie die obige Zeile wie folgt ergänzen, wird auch der admin benachrichtigt, wenn der Wert r_failed die angegebenen Grenzen überschreitet:

```
snmp_192_0_2_20_gwweb_1.contacts gabriele admin
```

`admin` würde in diesem Fall auch bei Erreichen des Warnlevel informiert werden, Gabriele nicht.

Die `contacts`-Direktive erlaubt es auch, die Benachrichtigungsfunktion auf Gruppen-, Host- und Pluginebene abzuschalten. Dazu geben Sie statt des Kontaktnamens das Schlüsselwort `no` an:

```
[test.example.org]
contacts no
```

Dementsprechend lässt sich kein Kontakt mit dem Namen `no` definieren.

Andere Benachrichtigungswege

Bei der Einrichtung der Kontakte mit der Direktive `contact.`*`kontakt`*`.command` haben wir bisher auf der rechten Seite einen Befehl zum Versand von E-Mails spezifiziert. Es steht Ihnen jedoch frei, dort andere Kommandos anzugeben. Eine prominente Variante liefert die Konfigurationsdatei des Munin-Masters als Vorlage mit:

```
#contact.nagios.command /usr/sbin/send_nsca -H nagios.host.com -c /etc/s
end_nsca.cfg
```

Hier geht die Nachricht an einen *Nagios*-Server.[23] Dabei dient der *Nagios Service Check Acceptor*, konkret das Werkzeug `send_nsca`, als vermittelnde Stelle. Wir haben dem Thema ab Seite 243 ein eigenes Kapitel gewidmet.

Dynamischer Nachrichteninhalt

Dem Benachrichtigungskommando können Sie alle möglichen Informationen aus dem Munin-Kontext mitgeben. Diese stellt Munin über Variablen zur Verfügung.[24]

Folgende Funktion listet im E-Mail-Betreff Gruppe und Host auf, auf die sich der Alarm bezieht:

```
contact.admin.command mail -s "Munin-Alarm [${var:group};${var:host}]" a
dmin@example.org
```

Der Betreff einer durch diese Funktion versandten E-Mail sieht dann z. B. so aus:

```
Munin-Alarm [LAN-Komponenten;bianca-internet]
```

[23] `http://www.nagios.org/`

[24] Ergänzend zu unseren Ausführungen sei bei diesem Thema auf `http://munin.projects.linpro.no/wiki/MuninAlertVariables` verwiesen.

Generell lassen sich die Werte aller Plugin-Direktiven nach folgendem Muster auslesen:

```
${var:name_der_direktive}
```

So versendet die Kontaktfunktion

```
contact.admin.command mail -s "Plugin ${var:graph_title} auf Host ${var:
host} warnt" admin@example.org
```

beispielsweise Mitteilungen mit folgendem Betreff:

```
Plugin CPU usage auf Host webserv.example.com warnt
```

Auch Informationen auf Datenfeld-Ebene lassen sich einbinden. Die Werte müssen Sie allerdings in einer Schleife einsammeln, selbst wenn es sich nur um einen einzigen Wert handelt. Die Syntax ist im Perl-Modul `Text::Balanced`[25] definiert und sei an folgendem Beispiel demonstriert:

```
contact.admin.command mail -s "Munin-Alarm fuer ${var:host} : ${var:grap
h_title} -> warnings: ${loop<,>:wfields  ${var:label}=${var:value}} / c
riticals: ${loop<,>:cfields  ${var:label}=${var:value}}" admin@example.o
rg
```

Diese Kontaktfunktion versendet für das Plugin `sensors_volt` etwa folgende Warnung:

```
Munin-Alarm fuer munin-master.example.org : Voltages -> warnings:  / cri
ticals:  +12V=11.63, -12V=-11.91, +3.3V=3.17, +5V=4.90, VBat=3.03, V5SB=
5.45, -5V=-5.06
```

5.3.5 Virtuelle Hosts und Plugins

Die `munin.conf` erlaubt es auch, Daten verschiedener Plugins in einem neuen Graphen zu kombinieren. Solche *virtuellen Plugins*[26] helfen z. B. dabei, verträgliche Nachbarn für die Servervirtualisierung zu finden. Dazu vergleichen Sie das Lastprofil von Server A mit dem von Server B und schauen, ob die als Host vorgesehene reale Maschine die Last der beiden verkraftet.

Folgende Konfiguration fügt der Gruppe `Webserver` den virtuellen Host `Zusammenfassung` hinzu. Dieser wird durch das virtuelle Plugin `accesses_`

[25] `http://search.cpan.org/dist/Text-Balanced/`

[26] Ein ausführlich erläutertes Beispiel gibt es im Munin-Wiki unter `http://munin.projects.linpro.no/wiki/aggregate_examples`.

all „überwacht“, das die Zugriffe auf die Apache-Server von foo.example.org und bar.example.net übereinander stapelt. Die resultierende Zugriffszahl lässt sich an der Oberkante des Stapels in Abbildung 5.3 ablesen.

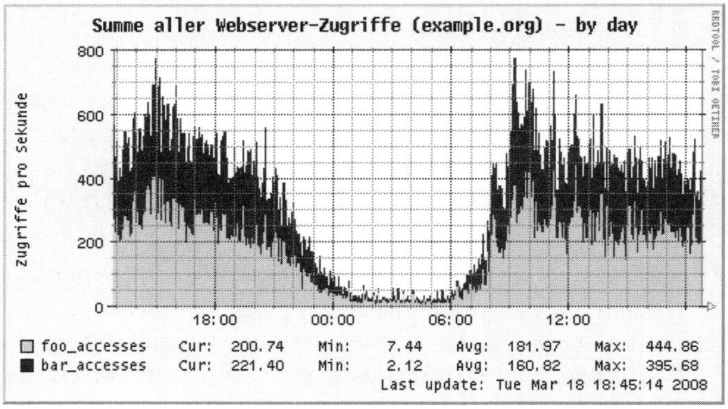

Abbildung 5.3: Datenquellen zweier Plugins in einem Graphen

Da sich das virtuelle Plugin vorhandener Datenquellen bedient, muss der Munin-Master für den virtuellen Host keine Werte durch munin-update erheben lassen. Wir schalten den Update-Lauf daher mit der update-Direktive ab.

Wie bei der config-Methode eines gewöhnlichen Plugins legen wir dann mit entsprechenden Direktiven[27] die Eigenschaften des Graphen des virtuellen Plugins accesses_all wie Titel, Achsenbeschriftung und Skalierung fest. Außerdem soll der Graph in der Munin-Übersicht in der Kategorie **Apache** erscheinen:

```
[Webserver;Zusammenfassung]
    update no
    accesses_all.graph_title Summe aller Webserver-Zugriffe (example.org)
    accesses_all.graph_vlabel Zugriffe pro Sekunde
    accesses_all.graph_args -l 0
    accesses_all.graph_category Apache
    accesses_all.graph_order \
        foo_accesses=linux;foo.example.org:apache_accesses.accesses80 \
        bar_accesses=linux;bar.example.net:apache_accesses.accesses80
    accesses_all.foo_accesses.type DERIVE
    accesses_all.foo_accesses.draw AREA
    accesses_all.foo_accesses.min 0
    accesses_all.bar_accesses.type DERIVE
    accesses_all.bar_accesses.draw STACK
    accesses_all.bar_accesses.min 0
```

27 Eine Liste aller infrage kommenden finden Sie im Anhang ab Seite 288.

Mit der Direktive `graph_order`, die normalerweise dazu gedacht ist, die Reihenfolge der Datenquellen eines Plugins zu ändern,[28] definieren wir hier die Datenquellen des virtuellen Plugins `accesses_all`. Denken Sie sich passende Namen (hier **foo_accesses** und **bar_accesses**) für die entsprechenden Datenfelder aus[29] und weisen Sie diesen per Gleichheitszeichen bereits vorliegende Daten der Hosts `foo.example.org` und `bar.example.net` zu.

Vorhandene Datenquellen referenziert man stets in der Form *`gruppe`*`;`*`host`*`:`*`plugin`*`.`*`datenfeld`*. Dabei können Sie auf die Angabe der Gruppe und des anschließenden Semikolons verzichten, wenn sich virtueller Host und die realen Hosts in der gleichen Gruppe befinden. Im Beispiel ist das nicht der Fall. Die beiden Server sind der Gruppe **linux** zugeordnet, während der virtuelle Host in einer eigenen Gruppe **Webserver** angesiedelt wird.

Wenn Sie die Daten verschiedener Plugins eines Hosts in einem Graphen vereinigen, können Sie zudem auf die Angabe des Hosts verzichten. In dem Fall fällt auch der Doppelpunkt weg; als Referenz steht dann nur noch der Name des Plugins und, mit Punkt abgetrennt, die betreffende Datenquelle da.

Die langen Ausdrücke, mit denen Sie die Datenquellen referenzieren, können Sie zur Verbesserung der Lesbarkeit über mehrere Zeilen verteilen. Vergessen Sie nicht, jeweils am Ende der Zeile einen \ anzugeben, wenn Sie die Direktive auf der nächsten Zeile fortsetzen.

Auf die Definition der Datenquellen folgen die Spezifikationen der Datenfelder: Die zum ersten Feld gehörende Kurve zeichnen wir als Fläche (`AREA`) und stapeln die zum zweiten Feld gehörende Kurve darauf (`STACK`). Da es sich hier um den Datentyp `DERIVE` (siehe Seite 36) handelt, müssen wir das auch angeben. Fehlt die Angabe, käme der Standard `GAUGE` zum Tragen, was zu Fehlern führte, weil keine entsprechenden RRD-Dateien dieses Typs existieren. Deren Bezeichnung endet auf `-g.rrd`, während die RRD-Dateien bei `DERIVE` auf `-d.rrd` enden. Die Angabe einer unteren Schranke für den Wertebereich `accesses_all.foo_accesses.min 0` ist eine Vorsichtsmaßnahme, die Spikes bei ggf. Rücksetzung des Zählers verhindert.

Werte aus unterschiedlichen Datenquellen addieren

Virtuelle Plugins können Datenquellen nicht nur neu kombinieren, sondern auch die davon gelieferten Werte addieren. Das Munin-Wiki[30] zeigt dies am Beispiel eines Graphen, der den Stromverbrauch mehrerer unterbrechungsfreier Stromversorgungsgeräte (USVs, englisch: *Uninterruptible Power Supplies* (UPS)) aufzeichnet.

Ein anderes Anwendungsbeispiel aus der Praxis ist das eines hochverfügbaren Dienstes auf einem Rechnercluster. Situationsbedingt wandert er zwi-

28 Siehe dazu Seite 289.

29 Zu den Benennungsregeln siehe Seite 179.

30 `http://munin.projects.linpro.no/wiki/aggregate_examples`

schen zwei Knoten mit unterschiedlicher IP-Adresse hin und her. Um nichts zu verpassen, überwacht man in diesem Fall per SNMP-Plugin beide Clusterknoten, obwohl der Dienst jeweils nur auf einem der beiden läuft.

In der Munin-Übersicht erscheint nur ein Graph für den jeweils aktiven Host. Der Graph des anderen verschwindet ab dem Moment, wo `munin-update` beim Aufruf des Plugins Schiffbruch erleidet, weil es das entsprechende MIB-Objekt nicht mehr gibt:

```
Mar 31 22:55:01 [1449] - Unable to update Mailserver -> gw1.example.net
-> snmp_gw1_example_net_gwweb_1 -> r_completed: No such field (no "label
" field defined when running plugin with "config").
```

Statt uns mit einer löchrigen Kurve zu begnügen, erstellen wir ein virtuelles Plugin, das die Werte der beiden Datenquellen summiert. Die Datenquelle des inaktiven Hosts geht in die Summe jeweils mit Wert 0 ein. Auf diese Weise erhalten wir eine zusammenhängende Kurve.

Der Aufruf des Plugins mit der Option `config` liefert die Vorlage für die Definition des virtuellen Plugins in der Datei `munin.conf`. Es handelt sich hier um das SNMP-Plugin zur Überwachung des Novell Groupwise Webaccess, das Sie im Kapitel 9.4.3 ab Seite 200 genauer kennenlernen:

```
master: #  munin-run snmp_gw2.example.net_gwweb_1 config
host_name gw2.example.net
graph_category Groupwise
graph_args --base 1000
graph_period minute
graph_title gw Webaccess (WEBAC70A.EXAMPLE)
graph_info Shows per minute activity of the Groupwise Webaccess, here: W
EBAC70A.EXAMPLE.
graph_vlabel Value per minute
[...]
t_total.label TotalThreads
t_total.info gwWebAccessTotalThreads (1.3.6.1.4.1.23.2.77.1.1.1.5)
t_total.type GAUGE
t_total.min 0
t_total.draw LINE2
t_busy.label BusyThreads
t_busy.info gwWebAccessBusyThreads (1.3.6.1.4.1.23.2.77.1.1.1.6)
t_busy.type GAUGE
t_busy.min 0
t_busy.draw LINE2
u_curr.label CurrentUsers
u_curr.info gwWebAccessCurrentUsers (1.3.6.1.4.1.23.2.77.1.1.1.8)
u_curr.type GAUGE
u_curr.min 0
u_curr.draw LINE2
```

An der ausgelassenen Stelle berichtet es zusätzlich über zwei Datenquellen vom Typ `DERIVE`, nur leider funktioniert die Addition für diesen Datentyp nicht, wenn ihm ältere Messwerte fehlen: DERIVE bezieht sich ja stets auf die vorhergehenden Werte. Das folgende virtuelle Plugin beschränkt sich daher auf Datenquellen vom Typ GAUGE:

```
[Mailserver;Zusammenschau]
    gwweb.graph_category Groupwise
    gwweb.graph_args --base 1000
    gwweb.graph_period minute
    gwweb.graph_title gw Webaccess (gw1+gw2)
    gwweb.graph_vlabel Value per minute
    gwweb.graph_info Zeigt die Aktivitaeten des Groupwise Webaccess. \
Dieser Graph vereinigt die Messwerte der beiden Clusterknoten, \
auf denen der Dienst umherwandert.
    gwweb.graph_order t_busy t_total u_curr
    gwweb.t_total.sum \
        gw1.example.net:snmp_gw1_example_net_gwweb_1.t_total \
        gw2.example.net:snmp_gw2_example_net_gwweb_1.t_total
    gwweb.t_total.label TotalThreads
    gwweb.t_total.info gwWebAccessTotalThreads \
        (1.3.6.1.4.1.23.2.77.1.1.1.5)
    gwweb.t_total.type GAUGE
    gwweb.t_total.min 0
    gwweb.t_total.draw LINE2
    gwweb.t_busy.sum \
        gw1.example.net:snmp_gw1_example_net_gwweb_1.t_busy \
        gw2.example.net:snmp_gw2_example_net_gwweb_1.t_busy
    gwweb.t_busy.label BusyThreads
    gwweb.t_busy.info gwWebAccessBusyThreads \
        (1.3.6.1.4.1.23.2.77.1.1.1.6)
    gwweb.t_busy.type GAUGE
    gwweb.t_busy.min 0
    gwweb.t_busy.draw LINE2
    gwweb.u_curr.sum \
        gw1.example.net:snmp_gw1_example_net_gwweb_1.u_curr \
        gw2.example.net:snmp_gw2_example_net_gwweb_1.u_curr
    gwweb.u_curr.label CurrentUsers
    gwweb.u_curr.info gwWebAccessCurrentUsers \
        (1.3.6.1.4.1.23.2.77.1.1.1.8)
    gwweb.u_curr.type GAUGE
    gwweb.u_curr.min 0
    gwweb.u_curr.draw LINE2
```

Im Unterschied zur Kombination von Datenquellen, die wir auf Seite 99 vorgestellt haben, sortiert die Direktive **graph_order** hier tatsächlich die Datenquellen des virtuellen Plugins. Die zu addierenden, originalen Datenquellen legen wir im Attribut sum fest.

Die hierbei zum Einsatz kommende Syntax entspricht der aus dem vorigen Beispiel: Zunächst führen Sie bei Bedarf die Gruppe auf, aus der die Quelle stammt. Diese trennen Sie mit Strichpunkt vom Namen des Host ab. Im Beispiel ist das nicht erforderlich, da sich die Hosts in der gleichen Gruppe **Mailserver** befinden. Dahinter folgt der Name des Host, so wie er in der Munin-Master-Konfiguration abgelegt wurde, Im Beispiel also `gw1.example.net` bzw. `gw2.example.net`. Hinter einem Doppelpunkt kommt der Name des Plugins, wie er in der Detailansicht in der Munin-Übersicht angegeben ist.[31] Darauf folgt ein Punkt und der interne Name der Datenquelle.[32]

Im Anschluss an den nächsten Zyklus des Munin-Masters zeigt die Munin-Übersicht die entsprechenden Graphen an. In Abbildung 5.4 erkennt man an der sprunghaften Änderung der hellgrauen **TotalThreads**-Werte von 12 Threads zu keinem Wert deutlich, wann der Dienst von einem Knoten auf den anderen wechselte.

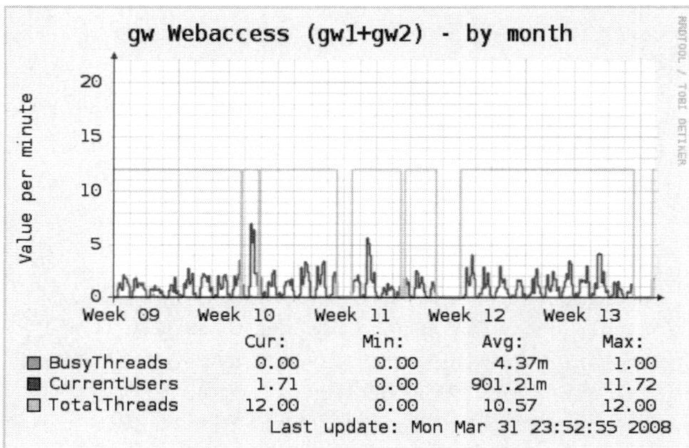

Abbildung 5.4: Die addierten Datenquellen in der Monatsübersicht

5.4 Individuelle Farbpaletten für die Graphen

Bei den Graphen haben Sie seit der Version 1.3.4 die Wahl zwischen zwei Farbpaletten: `default` und `old`. Welche dieser Palette genutzt wird leitet sich aus einem Eintrag in der `munin.conf` ab. Legen Sie explizit keine Palette fest, nutzt Munin die neuen Farben aus `default`. Um die Nutzung der in älteren Versionen verwendeten Farben zu erzwingen, legen Sie dies mit `palette old` fest.

Die neue Palette ist deutlich augenfreundlicher, achtet auf einen guten Kontrast und vermeidet schreiende Farben wie orange oder neongrün. Somit ist die aktuelle Standardpalette ein Fortschritt gegenüber der alten, die scheinbar ohne Rücksicht auf die Erkennbarkeit das volle Farbspektrum nutzte.

[31] In der Abbildung auf Seite 32 ist die Stelle mit der Ziffer **1** markiert.
[32] In der Abbildung auf Seite 32 ist er in der Spalte **Internal Name** zu finden.

Anwender mit einer Farbsehschwäche[33] können die Farbe bzw. den Grauwert einer Kurve mit der Direktive `feldname.colour` direkt im Plugin festlegen (siehe Seite 300).

Wollen Sie die Farben global anpassen, schreiben Sie am besten eine eigene Farbpalette, die auf bestimmte Bedürfnisse Rücksicht nimmt.

Munin legt die Farbpaletten in je einem Array im Munin-Master-Skript `munin-graph` fest. Die erste darin abgelegte Farbe (in der Default-Farbpalette als #00CC00, also ziemlich grün, definiert) wird für die jeweils erste Kurve eines Plugins verwendet, die zweite Farbe (#0066B3, blaugrün) in der Liste für die zweite usw.

Um eine individuelle Palette zu definieren, duplizieren Sie am besten eine existierende Palette und vergeben einen neuen Namen, beispielsweise `jamaika`.

Unter diesem Namen erstellen wir ober- oder unterhalb der existierenden Paletten in der Datei `munin-graph` eine Palette, die die Kurven ausschließlich in Jamaikas Nationalfarben schwarz, gelb, grün zeichnet. In der Praxis bringt die Beschränkung auf drei Farben spätestens dann Probleme mit sich, wenn Graphen eine vierte Kurve enthalten, die dann wie die erste wieder in Schwarz erscheint. Um das Beispiel übersichtlich zu halten, ignorieren wir diesen Umstand geflissentlich.

Damit die erste Kurve schwarz gezeichnet wird, setzen wir die erste Farbe auf #000000. Gelb, eine Mischfarbe aus Rot und Grün ohne jeden Blauanteil, bekommt den Wert #FFFF00. Ein reines Grün bekommt den Wert #00FF00, also ein maximaler Grünanteil ohne jede weitere Komponente:

```
$PALETTE{'jamaika'} = [
   qw(#000000 #FFFF00 #00FF00
     )];
```

Diese Palette aktiviert der Eintrag `palette jamaika` in der `munin.conf`.

Nach dem Speichern dauert es bis zum nächsten `munin-graph`-Lauf, bis sich die Webseite ändert. Danach erscheinen die Graphen ausschließlich in den Farben des Inselstaates der Antillen.

5.5 Munin-Graphen als CGI

Die starre Taktung im Fünf-Minuten-Intervall belastet den Munin-Master. Natürlich soll er in diesem Abstand neue Werte holen und in die RRD-Dateien schreiben. Doch visualisieren muss er die Werte eigentlich nur,

33 Etwa acht Prozent der männlichen Bevölkerung ist von der Rotgrün-Farbsehschwäche betroffen. Diese Personen können zwischen Rot, Gelb und Grün nicht oder nur eingeschränkt unterscheiden.

wenn jemand die Graphen abruft. Dies geht mit dem zum Munin-Master gehörenden CGI-Modul `munin-cgi-graph`, das während der Installation nach `/opt/munin/var/www/cgi/` kopiert wird.

Allerdings kann man von einem CGI keinen Geschwindigkeitsrekord erwarten: Je nach Anzahl der überwachten Dienste und abhängig von der Leistungsfähigkeit des Munin-Masters dauert es ein Weilchen, bis es die Daten aus der RRD-Datei visualisiert hat. Erst danach liefert der Webserver die Graphen aus.

Der Betrieb des CGI-Moduls setzt voraus, dass der Webserver so konfiguriert ist, dass er es überhaupt ausführen kann. Beim Apache definiert man das CGI-Verzeichnis und legt fest, unter welchen Bedingungen er die Skripte ausführen soll.

Wollen Sie den dynamischen Generierungsprozess beim Aufruf der URL `http://`*`rechner`*`/munin/dyn/munin-cgi-graph` starten und liegt das CGI im Dateisystem unter `/opt/munin/var/www/cgi`, müssen Sie in der Apache-Konfiguration sowohl einen Alias einrichten, der CGI und URI miteinander verknüpft, als auch die Zugriffs- und Ausführungsrechte für dieses Verzeichnis festlegen:

```
ScriptAlias /munin/dyn /opt/munin/var/www/cgi

<Directory /opt/munin/var/www/cgi>
        AllowOverride None
        Options ExecCGI -MultiViews +SymLinksIfOwnerMatch
        Order allow,deny
        Allow from all
</Directory>
```

Damit das Perlskript, das die Graphen normalerweise Cron-gesteuert generiert, nicht mit den Aufrufen des CGI-Skripts kollidiert, muss der Aufruf per Cron-Daemon deaktiviert werden. Damit Sie sich den Weg zurück nicht verbauen, kommentieren Sie den Aufruf `/opt/munin/lib/munin-graph` in der `munin-cron` lediglich aus. Damit `munin-html` die richtigen Links in den erzeugten HTML-Dateien vermerkt, ergänzen Sie in der `munin.conf` folgende Zeile:

```
graph_strategy cgi
```

Eine gewisse Hürde besteht in den Zugriffsrechten auf die Grafikdateien. Sicher läuft Ihr Webserver nicht als User `munin` sondern abhängig vom Betriebssystem oder der Distribution als `nobody`, `apache` oder `www-run`. Deswegen muss dieser Benutzer zumindest Leserechte auf die RRD-Dateien und Schreibrechte für das Verzeichnis mit den Graphen und den HTML-Dateien sowie für ein Logfile bekommen:

```
node: #  chgrp www-data /var/log/munin /var/log/munin/munin-graph.log
node: #  chmod g+w /var/log/munin /var/log/munin/munin-graph.log
node: #  chgrp -R www-data /opt/munin/var/www/domain
node: #  chmod -R g+w /opt/munin/var/www/domain
```

5.6 Passwortgeschützte Graphen

Vielleicht empfinden Sie es als störend, dass die Grafiken per HTTP völlig ohne Zugriffsschutz einsehbar sind. Falls Sie nur die Rechner in der eigenen Wohngemeinschaft überwachen, ist das bestimmt kein Beinbruch, in anderen Umgebungen (beispielsweise einer Bank oder bei einem Flughafenbetreiber) stellt die allgemeine Verfügbarkeit dieser Daten oder alleine schon der Rechnernamen ein gewisses Sicherheitsrisiko dar.

Bis zur Version 1.3.3 ist man hier auf eigene Lösungen angewiesen. Mit der neuesten Entwicklerversion bringt Munin einen eingebauten Mechanismus mit: die `munin-htpasswd`. Diese nutzt im Zusammenspiel mit der Datei `.htaccess` im Munin-HTML-Verzeichnis den gleichnamigen Passwortschutzmechanismus des Apache aus: `.htaccess` enthält die Liste zugelassener Benutzer sowie einen Verweis auf die Datei `/etc/opt/munin/munin-htpasswd`. Diese gibt den Benutzer `Munin` vor, für den man noch ein Passwort definieren muss. Hierfür greift man auf das Programm `htpasswd` des Apache zurück. Existiert die Passwortdatei `/etc/munin/munin-htpasswd` noch nicht, legt man sie mit dem `htpasswd`-Schalter `-c` an:

```
master: # htpasswd -c /etc/opt/munin/munin-htpasswd Munin
New password: passwort
Re-type new password: passwort
Adding password for user Munin
```

Erweitert man die Liste der berechtigten Personen später, lässt man die Option `-c` wieder weg.

Damit der Apache die `.htaccess` überhaupt berücksichtigt, legt man in der `httpd.conf` oder der entsprechenden Konfigurationsdatei in Apaches `conf.d`-Verzeichnis einen entsprechenden Eintrag an:

```
<Directory /opt/munin/var/www/munin>
        AllowOverride AuthConfig
</Directory>
```

Die `.htaccess` sieht zudem vor, den HTML-Seiten und Grafiken unterhalb des Verzeichnisses ein Haltbarkeitsdatum zu geben. Entfernt man das Kommentarzeichen vor den zwei `Expire*`-Parameter wie folgt ...

```
ExpiresActive On
ExpiresDefault M310
```

..., passiert Folgendes: Greift ein und derselbe Browser innerhalb von 310 Sekunden nach der letzten Modifikation erneut auf eine bereits abgerufene Seite zu, erhält er sie nicht neu vom Server, sondern muss sie aus dem Browser-Cache laden.

Um dieses Feature zu nutzen, benötigen Sie das Apache-Module `mod_expires`. Um es beim Start eines Webservers aus der 1.3er Reihe zu laden, gehört folgender Eintrag in die Datei `modules.conf`:

```
LoadModule expires_module /usr/lib/apache/1.3/mod_expires.so
```

Bei Apache 2.x, dessen Konfiguration je nach Distribution etwas besser aufgeräumt ist, aktiviert man das Modul durch einen Symlink auf eine Datei, die diese Zeile enthält (oft `expires.load`):

```
node:/etc/apache2/mods-enabled # ln -s ../mods-available/expires.load
```

Damit Seiten im Verzeichnis `/opt/munin/var/www/` wirklich ein Verfallsdatum bekommen, muss man im entsprechenden Abschnitt in der `httpd.conf` die Werteliste für `AllowOverride` um das Stichwort `Indexes` erweitern:

```
<Directory /opt/munin/var/www/>
        AllowOverride Indexes AuthConfig
</Directory>
```

Kontrollieren lässt sich der Erfolg der Maßnahme mit einem Blick in die `access.log`-Datei des Webservers: Statt der üblichen Statusmeldungen mit dem Code 200[34] (OK) generiert der Apache nun solche mit dem Code 304 (Not Modified). Das ist das Zeichen für den Browser, den Inhalt aus dem eigenen Cache anzuzeigen, statt die Seite erneut übers Netz zu laden.

Der Geschwindigkeitsgewinn ist enorm: Erzwingen Sie im Browser einen Reload, obwohl seit dem letzten Laden der Seite keine neue Grafik erzeugt wurde, zeigt dieser die Seite rasend schnell an: Kein Wunder, sie kommt ja aus dem lokalen Cache. Je nach Schnelligkeit des Webservers und des Rechners, auf dem der Browser läuft, kann man in diesem Fall eine mindestens zehnmal so schnelle Anzeige erwarten.

34 Zu den *Status Code Definitions* siehe `http://www.w3.org/Protocols/rfc2616/rfc2616-sec10.html`.

Kapitel

6

Mitgelieferte Plugins

Wenn man als Werkzeug nur einen Hammer hat, sieht jedes Problem wie ein Nagel aus.

Abraham Maslow

Die Grundinstallation des Munin-Nodes enthält von Haus aus eine vielfältige Schar Plugins, von denen dieses Kapitel eine beträchtliche Auswahl vorstellt. So kommt es, dass die Munin-Übersicht schon nach den Vorarbeiten aus den Kapiteln 3 bis 5 für Unix-/Linux-Rechner einige brauchbare Graphen anzeigt. Diejenigen Plugins, deren Voraussetzungen auf dem Rechner erfüllt sind, aktiviert die Installationsroutine mit Unterstützung des Werkzeugs `munin-node-configure` automatisch.

Verändern Sie Ihr System (beispielsweise indem Sie es um weitere Netzwerkschnittstellen erweitern oder einen neuen Dienst einrichten) oder haben Sie den Munin-Node aus den Quellen heraus installiert, muss Munin (erneut) untersuchen, welche Plugins einsetzbar sind.

Als erste Aktion empfiehlt es sich, das Kommando `munin-node-configure --suggest` auszuführen (siehe Seite 70). Es analysiert, welche Dienste auf dem Rechner laufen und gibt Hinweise zur Einrichtung der entsprechenden Plugins:[1]

```
node: # munin-node-configure --suggest
Plugin                     | Used | Suggestions
------                     | ---- | -----------
acpi                       | no   | [thermal not supported by ACPI]
apache_accesses            | no   | [LWP::UserAgent not found]
apache_processes           | no   | [LWP::UserAgent not found]
apache_volume              | no   | [LWP::UserAgent not found]
[...]
```

Im Beispiel laufen beispielsweise die Überwachungsmodule für den Apache-Webserver nicht, weil das Perl-Modul `LWP::UserAgent` fehlt (auf Debian und Derivaten im Paket `libwww-perl` enthalten).

Plugins, die nicht über die Capability `suggest` verfügen, berücksichtigt das Kommando `munin-node-configure --suggest` nicht. Deswegen lohnt sich am Ende aller Konfigurationsarbeiten ein Blick ins Pluginverzeichnis: Oft findet sich dort noch ein nützliches Plugin, das man händisch aktivieren muss.

Ein Plugin liefert seine Daten erst dann an den Server, wenn ein entsprechender Symlink im Service-Directory angelegt wurde. Diesen müssen Sie nachtragen, wenn `munin-node-configure --suggest` grünes Licht für ein bislang nicht genutztes Plugin gibt. Mit der Option `--shell` aufgerufen, liefert `munin-node-configure` die dazu erforderlichen Verlinkungsbefehle fertig zum *Copy & Paste*. Anschließend muss der Munin-Node neu gestartet werden (siehe Seite 71).

Beim nächsten Zyklus wird das Plugin aufgerufen. Sofern alle Voraussetzungen zum Ausführen des Skripts erfüllt sind und es Daten liefert, erscheinen die entsprechenden Grafiken in der Munin-Übersicht.

6.1 Plugin-Kategorien

Jedes Plugin gehört zu genau einer Kategorie, die der Gruppierung der Plugins in der HTML-Ansicht des Munin-Servers dient. Auf diese Weise erscheinen Graphen verwandter Exemplare nahe beieinander, was vergleichende Studien möglich macht. Außerdem dient die Kategorie bei *MuninExchange*,[2] der Up- und Download-Plattform für Munin-Plugins (siehe Kapitel 10 ab Seite 221), als Filterkriterium für Anzeige und Suche.

[1] Standardmäßig prüft es dabei nur die Plugins der Familie `auto`. Siehe dazu das Kapitel 4.3.2 ab Seite 71.

[2] `http://muninexchange.projects.linpro.no/`

In der Kategorie **Network** findet man alle Plugins, die Netzwerkaktivitäten überwachen. In **Sensors** geht es um Hardware-Überwachung und Messgrößen wie Temperatur, Lüfterdrehzahl und Spannung des Netzteils. Die Plugins fragen entsprechende Sensoren ab. Viele Kategorien tragen einfach den Namen der Software, deren Funktionen sie überwachen, also **Apache**, **Exim**, **MySQL**, **Postfix** und so fort.

Da die Munin-Übersicht die Kategorien alphabetisch auflistet, erscheinen z. B. die Graphen der beiden Mailserver Postfix und Exim an unterschiedlichen Positionen. Möglicherweise erhören die Munin-Entwickler den Vorschlag einiger Nutzer und Nutzerinnen und führen in naher Zukunft eine allgemeinere Kategorie **Mail** ein, in der alle Plugins residieren, die sich mit Mailfunktionen des Servers befassen.

Eine Besonderheit stellt die Kategorie **Other** dar: Dort landen alle Plugins, die keiner Kategorie angehören. Das bedeutet entweder, dass sie nicht in die vorgegebenen Kategorien passen oder dass ihr Schöpfer/ihre Schöpferin vergaß, das entsprechende Attribut zu setzen (siehe Kapitel C.1 auf Seite 295). Welcher Kategorie ein Plugin zugordnet ist, teilt es bei Aufruf mit der Option `config` mit:

```
master:~ # munin-run apache_processes config
[...]
graph_category apache
[...]
```

6.2 Apache-Plugins

Aufgrund der großen Verbreitung des Apache-Webservers gehören zur Basisausstattung gleich drei Plugins, die dessen Funktionen überwachen: `apache_accesses`, `apache_processes` und `apache_volume`. Diese erscheinen in einer eigenen Kategorie namens **Apache**.

Sofern Sie das Statistik-Modul `mod_status` des Webservers aktiviert und die ausführliche Berichterstattung (`ExtendedStatus`) konfiguriert haben, wird der Apache-Webserver direkt bei der Installation des Munin-Nodes in die Überwachung eingebunden. Wenn das nicht der Fall ist, bespricht Kapitel 6.2.4 ab Seite 114 die notwendigen Schritte.

Mit der Fähigkeit zur automatischen Installation gehören die Apache-Plugins – wie die meisten der mitgelieferten Plugins – zur Familie `auto`.

6.2.1 Der Graph Apache accesses

Wieviele Anfragen musste Ihr Webserver verdauen? Das Statistik-Modul des Apache liefert die Gesamtzahl der Zugriffe in einem Zähler. Durch Vergleich des vorherigen Werts mit dem aktuell gelesenen und unter Einbeziehung der inzwischen vergangenen Zeit macht das Plugin apache_accesses daraus eine Angabe pro Sekunde.

Abbildung 6.1: Anzahl der Zugriffe pro Sekunde

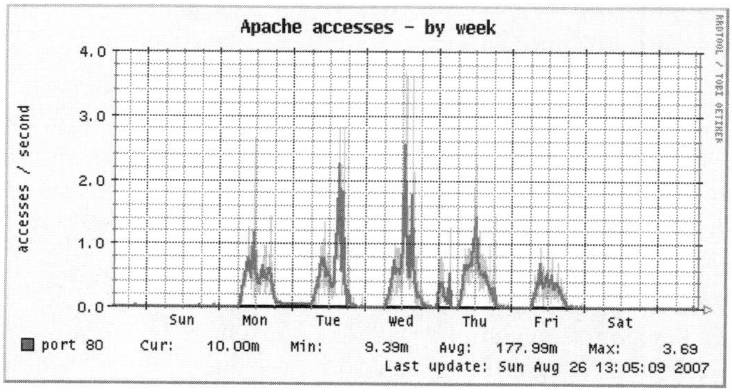

Abbildung 6.1 zeigt einen typischen Intranetserver. Zugriffe erfolgen ausschließlich an Werktagen und keine an den – offenbar arbeitsfreien – Wochenenden. Einzig in der Nacht von Mittwoch auf Donnerstag gab es Aktivitäten außer der Reihe. Sollte der Server sicherheitskritische Anwendung hosten, auf die zu dieser Zeit kein Zugriff plausibel ist, lohnt sich ein Blick in die Apache-Logfiles.

Wie an diesem Beispiel zu sehen, bietet die Überwachung nicht nur Informationen zur Optimierung der Leistungen und Verfügbarkeit Ihrer Dienste. Im Fall eines Einbruchs zeigen sich auch dessen „Fußstapfen" auf den Korridoren.

6.2.2 Der Graph Apache processes

Bei steigender Last startet der Apache-Webserver weitere Prozesse zur Unterstützung. Das apache_processes-Plugin sorgt dafür, dass Sie sehen, wann und in welchem Umfang das erforderlich war. Das Apache-Statistik-Modul liefert Angaben über aktive (**busy servers**) wie untätige Prozesse (**idle servers**).

Schön zu sehen ist, wie bei wachsender Auslastung (die Kurve der **busy servers** steigt an) weitere Prozesse gestartet werden, die beim Abfall der Auslastung wieder verschwinden.

Während die Messwerte in Abbildung 6.1 als Punkte eingezeichnet sind und somit im zeitlichen Verlauf eine Linie ergeben, zeigt Abbildung 6.2 ausgefüllte Flächen. Damit legt Munin die richtige Lesart des Graphen nahe, denn hier sehen Sie einen Stapel (*Stack*) vor sich, für den die Werte von **busy servers** und **idle servers** addiert werden. Die Messwerte der einzelnen Datenquellen entsprechen der Höhe der betreffenden Teilflächen. Als Besonderheit dokumentiert der Legendeneintrag **total** die Summenbildung hier auch mit numerischen Werten. Er wird über das Attribut `graph_total` erzeugt (siehe Anhang C.1 auf Seite 298).

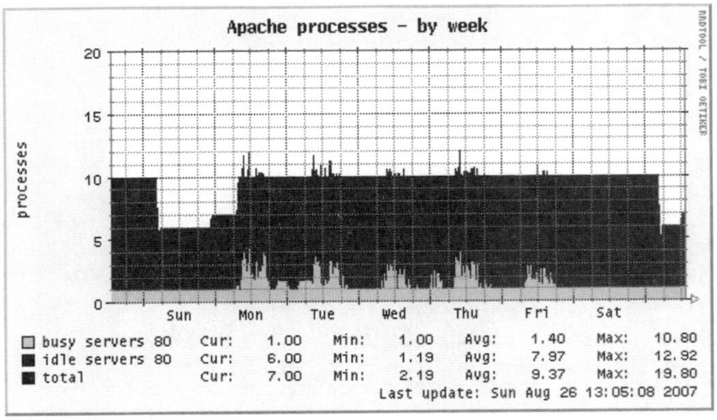

Abbildung 6.2: Anzahl der von Apache gestarteten Prozesse

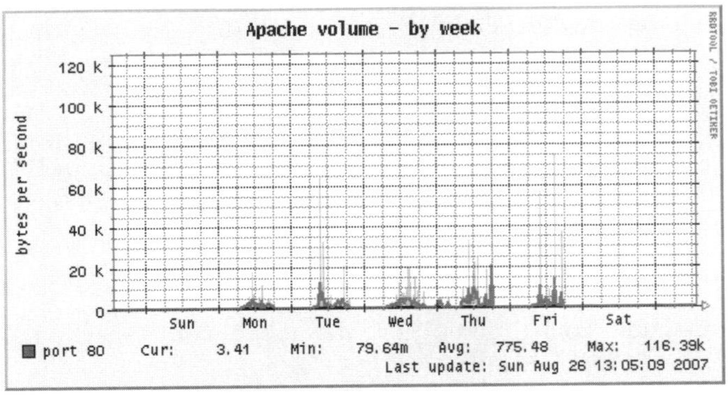

Abbildung 6.3: Ausgelieferte Datenmenge in Bytes pro Sekunde

6.2.3 Der Graph Apache volume

Das `apache_volume`-Plugin verrät, welche Datenmengen Ihr Webserver zu bewältigen hatte. Das Apache-Statistik-Modul gibt Auskunft über die insgesamt ausgelieferte Datenmenge. Munin bricht den Wert herunter auf Angaben pro Sekunde. Dazu vergleicht er den aktuellen Wert mit dem letzten und bezieht in die Rechnung ein, wieviel Zeit seitdem vergangen ist.

Im Beispiel aus Abbildung 6.3 wurden keine riesigen Datenmengen bewegt. Der Durchschnitt liegt unter einem KB, das Maximum bei etwas über 100 KB. Es handelt sich also um keinen Videostream-Server.

6.2.4 Konfiguration des zu überwachenden Webservers

Um die Statistik-Informationen zu erhalten, rufen die drei Plugins die URL `http://127.0.0.1/server-status?auto` auf (Abbildung 6.4). Wenn Sie dies lokal auf dem entsprechenden Rechner selbst tun und die Antwort

```
The requested URL /server-status was not found on this server.
```

erhalten, kann Munin generell keine statistischen Daten über den Webserver sammeln. In diesem Fall müssen Sie bei Apache das Apache-Modul `mod_status`[3] in der `httpd.conf` aktivieren:

```
LoadModule status_module modules/mod_status.so
```

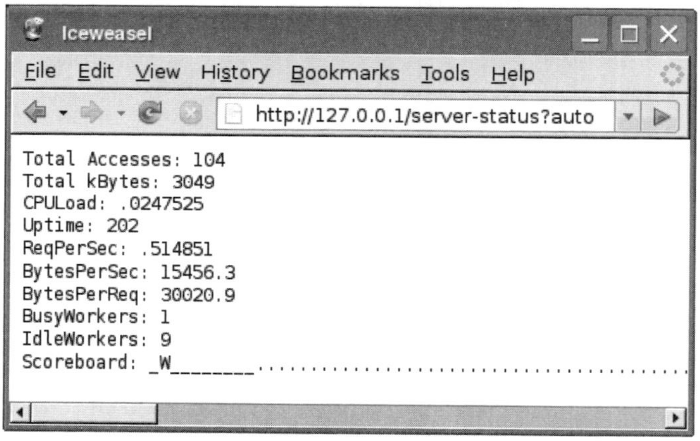

Abbildung 6.4: Im `Extended-Status`-Modus

Den Zugriff darauf konfigurieren Sie in der `httpd.conf` (Apache 1.3.x) bzw. `apache2.conf` (Apache 2.x):

```
[...]
ExtendedStatus On
[...]
<Location /server-status>
SetHandler server-status
Order Deny,Allow
Deny from all
Allow from 127.0.0.1
</Location>
```

Diese Konfiguration geht davon aus, dass das Modul dynamisch geladen wird. Die Apache-Entwickler raten aus Sicherheitsgründen davon ab, es fest in den Webserver einzukompilieren.

[3] `http://httpd.apache.org/docs/2.0/mod/mod_status.html`

Beschränkt sich die Präsentation auf `http://127.0.0.1/server-status?auto` auf die vier Angaben `BusyWorkers`, `IdleWorkers`, `Scoreboard` und `W____`, ist der `ExtendedStatus` abgeschaltet. Setzen Sie die Direktive `ExtendedStatus` dann wie oben gezeigt auf `On`. Falls Sie eine Apache-Version kleiner 1.3.2 einsetzen, nützt Ihnen das Plugin nichts, denn dort gibt es den ExtendedStatus noch nicht.

Falls der Munin-Node nicht lokal auf dem Webserver-Host, sondern auf einem anderen Rechner (etwa `foo.example.com`) läuft, passen Sie die gezeigte Konfiguration entsprechend an:

- Ersetzen Sie die IP-Adresse `127.0.0.1` in der „`Allow from`"-Zeile durch die IP-Adresse oder den Namen des Munin-Node-Rechners, damit dieser die Erlaubnis erhält, die Statistik abzufragen.
- Geben Sie den Apache-Plugins die komplette URL zur Abfrage des `server-status` auf dem zu überwachenden Webserver mit. Dazu ergänzen Sie die Datei `/etc/opt/munin/plugin-conf.d/munin-node` auf dem Munin-Node um folgenden Abschnitt:

```
[apache_*]
env.url http://foo.example.com/server-status?auto
```

- Lauscht Ihr Webserver *nicht* auf Port 80, geben Sie den Plugins den vom Standard abweichenden Port über den Parameter `ports` bekannt:

```
[apache_*]
env.ports 80 8080
```

Wenn Sie dem Plugin mehrere Ports – je eine für jede Webserver-Instanz – nennen, stellt das Plugin die Statistik der darauf laufenden Webserver in einem gemeinsamen Munin-Graphen dar. Achtung! Das Apache-Status-Modul führt seine Statistik global für den gesamten Server, eventuelle virtuelle Hosts inbegriffen. Daher können die genannten Plugins keine separaten Daten für die verschiedenen `vhosts` liefern.

6.3 Squid-Plugins

Auch für die folgenden drei Plugins zur Überwachung des HTTP- und FTP-Proxys Squid gibt es mit **Squid** eine eigene Rubrik in der Munin-Übersicht. Sie fragen den Squid-Server per HTTP ab und müssen darum nicht lokal auf diesem installiert sein. Der Zustand des Proxys lässt sich auch aus der Ferne abfragen, ähnlich wie bei den Apache-Plugins.

Die dazu erforderlichen Informationen zum Server und zum Port sowie möglicherweise notwendige Login- und Passwortangaben hinterlegen Sie bei Bedarf als Umgebungsvariable in der Plugin-Konfiguration in der Datei /etc/opt/munin/plugin-conf.d/munin-node. Erstellen Sie am besten einen neuen Abschnitt [squid_*], der sich auf alle Plugins bezieht, deren Dateiname mit squid_* beginnt:

```
[squid_*]
env.lrrd_squidhost squid.example.org
env.lrrd_squidport 3128
env.lrrd_squiduser admin
env.lrrd_squidpasswd geheim
```

Wenn Sie keine individuelle Konfiguration festlegen, greifen die Vorgabewerte localhost und Port 3128.

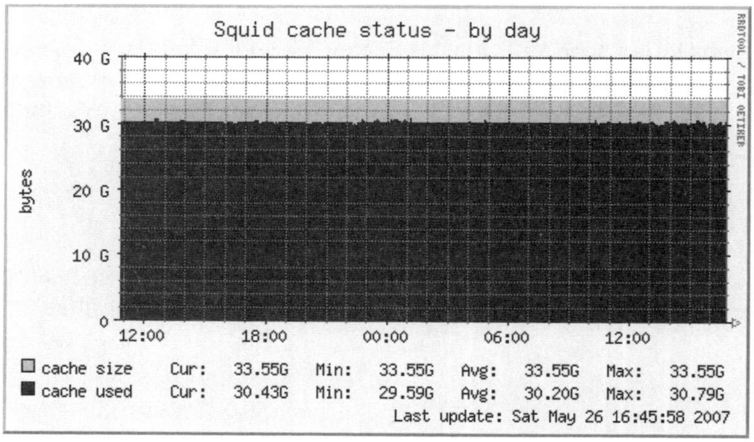

Abbildung 6.5: Auslastung des Caches

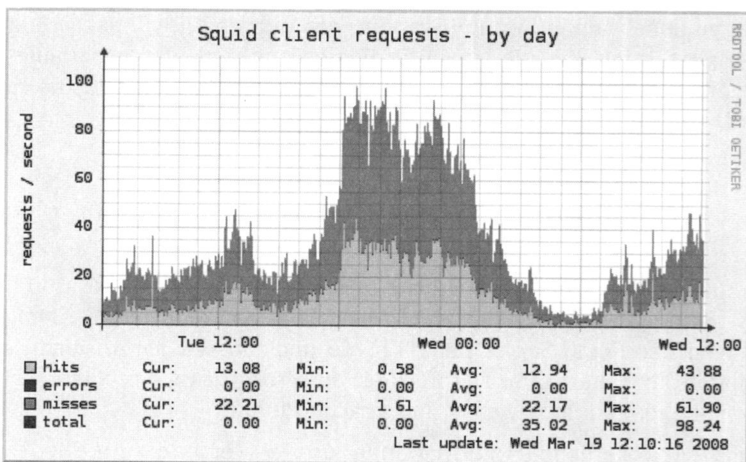

Abbildung 6.6: Anfragen an den Cache

6.3.1 Der Graph Squid cache status

Dieses Perl-Plugin gehört zur Familie `auto`. Damit wird ein Standardsuchlauf von `munin-node-configure` untersuchen, ob auf dem Munin-Node ein Squid-Proxy erreichbar ist.

Das Plugin zeigt die Auslastung des Squid zur Verfügung stehenden Speichers in flächiger Darstellung. Im Hintergrund sehen Sie die mit **cache size** bezeichnete gesamte Größe des Speichers. Diesen überlagert die mit **cache used** bezeichnete Fläche, die den zur Zeit genutzten Anteil repräsentiert. Aus der Überlappung lässt sich ablesen, wieviel Platz noch zur Verfügung steht. In Abbildung 6.5 ist der mit 33,55 GB großzügig bemessene Platz nahezu voll.

6.3.2 Der Graph Squid client requests

Das Perl-Plugin gehört ebenfalls zur Familie `auto`. Es zeigt, wie stark der Proxy in Anspruch genommen wird und welche Trefferquoten erzielt werden. Die Darstellung erfolgt als Stapel von Flächen (Abbildung 6.6):

hits
: Die Höhe der untersten Fläche gibt an, wie viele *Treffer* es gab, also wie viele Anfragen pro Sekunde sich durch einen Griff in den Cache beantworten ließen.

errors
: Darüber stapelt Munin eine Fläche, die die Anzahl der aufgetretenen Fehler darstellt. In Abbildung 6.6 Beispielgraphen gab es keine Fehler, insofern ist diese Schicht nicht zu sehen.

misses
: Die oberste Fläche zeigt, wie oft der Proxy die gefragte Seite nicht aus dem Cache liefern konnte, weil sie dort nicht vorhanden oder ihre Haltbarkeitsdauer bereits abgelaufen war.

total
: Dieses Feld taucht nur in der Legende und nicht als separat eingezeichnete Kurve im Graphen auf. Es dokumentiert die Summe aller Werte, wenn das Plugin-Attribut `graph_total` (siehe Anhang C.1 auf Seite 298) gesetzt ist.

6.3.3 Der Graph Squid traffic status

Auch dieses Plugin gehört zur Familie `auto`. Es gibt Auskunft über die Datenmengen, die Squid verarbeitet. Die Anzeige erfolgt in Bit pro Sekunde und fällt deswegen recht gross aus. Es handelt sich um einen Linien-Graphen mit folgenden Kurven:

received
: Diese Kurve zeigt, welche Datenmenge hereinkam. Die resultiert aus den Anfragen der Browser an den Squid-Proxy und ist verglichen mit der, die durch die Auslieferung der Webseiten entsteht, natürlich gering.

sent
: Hier sehen Sie, welche Datenmengen an die Browser ausgeliefert wurden. Es handelt sich dabei um die angefragten Webinhalte. Diese Kurve gibt die tatsächliche Auslastung des Proxy wieder.

from cache
: Je näher diese Linie an die **sent**-Linie herankommt umso mehr zahlt sich der Einsatz des Proxy aus. Denn diese zeigt, welche Datenmengen direkt aus dem Cache geliefert werden konnten.

Abbildung 6.7: Datenmenge in Bit

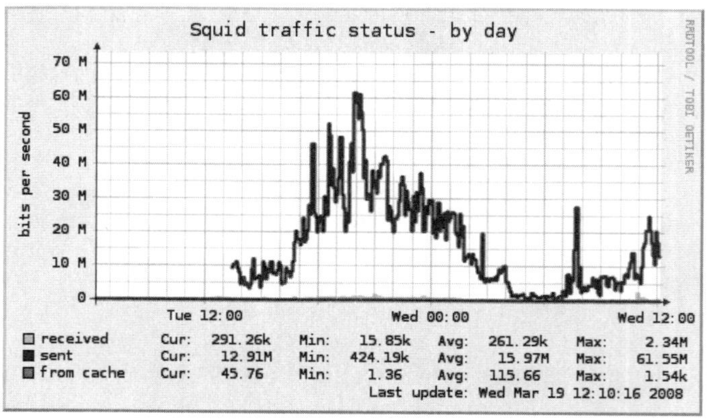

6.4 Mailserver-Überwachung

Die Auslastung der verbreiteten *Mail Transport Agents* (MTAs) Postfix, Exim, Sendmail, Qmail und Courier MTA monitoren Pluginfamilien, deren Mitglieder jeweils den Namen des MTAs als Präfix im Namen tragen. Leider präsentiert Munin diese nicht in einer gemeinsamen Kategorie **Mailserver** oder **MTA**, sondern in Kategorien, die genauso heißen wie der entsprechende MTA. Welches Plugin automatisch aktiviert wird, hängt davon ab, welcher MTA installiert ist.

Für alle genannten MTAs außer Qmail gibt es je ein mta_mailstats- und ein mta_mailqueue-Plugin. Bei Qmail erledigt das Plugin qmailqueue die Arbeit. Für Postfix, Sendmail und den Courier MTA gibt es je ein weiteres Plugin, das auch das Mailvolumen untersucht.

Alle Plugins erlauben das Monitoring der unterschiedlichen Queues, die jeder MTA mitbringt. Jede zugestellte Mail landet zuerst in der **incoming**-Queue. Dort liegt sie in der Regel nur kurze Zeit, da der MTA sie sofort weiter ausliefert. Lokal auszuliefernde Mails landen temporär in der **maildrop**-Queue, bevor sie der MTA weiter verarbeitet. Mails, die bisher nur an einige, jedoch noch nicht an alle in den To-, Cc- und Bcc-Feldern genannten Empfängern geschickt wurden, warten in der **deferred**-Queue auf die vollständige Abarbeitung der Empfängerliste. Mails in der **active**-Queue sind zum Versand bereit und warten darauf, dass sie der MTA an den Empfänger zustellt. Falls Filterregeln oder sonstige Konfigurationen ein Eingreifen des Administrators notwendig machen, wird die betroffene Mail in der **hold**-Queue abgelegt. Kaputte Mails, denen wichtige Informationen im Header der Datei fehlen, landen in der **corrupt**-Queue.

Die drei Mailqueue-Plugins sendmail_mailqueue, exim_mailqueue und courier_mta_mailqueue zeigen lediglich die Anzahl der auf Auslieferung wartenden Mails an (bei Courier entspricht das der Anzahl Dateien im Spoolverzeichnis). Dagegen unterscheidet postfix_mailqueue zwischen den unterschiedlichen Typen auf Auslieferung wartender Mails und zeigt die Größe der **deferred**-, **active**-, **maildrop**-, **incoming**-, **corrupt**- und **hold**-Queue getrennt an.

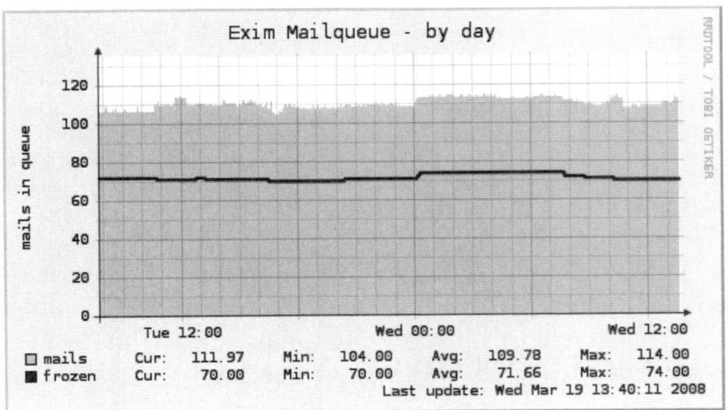

Abbildung 6.8: Inhalt der Exim-Mailqueue

Deutlich unterscheidet sich die Ausgabe des mailstats-Plugins der unterschiedlichen MTAs. So zeigt das Shellskript sendmail_mailstats mit Hilfe des Programms mailstats die Anzahl empfangener (**received**), gesendeter (**sent**), abgewiesener (**rejected**) und verworfener (**discarded**) E-Mails an, während das Perlskript courier_mta_mailstats die Anzahl der gesendeten (**delivered**) und empfangenen (**received**) E-Mails, das ebenfalls in

Perl geschriebene Plugin `postfix_mailstats` die Anzahl der ausgelieferten (**delivered**) und zurückgewiesenen (**rejected**) E-Mails präsentiert.

Nahezu alle MTA-Plugins gehören zur Familie `auto`, werden also im Allgemeinen automatisch aktiviert. Wenn ein manuelles Eingreifen notwendig ist, machen wir darauf aufmerksam.

6.4.1 Der Graph Exim Mailqueue

Das Shellskript `exim_mailqueue` sucht auf dem lokalen Rechner nach Dateien im Spoolverzeichnis von Exim. Aufgezeichnet werden – wie in Abbildung 6.8 auf Seite 119 – die Anzahl der Mails, die der MTA nicht ausliefern kann (**frozen**), sowie der Mails, die noch auf ihre Auslieferung warten (**mails in queue**).

6.4.2 Der Graph Exim mail throughput

Das Perlskript `exim_mailstats` erlaubt es, den Pfad zu `exim`, den Namen der auszuwertenden Logdate und den Pfad zum Logverzeichnis individuell festzulegen:

```
[exim*]
   env.logdir    /path/to/exim-logs/
   env.logname   mainlog
   env.exim      /usr/sbin/exim
```

Es zeigt empfangene (**received**), abgelehnte (**rejected**) und vollständig abgearbeitete (**completed**) Mails an.

6.4.3 Der Graph Sendmail queued mails

Das vom Betriebssystem unabhängige Plugin `sendmail_mailqueue` überwacht die Größe von Sendmails Mailqueue. Es wertet die Anzahl der Dateien in den Verzeichnissen `/var/spool/mqueue-client` und `/var/spool/mqueue` aus. (Jede Mail ist in einer Datei gespeichert.)

Diese Verzeichnisse lassen sich über Variablen in der Datei `/etc/munin/plugin-conf.d/munin-node` anpassen. Dabei legt die Umgebungsvariable `mspqueue` die Warteschlange des *Message Submission Process* (MSP) fest, `mtaqueue` die des MTAs:

```
[sendmail_mailqueue]
   env.mspqueue    /var/spool/mqueue-client
   env.mtaqueue    /var/spool/mqueue
```

Wie alle Plugins, die nur alle fünf Minuten einen kurzen Blick in ein Verzeichnis werfen, dessen Inhalt sich schnell ändern kann, muss man der Anzeige von `sendmail_mailqueue` mit einer gewissen Vorsicht begegnen.

6.4.4 Der Graph Sendmail email traffic

Dieses Plugin visualisiert die Ausgabe des Befehls `mailstats`. Damit dieser funktioniert, muss Sendmail die Datei `sendmail.st` mit statistischen Daten füllen. Dies erreicht man durch folgende Konfigurationsänderung in der `sendmail.cf`:

```
# Statusdatei
O StatusFile=/var/log/sendmail.st
```

Damit zeigt Munin an, wie viele Mails der MTA empfangen (**received**) und versendet (**sent**), abgelehnt (**rejected**) oder verworfen (**discarded**) hat (Abbildung 6.9). `mailstats` entnimmt diese Werte einem internen Protokoll, so dass die Werte verlässlicher sind als die von `sendmail_mailqueue`.

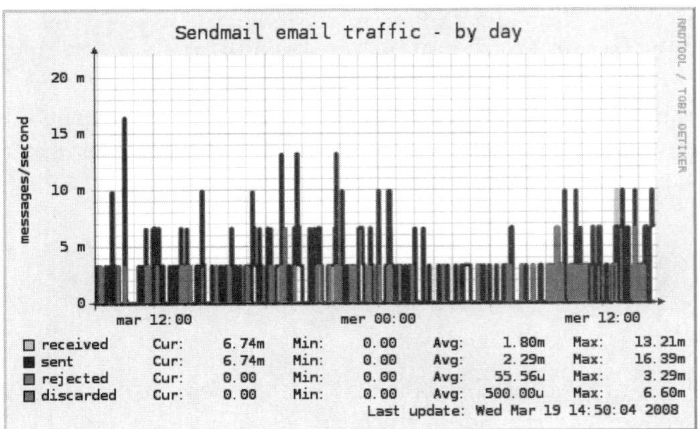

Abbildung 6.9: Mailstatistiken für Sendmail

6.4.5 Der Graph Sendmail email volumes

Auch das Shellskript-Plugin `sendmail_mailtraffic` wertet `sendmail.st` aus, allerdings zeichnet es nicht die Anzahl der gesendeten und empfangenen Mails auf, sondern den Datendurchsatz in Byte pro Sekunde.

6.4.6 Der Graph Qmail queue

Das Shellskript `qmailqueue` ermittelt die Queuetiefe mit `qmail-qstat`. Dieses Verfahren ist fehlerbehaftet, wenn der Rechner schnell ausliefern kann (beispielweise weil er keine externen Systeme erreichen muss) und das Mailaufkommen gering ist.

6.4.7 Der Graph Postfix Mailqueue

Das Shellskript `postfix_mailqueue` listet unabhängig vom Betriebssystem die Anzahl der Mails mit dem Status **deferred**, **active**, **maildrop**, **incoming**, **corrupt** und **hold** auf. Es sucht per Default in `/var/spool/postfix` nach den Mails, dies lässt sich jedoch über die Umgebungsvariable `spooldir` in `/etc/opt/munin/plugin-conf.d/munin-node` ändern:

```
[postfix*]
 env.spooldir /var/spool/postfix
```

Gemeinsam mit den folgenden beiden Plugins bildet `postfix_mailqueue` die Kategorie **postfix**.

6.4.8 Der Graph Postfix message throughput

Das Perlskript `postfix_mailstats` zeigt die Anzahl der ausgelieferten und zurückgewiesenen Mails an. Dafür wertet es zwei Umgebungsvariablen aus `/etc/opt/munin/plugin-conf.d/munin-node` aus:

```
[postfix*]
  env.logdir  /var/log
  env.logfile mail.log
```

Dieses Plugin müssen Sie von Hand aktivieren, indem Sie den symbolischen Link anlegen, den `munin-node-configure --families manual --shell` ausgibt. Prüfen Sie zuvor, ob die Logdatei `/var/log/mail.log` vorhanden ist.

6.4.9 Der Graph Postfix bytes throughput

Das Perlskript `postfix_mailvolume` zeigt den Durchsatz in Byte pro Sekunde an. Es verwendet die selben Umgebungsvariablen wie das Plugin `postfix_mailstats` und ergänzt dessen Aussage.

6.4.10 Monitoring von Courier-Prozessen

Das Wildcardplugin `courier_` aus dem 1.3er Versionszweig monitort beliebige Courier-Prozesse. Dazu will es den zu überwachenden Service im Namen des symbolischen Links sehen. `courier_` braucht nur eine einzige Logdatei auszulesen, da alle Courierdienste ihre Arbeit per Vorgabe in `/var/log/mail.log` protokollieren:

```
imapd-ssl: Connection, ip=[::ffff:192.0.2.60]
imapd-ssl: LOGIN, user=renner, ip=[::ffff:192.0.2.60]
imaplogin: Connection, ip=[::ffff:127.0.0.1]
imaplogin: LOGIN, user=renner, ip=[::ffff:127.0.0.1]
imaplogin: LOGOUT, user=renner, ip=[::ffff:127.0.0.1], headers=0, body=0
```

Das Plugin zählt darin das Auftreten des im Link angegebenen Prozessnamens zusammen. Das Beispiel legt zum Überwachen der IMAP-Verbindungen auf Port 993 (IMAPS) einen Symlink für `imapd-ssl` nahe:

```
node: # ln -s /opt/munin/lib/plugins/courier_ \
/etc/opt/munin/plugins/courier_imapd-ssl
```

Analoges gilt z. B. für den Courier-IMAP-Daemon auf Port 143 `imap`), den POP3-Server auf Port 110 (pop3d) bzw. 995 (POP3S, `pop3d-ssl`) Sollen auch die IMAP-Loginaktivitäten im Monitoring auftauchen, legt man folgenden Link an:

```
node: # ln -s /opt/munin/lib/plugins/courier_ \
/etc/opt/munin/plugins/courier_imaplogin
```

Die so entstehenden Graphen tragen die Überschrift **Courier dienst Connections** und zeigen an, wann sich der jeweilige Prozess im Status **Connection**, **DISCONNECTED**, **LOGIN** und **LOGOUT** befindet.

Das Plugin liest keine externe Konfigurationsdatei aus. Im Bedarfsfall passen Sie den Namen der zu beobachtenden Datei im Skript selbst an. Damit das Plugin funktioniert, muss das Programm `logtail` installiert sein.

6.4.11 Der Graph Courier MTA mailqueue

Wie für andere MTAs auch gibt es für Courier ein Plugin, das die Anzahl der Mails in der Queue anzeigt: Das Shellskript `courier_mta_mailqueue` wertet die Anzahl der Dateien unterhalb von `/var/lib/courier/msgq` aus. Ein davon abweichendes Verzeichnis lässt sich in `/etc/opt/munin/plugin-conf.d/munin-node` festlegen:

```
[courier_mta*]
env.spooldir /var/lib/courier/msgq/
```

6.4.12 Der Graph Courier MTA mail throughput

Die Anzahl E-Mails pro Sekunde ermittelt das Perlskript `courier_mta_mailstats`. Die Umgebungsvariablen `logdir` und `logfile` erlauben es, in der Datei `/etc/munin/plugin-conf.d/munin-node` die Vorgaben `/var/log` und `mail.log` für die zu überwachende Logdatei anzupassen.

6.4.13 Der Graph Courier MTA mailvolume throughput

Das Perlskript `courier_mta_mailvolume` funktioniert analog zu `courier_mta_mailstats`, zeigt allerdings den Durchsatz in Byte/Sekunde an.

6.5 Überwachung von Speichermedien

In der Kategorie **Disk** finden Sie Plugins zur Überwachung der Festplatten, aber auch aller extern angeschlossenen Speichermedien. Grob gesagt geht es um Dinge, die sich mounten lassen.

6.5.1 Die `df*`-Plugins

In der Grundausstattung wachen mit `df` und `df_inode` zwei Shellskript-Plugins über die Belegung der eingebundenen Dateisysteme. Sie greifen auf das Kommandozeilentool `df` aus dem `coreutils`-Paket zurück und stellen keine besonderen Anforderungen an die Konfiguration. Die automatische Installation sollte daher auf allen Plattformen auf Anhieb klappen, zumal beide Plugins zur Familie `auto` gehören.

Beide Plugins kennen keine Übergabeparameter. Wenn man `df` mit anderen Parametern aufrufen will, muss man dies im Quellcode korrigieren.

Als Bezeichnung erscheinen im Graphen die Mountpunkte der Partitionen. Dabei kürzt das Plugin bei Bedarf auf 20 Zeichen ab.

Der „Filesystem usage"-Graph

Aus den Daten des `df`-Plugins generiert Munin einen Graphen, der wie Abbildung 6.10 die Belegung der lokal gemounteten Partitionen zeigt. Jede Linie beschreibt den Verlauf der Messungen für eine einzelne Partition.

Im Vergleich mag die Ausgabe hin und wieder verwirren, da sie *Prozentangaben* darstellt. Hohe Werte stehen daher nicht unbedingt für große Mengen Speicherplatz. Die möglicherweise vorhandene Bootpartition mag mit 100 MB Belegung bereits zu 95 Prozent voll sein, während die `/home`-Partition mit 2 GB Daten erst zu 30 Prozent belegt ist. Hier empfiehlt es sich, die Warnschwellen passend zu setzen.[4]

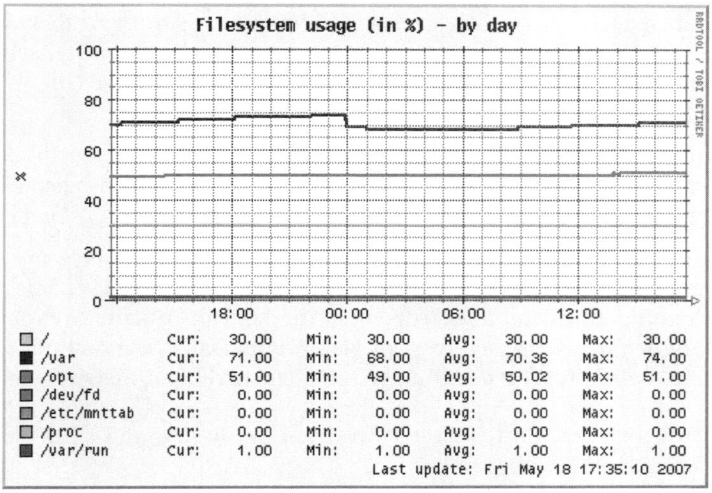

Abbildung 6.10: Belegung aller Partitionen in Prozent

Welche Einstellungen aktuell gelten, zeigt die über den Link **Filesystem usage (in %)** erreichbare Detailseite zum Plugin: Voreingestellt liegt das Warnlevel (**Warn**) bei 92 Prozent Belegung, die kritische Schwelle (**Crit**) wird bei 98-prozentiger Ausnutzung des verfügbaren Plattenplatzes erreicht.

Die letzte, nicht überschriebene Spalte in dieser Übersicht verrät auf Linux-Systemen, welches Device dem jeweiligen Datenträger zugeordnet ist und welches Dateisystem benutzt wird. Im folgenden Beispiel eines Solarisrechners wird der Name des gemounteten Devices angezeigt:

```
/            _dev_md_sdk_d0
/var         _dev_md_sdk_d3
/opt         _dev_md_sdk_d4
/dev/fd      fd
/etc/mnttab  mnttab
/proc        _proc
/var/run     swap
```

Der „Inode usage"-Graph

Auch das Plugin `df_inode` auf `/bin/sh`-Basis handelt mit Prozentangaben und nutzt den Befehl `df` zur Abfrage. Im Fokus steht hier nicht die Bele-

[4] Kapitel 5.3.3 auf Seite 94 beschreibt, wie Sie Host-spezifische Warnschwellen in der Munin-Master-Konfiguration setzen

gung von physischem Plattenplatz, sondern wie weit der Vorrat der beim Formatieren angelegten Inodes schon aufgebraucht ist.

Dabei handelt es sich um Indexeinträge für Dateien, die das Dateisystem verwaltet: Jede Datei erhält eine solche eindeutige Nummer, über die sie angesprochen wird. Bereits beim Anlegen des Dateisystems entscheidet sich, wie viele Inodes insgesamt zur Verfügung stehen. Der Graph zeigt, wieviel Prozent davon schon vergeben sind (Abbildung 6.11).

Allerdings kann das Plugin nur Dateisysteme überwachen, die Inodes im Unix-Sinn verwenden. MS-DOS-basierte Dateisysteme fallen beispielsweise nicht darunter, dafür jedoch CD-ROM-Laufwerke und RAM-Dateisysteme.

Probleme können durch viele kleine Dateien entstehen, die zwar nicht viel Platz einnehmen, wovon aber jede einen Inode beansprucht. Wenn Sie absehen können, dass ein Dateisystem viele kleine Dateien aufnehmen wird, sollten Sie beim Anlegen des Dateisystems entsprechend mehr Inodes vorsehen.

Abbildung 6.11: Inode-Nutzung in Prozent

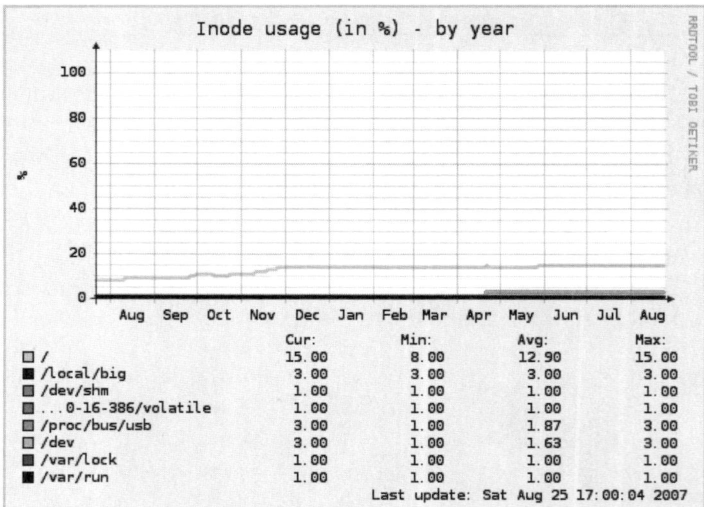

Munin warnt per Default, wenn 92 Prozent der vorhandenen Inodes belegt sind, die kritische Schwelle wird bei 98 Prozent erreicht.

6.5.2 Input-Output-Operationen überwachen

Die beiden Dateien `/proc/diskstats` und `/proc/partitions` oder alternativ `/proc/stat` liefern dem Perl-Plugin `iostat`, das den I/O-Durchsatz einzelner Blockdevices sichtbar macht, auf Linux-Systemen die notwendigen Daten. Es kennt keine Parameter und benutzt keine speziellen Module, so dass es normalerweise automatisch seinen Dienst aufnimmt. Alle Plugins, die Input-Output-Operationen überwachen, gehören unabhängig vom Betriebssystem zur Familie `auto`.

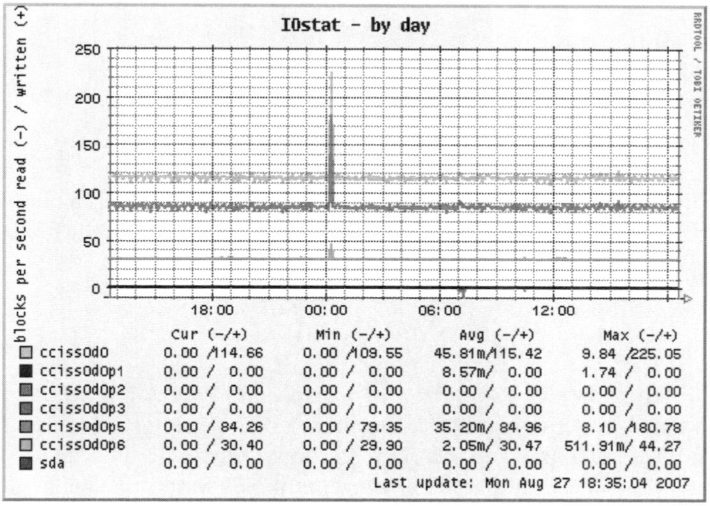

Abbildung 6.12: Ein- und Ausgabe auf Blockdevices

Unter NetBSD und AIX fragt das Plugin statt `/proc` das Programm `iostat` ab.

Die vom Plugin übermittelten Daten speichert Munin ohne weitere Umrechnung in einer RRD vom Typ `DERIVE` (siehe Seite 36). Limits gibt es keine, denn viel I/O auf den Festplatten ist kein Alarmsignal.

Die resultierende Grafik stellt wie in Abbildung 6.12 jeweils die gelesenen oder geschriebenen Blöcke pro Sekunde dar. Im Beispiel sticht die Datensicherung kurz nach Mitternacht deutlich ins Auge und treibt den Maßstab in größere Dimensionen. Bei Bedarf können Sie die automatische Skalierung des Graphen abschalten. Wie das geht, lesen Sie auf Seite 298.

Unter Solaris zeichnen die Wildcardplugins `io_busy_`, `io_bytes_` und `io_ops_` wahlweise die Anzahl der auf eine Ressource wartenden Prozesse in der Grafik **Busy & Wait**, der übertragenen Bytes in der Grafik **I/O** oder der Einzelzugriffe in der Grafik **Operations** auf. Intern wird dafür `kstat` aufgerufen.

Welches Blockdevices überwacht wird, bestimmt der Name des symbolischen Links. Als Blockdevices akzeptieren die Plugins SCSI- und IDE-Platten bzw. deren Slices, per NFS eingebundenen Plattenplatz sowie Tapelaufwerke. Um in den Genuss aller Betriebsdaten einer gespiegelten Platte (eines *Meta-Devices*) zu kommen, muss man drei symbolische Links anlegen, wenn die automatische Konfiguration misslingt:

```
node: # ln -s /opt/munin/lib/plugins/io_bytes_ \
/etc/opt/munin/plugins/io_bytes_md
node: # ln -s /opt/munin/lib/plugins/io_busy_ \
/etc/opt/munin/plugins/io_busy_md
node: # ln -s /opt/munin/lib/plugins/io_ops_ \
/etc/opt/munin/plugins/io_ops_md
```

Für SCSI-Platten (sd), IDE-Platten (dad), NFS-Importe (nfs) und Tapelaufwerke (st) passt man die Linknamen entsprechend an.

Genau genommen sind diese drei Wildcardskripte absolut identisch, sie unterscheiden sich um kein einziges Byte! Notwendig ist die Trennung in drei Einzelskripte trotzdem, denn über den symbolischen Link zu einem Wildcardskript lässt sich derzeit nur ein Parameter übergeben, nicht mehrere.

6.5.3 Überwachen des SMART-Status

Unter Nutzung der *Self-Monitoring, Analysis and Reporting Technology* (abgekürzt SMART) geben moderne Speichermedien Auskunft über ihre Funktionsfähigkeit. Der Umfang des Berichts hängt davon ab, wieviele SMART-Attribute die vom Gerätehersteller eingebaute Software mit Inhalt füllt.

Beachten Sie, dass SMART definitionsgemäß nur normalisierte Werte mitteilt. Die Zahlen geben also keine konkreten Messwerte wieder, sondern sind reine Berechnungsgrößen. Diese sagen aus, wie weit der gemessene Wert von der vom Hersteller vorgegebenen Schadensschwelle entfernt ist. Erreicht oder unterschreitet der normalisierte Wert die Schwelle, wird das Gerät als defekt angesehen, und der SMART-Status wechselt von PASSED zu FAILED.

Das Perl-Plugin smart_ überwacht den SMART-Status von Festplatten (jedoch *nicht* den von USB-Sticks, RAM-Disks, CD-ROMs und Disketten) mit Hilfe des Kommandozeilenwerkzeugs smartctl aus dem Software-Paket smartmontools.[5] Dieses müssen Sie auf dem Node-Rechner zuvor einrichten.[6]

Das Plugin gehört zur Familie auto und findet unter normalen Umständen die zu überwachenden Platten selbstständig. Speziell bei RAID-Controllern versagt dieser Automatismus jedoch gelegentlich, so dass es händisch aktiviert werden muss.

Damit die im SMART-Register vermerkten Statuswerte die Lage aktuell und umfassend wiedergeben, sollten automatische *Offline Tests* im Device aktiviert werden. Dazu rufen Sie smartctl einmal mit der Option -o on auf.

5 http://smartmontools.sourceforge.net/
6 Eine Anleitung dazu gibt Gabriele Pohls Artikel unter http://www.linux-user.de/ausgabe/2004/10/056-smartmontools/.

Außerdem empfiehlt es sich, neben der Munin-Überwachung den Daemon smartd aus der Tool-Sammlung einzusetzen, der Festplattenchecks automatisiert durchführt.

smart_ ist ein Wildcard-Plugin, das erwartet, den Namen des zu überwachenden Device im Symlink vorzufinden. Deshalb legen Sie für jedes zu überwachende Gerät einen eigenen Link im Service-Verzeichnis an. Der folgende Befehl (gefolgt vom Restart des munin-node-Start-Stopp-Skripts) nimmt das Device /dev/hda in die Überwachung auf:

```
node: # ln -s /opt/munin/lib/plugins/smart_ \
/etc/opt/munin/plugins/smart_hda
```

Da weniger privilegierte User als root und die Gruppe disk keinen Zugriff auf Block-Devices haben, müssen Sie munin-node zuvor allerdings noch anweisen, das Skript mit entsprechenden Rechten auszuführen. Ergänzen Sie dazu folgenden Abschnitt in der Munin-Node-Konfigurationsdatei /etc /opt/munin/plugin-conf.d/munin-node:

```
[smart_*]
user root
group disk
```

smart_ sucht das Programm smartctl normalerweise im Verzeichnis /usr /sbin/. Sollte es bei Ihnen an anderer Stelle residieren, setzen Sie die Umgebungsvariable smartpath im [smart_*]-Abschnitt wie folgt:

```
[smart_*]
[...]
env.smartpath /usr/local/sbin/smartctl
```

Hier können Sie dem Plugin in der Umgebungsvariable smartargs Bedarf Argumente für den smartctl-Aufruf mitgeben. Wenn sie gefüllt ist, erfolgt der Aufruf von smartctl nicht mit dem Argument -a wie üblich, sondern mit -A -i gefolgt vom Ausdruck in smartargs. Hier ein Beispiel, das spezielle Argumente zur Abfrage der Platte über den 3ware-Controller definiert:

```
[smart_twa0-1]
user root
group disk
env.smartargs -H -l error -d 3ware,1
```

Der Inhalt der Konfigurationsdatei /etc/smartd hat auf die Plugin-Konfiguration keinen Einfluss.

Die überwachten Attribute

Grundsätzlich legen die Hersteller fest, welche Attribute ihre Software kennt und wie diese gefüllt werden. Die folgende Liste[7] kann darum nur Anhaltspunkte liefern. Konsultieren Sie die vom Hersteller gelieferte Dokumentation oder fragen Sie dort nach, wenn Sie verlässliche Auskunft zur Interpretation einzelner Attribute Ihrer Festplatte suchen. Abbildung 6.13 lässt ahnen, wie umfangreich dieses Plugin eine Festplatte überwacht.

`Current_Pending_Sector`
: Die Anzahl Sektoren der Festplatte, die als fehlerhaft eingestuft sind und die die eingebaute Herstellersoftware bei nächster Gelegenheit durch frische Sektoren aus einer „eisernen Reserve“ ersetzen wird.

`Hardware_ECC_Recovered`
: Mit Hilfe der ECC-Technik (kurz für *Error Checking and Correction*) stellt die Festplatte automatisch Fehler fest und korrigiert diese. Bei der hohen Speicherdichte moderner Datenträger treten zwangsläufig Fehler auf. Ein Anstieg dieses Werts ist darum normal und zeigt lediglich, dass die Fehlerkorrektur funktioniert. Grund zur Sorge gibt es dagegen, wenn die Werte von `Current_Pending_Sector` und `Offline_Uncorrectable` ansteigen.

`Multi_Zone_Error_Rate`
: Die Fehleranzahl beim schreibenden Zugriff auf das Medium. Der Bezugszeitraum ist Sache des Herstellers.

`Offline_Uncorrectable`
: Die Anzahl der Fehler, die die automatische Fehlerkorrektur nicht beheben konnte. Das deutet auf Hardware-Defekte hin.

`Power_Cycle_Count`
: Zeigt, wie oft das Gerät während seiner Lebenszeit ab- und wieder angeschaltet wurde.

`Power_On_Hours`
: Summe der Betriebsstunden, die das Gerät insgesamt angeschaltet war. Wie bei allen anderen Werten können Sie hier keine echte Stundenanzahl ablesen; es handelt sich lediglich um einen normierten Wert, den Sie zur Bewertung mit vom Hersteller vorgegebenen Schwellen vergleichen müssen.

`Raw_Read_Error_Rate`
: Die Anzahl der Lesefehler. Auch hier ist die Bezugsgröße Sache des Herstellers.

[7] Die hier aufgeführten Informationen stammen im Original von `http://smartlinux.sourceforge.net/smart/attributes.php`.

`Reallocated_Sector_Ct`
: Die Anzahl kaputter Sektoren, die durch neue ersetzt werden musste.

`Seek_Error_Rate`
: Die Anzahl Fehler, die beim Aufsuchen der Datenposition auftraten.

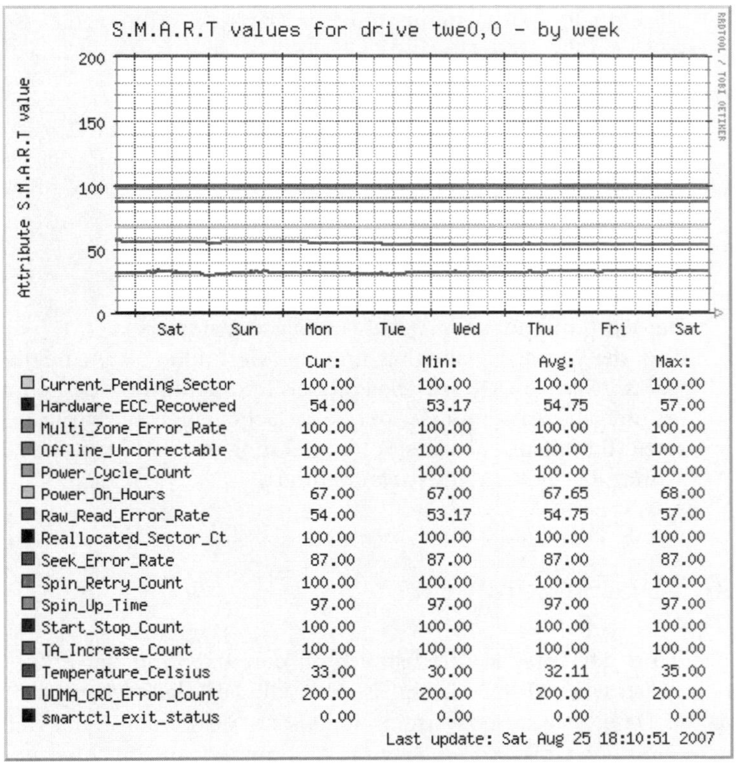

Abbildung 6.13: Der SMART-Status einer Festplatte

`Spin_Retry_Count`
: Die Festplatte unternimmt ggf. mehrere Versuche, den Plattenstapel aus dem Ruhezustand wieder auf Betriebsgeschwindigkeit zu beschleunigen. Die Anzahl der Versuche wird hier festgehalten.

`Spin_Up_Time`
: Die Anlaufzeit, die es braucht, bis die Platte ihre Betriebsgeschwindigkeit errreicht. Auch die Einheit bzw. der Normierungsfaktor für diese Größe ist Sache des Herstellers.

`Start_Stop_Count`
: Zeigt, wie oft die Festplatte geparkt und wieder angedreht wurde.

`TA_Increase_Count`
: *Torque Amplification* (TA) steht für die Kraft, die es braucht, um die Platte in Bewegung zu setzen. Im Anstieg spiegelt sich der Verschleiß wieder. Wenn der Wert sprunghaft in die Höhe schnellt, korreliert das oft mit Schäden an der Plattenmechanik.

`Temperature_Celsius`
: Die aktuelle Betriebstemperatur im Gehäuse. Wo die gemessen wird, ist Sache des Herstellers.

`UDMA_CRC_Error_Count`
: Die Fehleranzahl bei Datenübertragung via Ultra DMA, die der automatisch ausgeführte *Cyclic Redundancy Check* (CRC) der Festplatte feststellt. Wenn diese Zahl schnell ansteigt, liegt wahrscheinlich ein Problem mit der Verkabelung oder mit anderen Hardwarekomponenten vor.

`smartctl_exit_status`
: Der Wert, mit dem der Aufruf von `smartctl` zurückkehrt. 0 bedeutet, dass die Abfrage glatt ging und der Gesundheitszustand des Laufwerks insgesamt OK ist. Alle anderen Rückgabewerte deuten auf Fehler hin. Die Zahl repräsentiert eine achtstellige Bitmaske. Jedes gesetzte Bit entspricht einer Fehlermeldung, die `man smartctl` im Abschnitt `RETURN VALUES` dokumentiert.

6.6 Systemparameter

Die Plugins der Kategorie **System** achten darauf, womit der Prozessor beschäftigt ist, wie viel RAM belegt ist, dass die Festplatte genug freien Platz und das Dateisystem genug freie Inodes hat. Sie werden beim Aufruf von `munin-node-configure --suggest` automatisch erkannt und eingebunden.

6.6.1 Der Graph CPU usage

Das Plugin **cpu** zeigt als Stack-Graph, wie stark und mit welchen Aktivitäten der Prozessor ausgelastet ist.

Die in der **user**-Kurve gezählten Prozesse sind normale Anwenderprozesse, die im Usermode ausgeführt werden. **nice** zählt User-Prozesse, die mit niedriger Priorität ausgeführt werden, weil sie beispielsweise mit einem vorangestellten `nice 20` gestartet wurden. Die Kurve **system** deckt Prozesse ab, die im Kernelmode laufen. Die **iowait**-Kurve gilt Prozessen, die auf Input-Daten warten oder darauf, Daten wegschreiben zu können. Die Prozesse mit dem Label `idle` machen, wie der Name vermuten lässt, gerade nichts.

Bei den Interrupts unterscheidet das Plugin **softirq** für Software-Interrupts und `irq` für die restlichen.

Unter Linux holt es die einzelnen Werte aus `/proc/stat`. Unter FreeBSD und NetBSD ermittelt `sysctl` die Daten, allerdings nur für **user**, **nice**, **system**, **interrupt** und **idle**. Noch spartanischer fällt die Auswertung unter Solaris aus: Hier ermittelt `kstat` nur **user**-, **system**-, **iowait**- und **idle**-Daten. AIX-Anwender können ebenfalls nur diese Daten erwarten, hier ermittelt von `/usr/bin/iostat`.

Bei einem Mehrprozessorsystem zeichnet das Plugin die Werte aller Prozessoren in einen Graphen. Damit endet die Y-Achse nicht bei 100 Prozent, sondern bei 200, 400 oder je nach Anzahl von Prozessoren oder Kernen entsprechend mehr.

6.6.2 Der Graph Available entropy

Damit das System bei Bedarf genug Zufallszahlen liefern kann, legt es einen *Entropy Pool* an. Zufallszahlen benötigt es z. B., um SSL-Schlüssel zu erzeugen oder Daten zu verschlüsseln. Der Pool speist sich aus `/dev/random` und sollte ständig einen Vorrat von 200–300 aufweisen, damit sich Anfragen nach Zufallszahlen ohne Verzögerung bearbeiten lassen. Dieser Zufallspool ist eine reine Linuxspezialität; die Größe des Pools liest das Skript `entropy` aus `/proc/sys/kernel/random/entropy_avail` aus.

6.6.3 Der Graph Interrupts & context switches

Wie die CPU-Auslastung liest dieses Plugin `interrupts` die Anzahl der Interrupts und Kontext-Switches des Prozessors aus `/proc/stat` aus. Die Interrupt-Kurve enthält alle möglichen *System Interrupts* (also wie oft I/O-Prozesse Prozessorzeit anfordern), die Kurve **context switches** die Anzahl der Kontextwechsel des Prozessors zum nächsten geplanten Thread.

6.6.4 Der Graph Individual interrupts

Während die Grafik **Interrupts & context switches** nur die Summe aller Interrupts zeigt, schlüsselt das Plugin `irqstats` die Interrupts genau nach dem verursachenden Gerät auf.

Die Namen der Geräte sowie die konkreten Daten werden anhand den Dateien `/proc/interrupts` und `/proc/stat` hergeleitet. Welche Werte der Graph anzeigt, hängt naturgemäß davon ab, welche Hardware im Computer eingebaut ist. Sicher finden Sie Kurven für den **timer** und die Festplatten. Mit einiger Wahrscheinlichkeit verfügt Ihr Rechner auch über ein Diskettenlaufwerk, USB-Anschlüsse, Grafik- und Soundkarte, vielleicht sogar über eine parallele Schnittstelle.

6.6.5 Der Graph Load average

Das Plugin `load` misst die Last eines Rechners, die Munin im Graphen **Load average** darstellt (Abbildung 6.14). Unter Linux liest es dazu den ersten Eintrag in `/proc/loadavg` aus. Unter Solaris, Darwin und AIX zieht es die entsprechende Zeile der Ausgabe von `uptime` heran. Unter NetBSD ermittelt eine `sysctl`-Abfrage die entsprechenden Werte.

Abbildung 6.14: Last

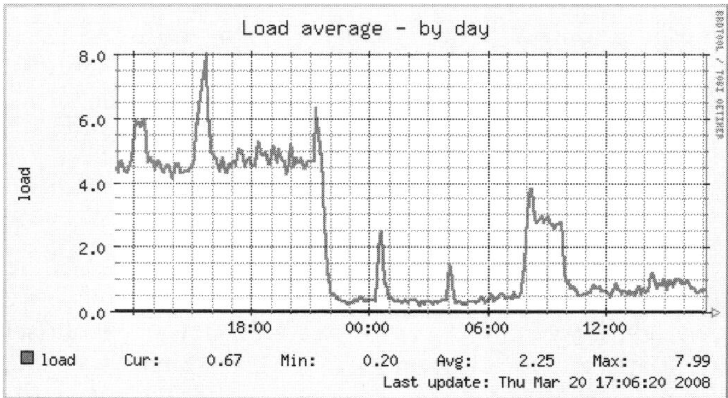

Da dieses Plugin sehr einfach gehalten ist und aus mehr erklärenden Text als produktivem Programmcode besteht, bildet es eine gute Basis für die Entwicklung eigener Plugins. Die Warnschwelle und den kritischen Wert ermittelt es statisch: Bei einer Last von 10 ist die erste Schwelle erreicht, bei 120 der kritische Wert. Falls Ihr Rechner mehr als einen Prozessor oder Prozessorkern besitzt, können diese Werte entsprechend erhöht werden. Da `load` die Grenzwerte fest einkodiert hat, müssen Sie die neuen Werte direkt ins Skript schreiben.

Um beispielsweise die Last einer T2000[8] zu überwachen, heben Sie die Schwellen um den Faktor 32 an:

```
echo 'load.warning 320'
echo 'load.critical 3840'
```

6.6.6 Der Graph Memory usage

Das Perlskript `memory` ermittelt die Auslastung des Hauptspeichers. Anders als die meisten anderen mitgelieferten Plugins erzeugt es keinen Linien-Graphen, sondern liefert Daten für eine Stapelgrafik. Daraus lässt sich die Aufteilung des vorhandenen Speichers (in Abbildung 6.15 1 GB) ablesen.

[8] Der eingebaute Niagara-Prozessor verarbeitet auf jedem seiner acht Kerne vier Threads gleichzeitig.

Die Informationen erhält das Skript unter Linux aus `/proc/meminfo`. Unter anderen Betriebsystemen kommen andere Mechanismen zum Einsatz: Unter NetBSD ermittelt `vmstat` die Speicherbelegung. Unter Solaris stellt `top` nur einen Teil der Werte zur Verfügung. Unter AIX nutzt das Plugin verschiedene Programme (z. B. `lsattr`, `lsps` und `svmon`), um die Speicherauslastung zu ermitteln. Unter FreeBSD schließlich wird `sysctrl` verwendet.

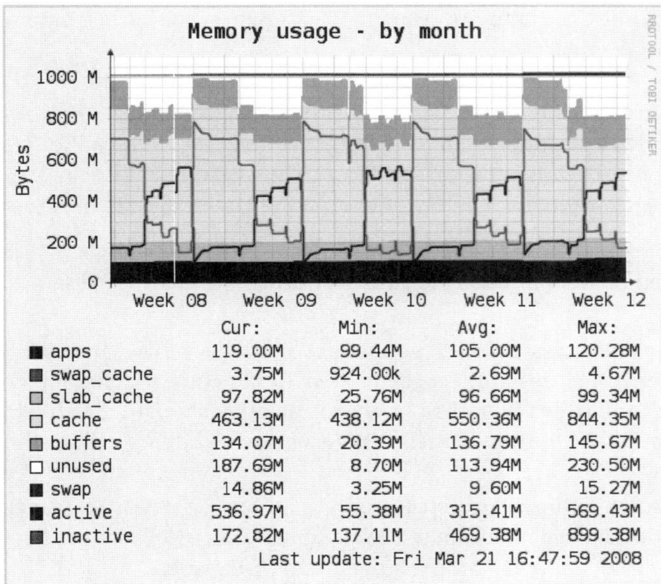

Abbildung 6.15:
Speicherbelegung

Unser Beispiel stammt von einem Linux-Rechner. Wie das regelmäßige Muster zeigt, wird er kaum von Nutzern, sondern hauptsächlich von Cronjobs beschäftigt. Die im Stapel gezeigten Schichten haben (von unten nach oben) folgende Bedeutung:

- **apps** ist der Speicheranteil, den Anwendungen im *User Space* nutzen. Den Wert errechnet das Plugin, indem es von der Größe des gesamten Speichers den durch Systemprozesse genutzten sowie den ungenutzten Anteil abzieht.
- Der **swap_cache**-Bereich zeigt die Menge des als Cache verwendeten Swap.
- Am folgenden **slab_cache**-Bereich sehen Sie, wieviel Speicher der Kernel zum Cachen seiner Datenstrukturen in Anspruch nimmt. Da der Rechner in unserem Beispiel einen 2.4er Kernel hat, die Datei `/proc/meminfo` aber erst seit Kernel 2.6 Angaben zum Slab aufführt, holt sich das Plugin die Werte aus `/proc/slabinfo`.
- Bereich **cache** zeigt, wieviel Speicher als Cache genutzt wird.

- Die Schicht **buffers** dient zur Zwischenspeicherung bei Schreib-/Lesezugriffen auf Dateien.
- Der hier weiß gezeichnete Speicheranteil **unused** ist zur Zeit ungenutzt.
- Ganz oben in der Grafik und – wenn alles mit rechten Dingen zugeht – auf Höhe der Größe des realen Speichers beginnt der Anteil Speicher, der zur Zeit auf die Platte ausgelagert ist. Dieser ist in der Legende als **swap** bezeichnet.
- Auf Linux-Rechnern mit 2.6er Kernel oder bei anderen Betriebssystemen können weitere oder andere Angaben auftauchen. Konsultieren Sie bei Bedarf die Dokumentation zu Ihrer Distribution[9] und schauen Sie im Quelltext des Plugins nach, woher es seine Daten jeweils bezieht.

Neben den Stapeln enthält die „**Memory usage**"-Grafik interessante Linien:

- Im Beispiel etwas dunkler gezeichnet gibt die **active**-Linie wieder, wie groß der Anteil des kürzlich genutzten Buffer- oder Cache-Speichers ist. Diesen fordert das Betriebssystem normalerweise nicht gleich wieder an, sondern hält ihn für eventuelle Folgezugriffe auf den gleichen Inhalt vor.
- Die **inactive**-Linie zeigt den Anteil an Buffer- oder Cache-Speicher, auf den schon länger nicht mehr zugegriffen wurde. Diesen stellt das System bevorzugt bei neuen Anforderungen zur Verfügung.

Logischerweise verlaufen die beiden Linien gegenläufig. Je mehr Raum der aktiv genutzte Speicher einnimmt, umso geringer fällt der brach liegende Anteil aus.

In unserem Beispiel führt die außergewöhnliche Last durch die Wochensicherung in der Nacht von Freitag auf Samstag dazu, dass mehr Cache aus dem bislang ungenutzten Speicher angefordert wird. Wenn der Sicherungsjob beendet ist, fällt die Kurve für **active**, gleichzeitig steigt die Kurve für **inactive** sprunghaft. Wieder in normaler Untätigkeit angekommen, dümpeln die Speicherlastkurven des Rechners übers Wochenende in etwa gleicher Höhe vor sich hin. Nach einigen Tagen wird der zusätzlich angeforderte und seither nicht mehr gebrauchte Speicher aus der Schicht **cache** wieder ans System zurückgegeben. Der Anteil **unused** erhöht sich entsprechend. Im Laufe der Woche sorgen dann die täglichen Datensicherungen für den stufigen Verlauf der **active**- und **inactive** Kurven, bis dann die erhöhte Last der Wochensicherung in der Nacht zum Freitag den Reigen wieder eröffnet.

[9] Red Hat erläutert `/proc/meminfo` für den Linux-Kernel 2.6 etwa unter `http://web.mit.edu/rhel-doc/4/RH-DOCS/rhel-rg-de-4/s1-proc-topfiles.html`.

6.6.7 Der Graph File Table usage

Das Shellskript `open_files` zeigt die Anzahl der geöffneten Dateien an. Unter Linux entnimmt es die Werte aus `/proc/sys/fs/file-nr` und verarbeitet sie mit `awk`. Unter FreeBSD kommt `sysctl` zum Einsatz, unter NetBSD `vmstat`, unter Solaris wertet das Plugin Ausgaben von `top` aus.

Die Warnschwellen ermittelt es dynamisch aus der maximalen Anzahl geöffneter Dateien, wie sie `/proc/sys/fs/file-max` unter Linux verrät. Für die Alarmstufe „Warnung“ multipliziert es den dort gefundenen Wert mit 0,92, der kritische Zustand wird erreicht, wenn 98 Prozent der maximal möglichen Dateien geöffnet sind.

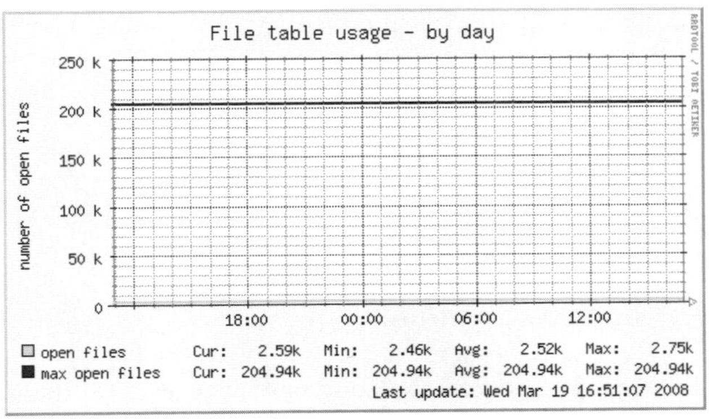

Abbildung 6.16:
File Table usage

In der Datei `/proc/sys/fs/file-max` kann man die Obergrenze bei Bedarf (etwa auf 204936 Dateien) anpassen:

```
node: # echo 204936 > /proc/sys/fs/file-max
```

Dies muss bei jedem Rechnerstart erneut geschehen.

In der Grafik aus Abbildung 6.16 ist erstaunlich wenig Leben. Das hat seinen Grund: Der Graph stellt gleichzeitig die Anzahl geöffneter und die Anzahl existierender Dateien dar. Da die Anzahl geöffneter Dateien auf einem normal ausgelasteten Rechner nur selten auch nur in die Nähe des Limits kommt, ist die Auflösung der Y-Achse für diesen Parameter viel zu gering, als dass die üblichen Schwankungen sichtbar würden. In der Regel interessiert jedoch nicht, wie viele Dateien tatsächlich geöffnet sind, sondern nur die Aussage, ob sich diese Anzahl gefährlich nah am Limit bewegt.

6.6.8 Der Graph Inode table usage

Das Shellskript `open_inodes` bedient sich unter Linux der Datei `/proc/sys /fs/inode-nr`, um die Anzahl der derzeit geöffneten Inodes sowie die Gesamtgröße der Inodetabelle anzuzeigen (Abbildung 6.17). Bei anderen Betriebssystemen kommen die bereits vom Plugin **open_files** genutzten Mechanismen zum Einsatz.

Abbildung 6.17: Die Inode-Belegung

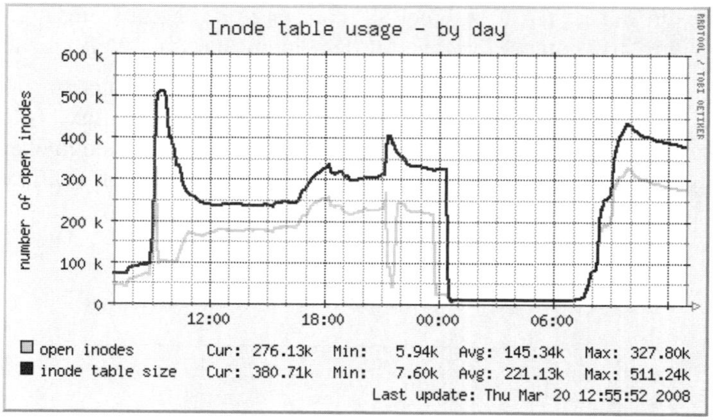

6.6.9 Der Graph Swap in/out

Das Shellskript `swap` zeigt die Benutzung des Swapspeichers in Blöcken pro Sekunde an (Abbildung 6.18). Unter Linux liefert wahlweise `/proc/vmstat` oder `/proc/stat` die Datenbasis für diese Auswertung. Unter AIX nutzt das Plugin die Ausgabe von `usr/sbin/lsps`, unter FreeBSD von `sysctl` und unter NetBSD von `/usr/bin/vmstat`.

Abbildung 6.18: Nutzung des Swapspeichers

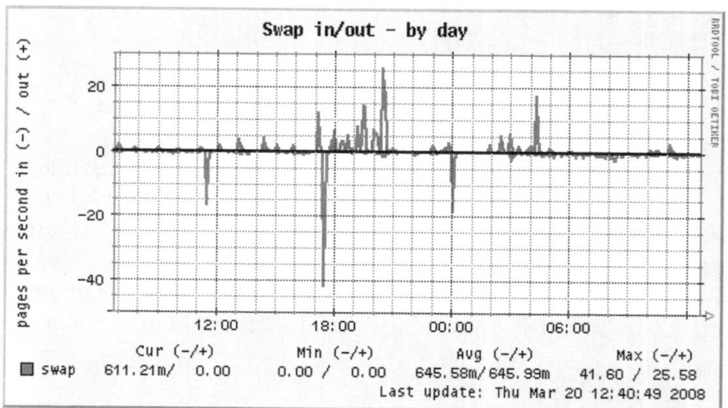

Für Solaris gibt es kein derartiges Plugin. Es lässt sich aber mit wenig Code rund um den Befehl `kstat | grep swap` selbst schreiben.

6.7 Netzwerküberwachung

Der Name der Kategorie **Network** ist Programm: Hier finden sich alle Angaben zum Netzwerk. Darunter fallen Daten einzelner Netzwerkinterfaces (`eth0`, `ppp0`, `ce0` etc.) wie auch die Zusammenfassung aller Aktivitäten aller Netzwerkgeräte. Daneben enthält sie die Aussagen einiger SNMP-Plugins, die sich mit Netzwerkwerten beschäftigen, und einiges mehr.

Die Plugins zur Überwachung der eingebauten Netzwerkadapter werden unabhängig vom Betriebssystem automatisch erkannt und eingebunden. Das Plugin `ping_` zur Messung der Pingzeiten zu einem beliebigen Rechner gehört jedoch zur Familie `manual`.

6.7.1 Den Netzwerkdurchsatz mit dem Wildcard-Plugin `if_` überwachen

Wie viel Daten gingen durch das Interface? Diese Frage beantwortet Schnittstellen-spezifisch der Graph **interface traffic**.

Die Angaben über eingehende Datenmengen werden mit negativem Vorzeichen versehen und landen damit unterhalb der X-Achse (Abbildung 6.19). Die Werte über der X-Achse betreffen den ausgehenden Datenstrom. Der Graph stellt Bits pro Sekunde dar. Obere Grenzen gibt es keine; je schneller desto besser!

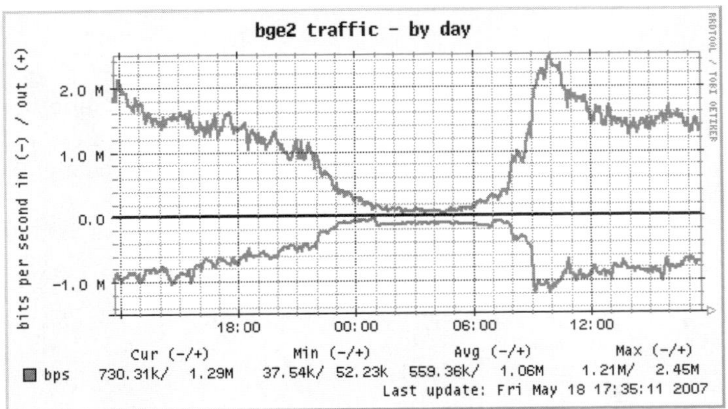

Abbildung 6.19: Der Datentransfer auf dem bge2-Interface dieser Sun Fire V240 schwankt im Laufe des Tages

Das Shellskript `if_` ist ein Wildcard-Plugin, das für jedes Interface getrennt angesprochen wird. Es behandelt physikalische Schnittstelle wie `eth0` oder `wlan0` genauso wie reine Softwareschnittstellen wie `ppp0` oder `br0`.

`if_` ist plattformabhängig, denn unter Linux heißen Ethernetschnittstellen in der Regel `eth`, unter anderen Unixen richtet sich der Name des Devices meist nach der Hardware. So heißen die Schnittstellen für Karten, die auf dem Broadcom-Chipsatz basieren, unter Solaris `bge`, für Intels Gigabitkarten `e1000g`. Auf Suns Chipsätzen basierende Karten werden `ce`, `hme` `qfe` usw. genannt. Unter Linux findet sich weitere Bezeichnungen wie `wlan`, `tun` bzw. `tap` und das universelle `ppp`. Dazu kommt das Bridging-Device `br`, das Netzwerkinterface miteinander verbindet. Die Firewire-Schnittstellen werden, als Netzwerkkarte missbraucht, wiederum `eth` zugeschlagen.

So unterschiedlich wie die Betriebssysteme sind die Methoden, Betriebsparameter zu ermitteln. Unter Linux wird `/proc/net/dev` ausgewertet, unter Darwin `netstat` und unter Solaris schließlich `kstat` verwendet. Allerdings liefert das `kstat` früher Solaris-10-Versionen auf x86-basierter Hardware keine Werte aus; hier ist ohnehin ein Betriebssystemupdate angeraten.

Um die Unterschiede der auf den verschiedenen Systeme müssen Sie sich jedoch nicht kümmern, denn bei der Installation kommt automatisch das passende Plugin auf die Platte. Die Ausgabe ist betriebssystemübergreifend identisch, so dass sich der Netzwerkdurchsatz verschiedener Systeme vergleichen lässt.

Bei sehr hohen Transferraten ab ca. 100 MBit rät die Dokumentation vom Einsatz dieses Plugins ab. Es nutzt nämlich einen 32-Bit-Counter, der dann zu häufig umschlagen würde. Unter den Bedingungen liest das Plugin nur Zufallszahlen aus und liefert keine verlässlichen Aussagen (vgl. Seite 204). Als Alternative empfiehlt sich das Plugin `ip_`.

6.7.2 Netzwerkfehler mit `if_err_` überwachen

Ähnlich wie `if_` beobachtet `if_err_` einzelne Netzwerkinterfaces. Allerdings wird hier nicht der Netzwerkdurchsatz in Byte pro Sekunde, sondern die Anzahl der fehlerhaft übertragenen Pakete in Stück pro Sekunde ermittelt. Fehlerhafte Pakete entstehen bei Kollisionen, eingerechnet werden auch verlorengegangene Pakete.

Abbildung 6.20: Fehlerhafte Pakete pro Sekunde

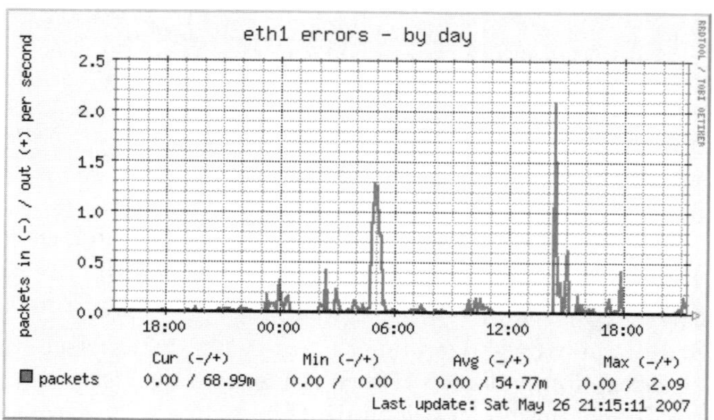

Das Plugin hilft, defekte Hardwarekomponenten wie Netzwerkkarten, Kabel oder Switche zu erkennen. Die Warnschwelle ist mit 1 zu Recht sehr niedrig angesetzt. Abbildung 6.20 zeigt eine `eth1`-Netzwerkkarte, die wegen eines geknickten CAT5-Kabels eine hohe Fehlerrate aufwies.

Zur Ermittlung der Fehler kommen die selben Methoden zum Einsatz wie bei der Ermittlung des Netzwerkdurchsatzes: Unter Linux wertet das Shellskript `if_err_ /proc/net/dev` aus, unter Darwin kommt `netstat` zum Einsatz, unter AIX `lanadmin`. Unter Solaris, FreeBSD und NetBSD wird für die selbe Aufgabe das Shellskript `if_errcoll_` verwendet, darin kommt bei Solaris `kstat`, bei den BSD-Varianten `netstat` zum Einsatz.

6.7.3 Der Netstat-Graph

Mit dem Shellskript `netstat` erfahren Sie viel über den Zustand der Netzwerkverbindungen (Abbildung 6.21). Die Anzahl der aufgebauten Verbindungen zeigt die Kurve **established**. Als **active** zählt das Plugin Verbindungen, die gerade Daten übertragen (z. B. FTP-Downloads), **passive** Verbindungen übertragen keine Daten, sind jedoch noch geöffnet (z. B. `telnet`-Verbindungen, wenn gerade nichts getippt wird). Die Werte für **resets** und **failed** lassen auf Probleme mit der Netzwerkstrecke und der Client/Server-Kommunikation schließen. Abbildung 6.21 zeigt die Netzwerkverbindungen eines Webservers, der viele Anfragen zu beantworten hat.

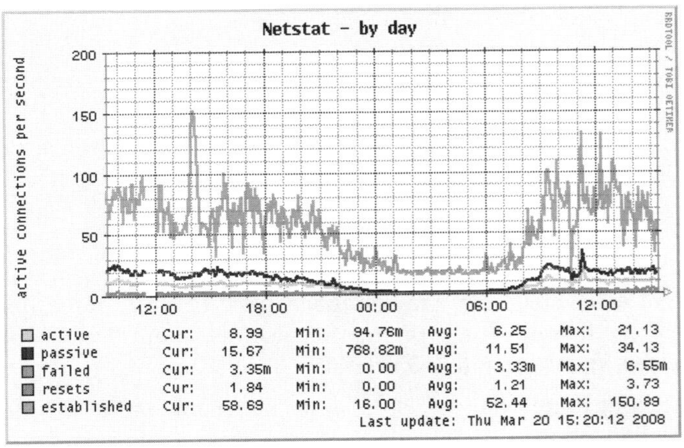

Abbildung 6.21: Netzwerkstatistiken

6.7.4 Das Wildcard-Plugin `ping_`

Mit `ping_` steht ein Wildcard-Plugin zur Verfügung, das die Pingresponsezeit zu beliebigen anderen Rechnern überwacht (Abbildung 6.22). Da die

Gegenstelle lediglich auf den Ping-Request reagieren muss, dient es eher dem Netzwerkmonitoring oder der Uptime-Kontrolle, weniger als Test der Verfügbarkeit.

Abbildung 6.22: Pingzeiten zu Munins Homepage

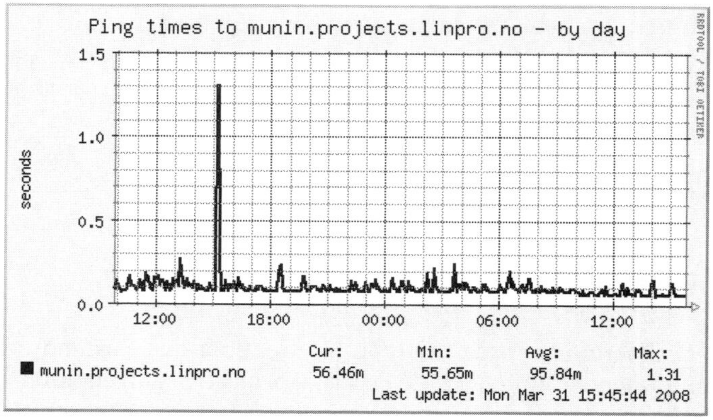

Gemessen wird die Zeit, die es dauert, bis die Antwort eintrifft, mit `ping`. In Abhängigkeit vom Betriebssystem kommen jedoch unterschiedliche Parameter zum Einsatz.

Da Munin nicht weiß, welchen Rechner es anzupingen gilt, muss das Plugin durch einen Service-Link händisch aktiviert werden. An dessen Namen fügen Sie den Hostnamen des Zielrechners an, im Falle von Abbildung 6.22 also

```
node: # ln -s /opt/munin/lib/plugins/ping_ \
/etc/opt/munin/plugins/ping_munin.projects.linpro.no
```

6.8 NFS-Zugriffe überwachen

Die Kategorie **Nfs** stellt dar, wie häufig auf per NFS gemountete (oder exportierte) Verzeichnisse zugegriffen wird. Die Belegung dieser Partitionen wird dagegen in der Sektion **Disk** erfasst.

Die Darstellung unterscheidet, ob es sich um Clientzugriffe des Rechners auf einen NFS-Server handelt oder ob der Rechner selbst als NFS-Server arbeitet. Aktiviert werden die beiden Plugins der Kategorie **Nfs** automatisch.

6.8.1 Der „NFS Server"-Graph

Das Shellskript `nfsd` wertet den Inhalt der Datei `/proc/net/rpc/nfsd` aus. In diese schreibt der `nfsd` bzw. das Betriebssystem Statusinformationen. Außer die Lese- und Schreibzugriffe auf Dateien und Verzeichnissen protokolliert sie auch deren Erzeugung und Löschung. Diese Grafik (Abbildung 6.23) entspricht in Aufmachung und Inhalt genau der des NFS-Clients.

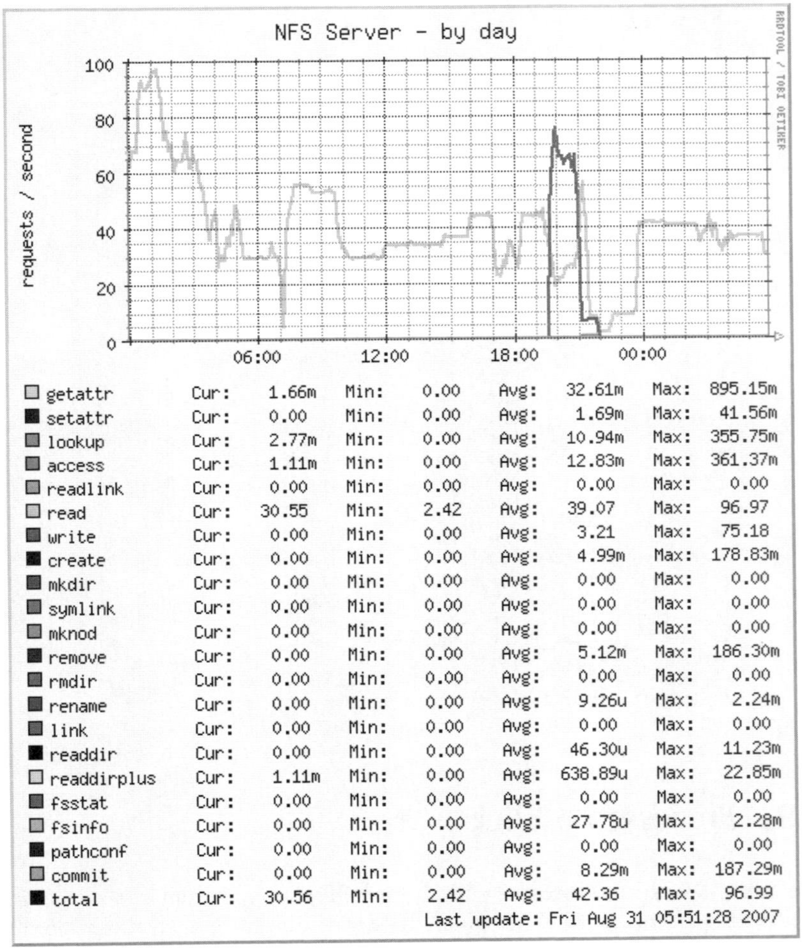

Abbildung 6.23: Aus dem Leben eines Fileservers

6.8.2 Der „NFS Client"-Graph

Das Shellskript `nfs_client` gibt die Einträge aus `/proc/net/rpc/nfs` aus (Abbildung 6.24). Die für das NFS-Servermodul getroffenen Aussagen gelten auch für das Client-Modul.

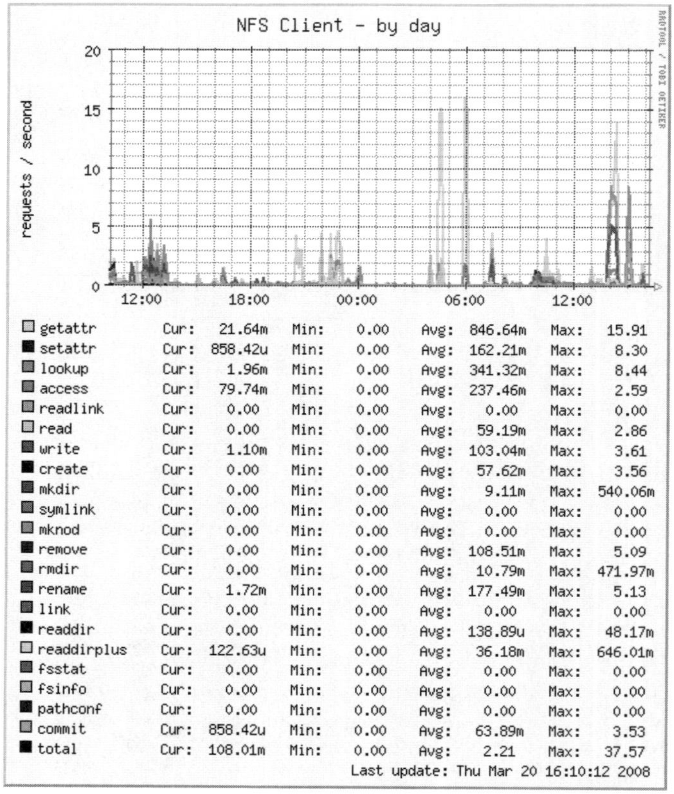

Abbildung 6.24: Überwachung eines NFS-Clients

6.9 Prozesse im Blick

Die in der Kategorie **Processes** enthaltenen Plugins überwachen Applikationen und Systemprozesse. Mit Ausnahme des Plugins `ps_` werden sie alle automatisch aktiviert.

6.9.1 Prozessinstanzen zählen

Das Shellskript `ps_` listet unter dem Titel **Number of programmname** die Anzahl laufender Prozesse eines bestimmten Namens auf. Welche Programm es zu überwachen gilt, leitet das Wildcard-Plugin aus dem symbolischen Link her. Möchten Sie beispielsweise die Anzahl aller `qemu`-Prozesse anzeigen, erzeugen Sie den passenden Link mit

```
node: # ln -s /opt/munin/lib/plugins/ps_ /etc/opt/munin/plugins/ps_qemu
```

Die Anzeige springt je nach Anzahl der gefundenen Prozesse immer zwischen ganzzahligen Werten. Leider verzählt sich das Plugin unter Linux manchmal, da es den eigenen Prozess fälschlicherweise mitzählt. Wir raten Ihnen daher, die Zeile `PGREP=/usr/bin/pgrep` bzw. `PGREP=‘which pgrep‘` auszukommentieren und damit die Verwendung des Befehls `ps auxwww | grep "$REGEX" | grep -v grep | wc -l` zu erzwingen. Das dort eingebaute `grep -v grep` verhindert diese Falschzählungen.

Da das Plugin von sich aus nicht wissen kann, welche Prozesse es überwachen soll, muss es manuell aktiviert werden.

6.9.2 Der Graph Fork rate

Aus `/proc/stat` liest das Shellskript `forks` unter Linux die Anzahl der seit dem Rechnerstart erzeugten Prozesse aus. Unter NetBSD wertet es die Ausgabe von `vmstat -s` aus. Für andere Betriebssysteme ist dieses Plugin derzeit nicht verfügbar. Falls Sie ein Plugin für Solaris schreiben möchten, führt auch hier `vmstat -s | grep forks` zum Ziel.

Durch den Vergleich mit dem vorherigen Wert (es handelt sich um einen Zähler des Typs `DERIVE`) wird die Anzahl der neu entstandenen Prozesse ermittelt. Wann immer ein Prozess einen Kindprozess erzeugt, fließt dies in diese Statistik ein. Was man nicht sieht: Da diese Prozesse nicht ewig leben, bleibt ihre Gesamtzahl mehr oder minder gleich.

6.9.3 Der Graph Number of Processes

Das Shellskript `processes` gibt die Gesamtzahl der Prozesse aus. Dabei handelt es sich um ein Musterbeispiel an Betriebssystemunabhängigkeit: Das Plugin ermittelt das Betriebssystem (Linux, Solaris, FreeBSD, OpenBSD, NetBSD und Darwin) und wählt abhängig davon die passenden Parameter für `ps`.

Der Graph zeigt die Prozesse aufgeteilt nach ihrem Status an: die schlafenden, untätigen Prozesse, die Zombies, die nicht vorkommen sollten, die z. B. durch Strg+Z gestoppten Prozesse und schließlich die Gesamtzahl.

6.9.4 Der Graph VMstat

Das Plugin `vmstat` zählt sowohl aktive als auch inaktive Prozesse (Abbildung 6.25). Letzteres warten gerade auf Inputdaten oder darauf, ihre Daten auf Festplatte, den Bildschirm, das Netzwerk oder sonstwohin schreiben zu dürfen. Solange das nicht passiert, befinden sie sich im Zustand `I/O sleep`.

Unter FreeBSD nutzt das Plugin `sysctl` zur Ermittlung der Werte, ansonsten `/usr/bin/vmstat`.

Abbildung 6.25: Viele Prozesse warten, nur wenige sind aktiv

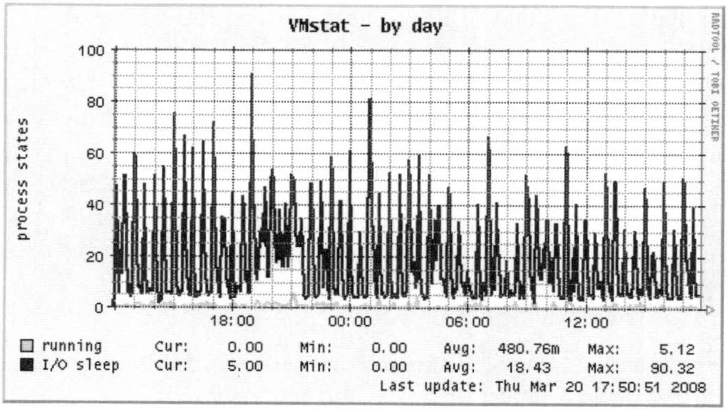

6.10 Sensoren auslesen

Je nach Hardware-Ausstattung haben viele Rechner Sensoren für unterschiedliche Messgrößen an Bord: Temperatur, Lüfterdrehzahl und Voltspannung der Stromversorgung. Das Plugin `sensors_` erhält die Daten vom Programm `sensors`, welches Bestandteil des Software-Pakets `lm_sensors` ist:

```
node: # sensors
w83697hf-isa-0290
Adapter: ISA adapter
VCore:     +1.50 V  (min =  +1.46 V, max =  +1.60 V)
+3.3V:     +3.23 V  (min =  +3.14 V, max =  +3.47 V)
+5V:       +5.00 V  (min =  +4.76 V, max =  +5.24 V)
+12V:     +11.73 V  (min = +10.82 V, max = +13.19 V)
-12V:     -11.87 V  (min = -13.18 V, max = -10.80 V)
-5V:       -5.05 V  (min =  -5.25 V, max =  -4.75 V)
V5SB:      +5.51 V  (min =  +5.00 V, max =  +5.51 V)
VBat:      +3.02 V  (min =  +2.40 V, max =  +3.60 V)
fan2:      932 RPM  (min =  878 RPM, div = 8)
temp1:       +44°C  (high =   +48°C, hyst =   +45°C)   sensor = thermistor
temp2:     +34.5°C  (high =   +40°C, hyst =   +37°C)   sensor = diode
alarms:
beep_enable:
          Sound alarm enabled
```

Die *feldname*.label-Parameter legt die Konfiguration in der Datei /etc/sensors.conf fest. Sie können sie nach eigenem Gusto ändern. In der Munin-Ansicht sind die Datenquellen dann mit diesen Namen bezeichnet. Außerdem übernimmt das sensors_-Plugin die in dieser Datei aufgeführten Minimal- und Maximalwerte als Schranken zur Abgrenzung des kritischen Bereichs. Schlagen Sie passende Werte in den Datenblättern der Geräte nach und setzen Sie diese in /etc/sensors.conf. Weitere Einstellungen sind im bei Bedarf zu ergänzenden Abschnitt [sensors*] in der Datei /etc/opt/munin/plugin-conf.d/munin-node möglich.

Da die Daten in der Regel über den seriellen Datenbus I2C abgefragt werden, muss das entsprechende Kernelmodul (i2c-dev) geladen sein. Das Plugin besitzt keinen Aktivierungsautomatismus, so dass hier jeweils Handarbeit nötig ist, die das Wissen um die eingebauten Sensoren voraussetzt. Es generiert folgende Graphen:

HDD temperature

Diese Grafik zeigt die Temperatur der eingebauten Festplatten an. Diese Information liefert übrigens ggf. auch das SMART-Plugin, das noch weitere Angaben zum Zustand der Festplatten macht. Obwohl die erlaubten Betriebstemperaturen vom jeweiligen Gerät abhängen, verkürzen dauerhaft hohe Temperaturen die Lebensdauer der Festplatte erheblich. Bei der Diskussion des Themas auf der Projekt-Mailingliste[10] kristallisierten sich folgende Empfehlungen für Grenzwerte heraus, die Sie anhand der Spezifikation Ihrer Festplatte überprüfen sollten:

- Eine Temperatur größer als 55 °C sollte kein Dauerzustand sein. Daher ist es angebracht, hier die Warnschwelle zu setzen.
- Ab 60 °C bewegt sich der Datenträger im kritischen Bereich. Hier ist mit Schaden zu rechnen.
- Ab 70 °C ist Gefahr im Verzug und mit Ausfall zu rechnen.

Zur Abfrage der Werte müssen sich die Sensoren direkt ansprechen lassen. Festplatten, die per USB angeschlossen sind, bleiben hier leider außen vor.

Fans

Neben Kühlkörpern kommen an vielen Stellen im Rechner Ventilatoren zur Kühlung zum Einsatz. Die Grafik **Fan Speeds** präsentiert deren Umdrehungszahlen.

Das sogenannte *Tachosignal* steht nur zur Verfügung, wenn der Lüfter mit drei Kabeln angeschlossen ist, also neben der Spannungsversorgung noch eine Leitung zur Drehzahlmessung hat.

10 http://sourceforge.net/mailarchive/message.php?msg_name=20061006184345.GA11110%40paradise.net.nz

Der Warnbereich beginnt hier standardmäßig im Abstand von fünf Prozent zum kritischen Schwellwert. Folgender `munin-node`-Eintrag verbreitert den Bereich auf zehn Prozent:

```
env.fan_warn_percent 10
```

Mit folgendem Eintrag in den Plugin-Konfigurationsdateien unterhalb von `/etc/opt/munin/plugin-conf.d` können Sie einzelne Datenquellen (im Beispiel den Lüfter 1) vom Plot ausschließen. `fan1` ist dessen interner Name:[11]

```
env.ignore_fan1 yes
```

Falls die Umdrehungszahl des Lüfters im Plot immer 0 beträgt, obwohl Sie wissen, dass er angeschlossen ist und sich dreht, hilft es oft, einen größeren Divisor vorzugeben. Diese Einstellung nehmen Sie in Datei `/etc/sensors.conf` vor:

```
# 2007-10-12, gap: Divisor erhoeht
#   set fan2_div 4
    set fan2_div 8
```

Temperatures

Neben den Temperatursensoren der Festplatten gibt es ggf. weitere: im Rechnergehäuse, direkt auf dem Mainboard, neben der CPU, auf der Grafikkarte und wo auch immer temperaturempfindliche Teile eingebaut sind. Die Messwerte dieser Sensoren erscheinen in dieser Grafik.

Für Rechner von Sun Microsystems gibt es ein eigenes Plugin, das den Temperaturen mit Hilfe des Kommandos `prtdiag -v` überprüft: `temperature`. Obwohl auf allen Sun-Rechnern Temperatursensoren verbaut sind, liefert `prtdiag` nicht auf jeder Plattform diese Information. Erfolgreich haben wir es auf der V240, der Sun Blade 150, der V480 sowie der SunFire 880 getestet. Nicht verfügbar war die Temperatur auf der T2000, der V215 und der V245 sowie der V120. Auf einigen dieser Plattformen gibt `prtpicl -v` die Werte der Temperatursensoren aus, allerdings gibt es derzeit kein Plugin, das dies tut. Auf den großen SunFire-Maschinen 6800, 12k, 15k und 25k verrät `prtdiag` ebenfalls keine Temperaturen, diese müsste man von der RSC Card abrufen, was das `temperatures`-Plugin wiederum nicht vermag.

[11] Die internen Namen der Datenfelder zeigt die Spalte **Internal Name** auf der Detailseite des Plugins in der Munin-Übersicht (vgl. die Abbildung auf Seite 32) an.

Voltages

Je nach Last, die das Netzteil zu bewältigen hat, können Spannungsschwankungen auftreten. Diese Grafik vermittelt, wie stabil die Spannungen über die Zeit gehalten werden. Kurzzeitige Spannungseinbrüche, wie sie Grafikkarten beim Spielen häufiger verursachen, lassen sich bei einem Messintervall von fünf Minuten jedoch höchstens zufällig erfassen. Jede vom Netzteil gelieferte Spannung ist als eigene Linie aufgetragen.

Der Warnbereich beginnt standardmäßig im Abstand von 20 Prozent zur kritischen Schwelle. Folgender `munin-node`-Eintrag verkürzt den Warnbereich auf 15 Prozent:

```
env.volt_warn_percent 15
```

Es ist außerdem möglich, bestimmte Spannungswerte vom Plot auszuschließen. Dazu muss die interne Bezeichnung des Sensors angegeben werden, hier `volt7`:

```
env.ignore_volt7 yes
```

Die internen Bezeichnungen der Datenfelder sind am Fuß der Detailseite des Plugins in der Spalte **Internal name** Seite aufgeführt.[12]

6.11 Sonstiges

In der Kategorie **Other** sammelt sich, was anderswo nicht passen mag. Hier landen die Daten aller Plugins, bei denen das Attribut `graph_category` keine bestimmte Kategorie vorsieht. Das ist in der Regel der Fall für Messwerte, die die einzigen in ihrer Kategorie wären, beispielsweise die der Datenbank-Plugins.

Wenn Sie mehrere Datenbankmanagementsysteme überwachen wollen, erstellen Sie am besten eine eigene Kategorie **Databases**, indem Sie im `config`-Abschnitt Ihrer Plugins `graph_category Databases` setzen.

6.11.1 Der Graph CUPS pages printed

Das Plugin `cupsys_pages` liefert Accountingdaten über die an den CUPS-Printserver geschickten Seiten, die es aus der Datei `page_log` ausliest. Abhängig von der Installation liegt diese meist unterhalb von `/var/log/cups`. Ob die gewünschte Information wirklich in die Datei `page_log` zu finden ist und somit für Munins Auswertungen zur Verfügung steht, hängt von der

12 Siehe auch die Abbildung auf Seite 32.

Qualität des Treibers ab. Findet Munin bei der Installation eine lesbare Logdatei in /var/log/cups, wird das Plugin automatisch aktiviert.

cupsys_pages nutzt das Verzeichnis /var/lib/munin/plugin-state, um Statusinformationen zwischenzulagern.

Obwohl schon seit einigen Jahren in Gebrauch, scheint das Plugin etwas ungar zu sein. So ließ es sich erst Werte entlocken, nachdem die Zeile print "host_name $ENV{FQDN}\n"; aus dem Quellcode entfernt wurde.

Außerdem setzt das Plugin voraus, dass ein Logrotate-Mechanismus die Datei /var/log/cups/page_log.0 anlegt. Abhängig von der CUPS-Installation dürfen oft aber nur der Benutzer root und die Gruppe lpadmin die Datei page_log lesen. In diesem Fall muss der munin-node-Daemon das Plugin mit Gruppenrechten der Gruppe lpadmin ausführen. Dies vermerkt man wie folgt in /etc/opt/munin/plugin-conf.d/munin-node:

```
[cupsys_pages]
group lpadmin
```

Beim Auswerten der in Abbildung 6.26 gezeigten Grafik sollte man zudem berücksichtigen, dass die Angabe der gedruckten Seiten pro Sekunde nichts über die Geschwindigkeit des Druckers aussagt.

Abbildung 6.26: Gedruckte Seiten

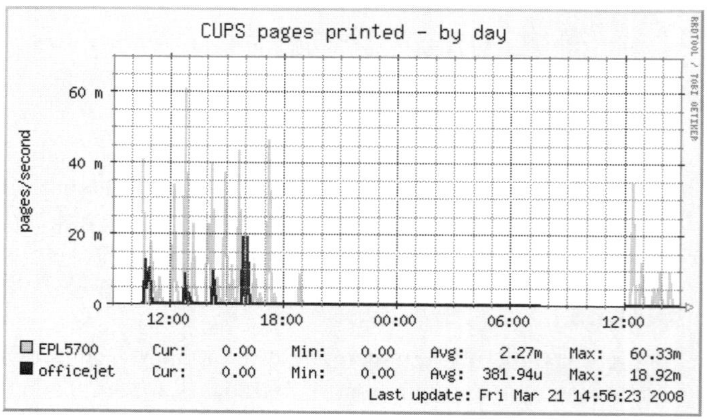

6.11.2 Die Uptime

Das uptime-Plugin ermittelt die aktuelle Laufzeit des Rechners in Sekunden. Da diese bis zum nächsten Reboot stetig steigt, zeigt die entsprechende Grafik (siehe Abbildung 6.27) jeweils eine Sägezahnkurve an, deren Sinn fraglich ist.

Unter Linux entnimmt das Plugin seine Daten /proc/uptime. Unter Solaris, das selbst in produktiven Umgebungen mehr als vier Jahre Uptime erreicht, wird kstat zur Berechnung benutzt. Für FreeBSD und NetBSD berechnet das Plugin die Anzahl der Tage aus der Differenz der aktuellen Zeit zum Bootzeitpunkt. Ein entsprechendes Plugin für AIX existiert noch nicht.

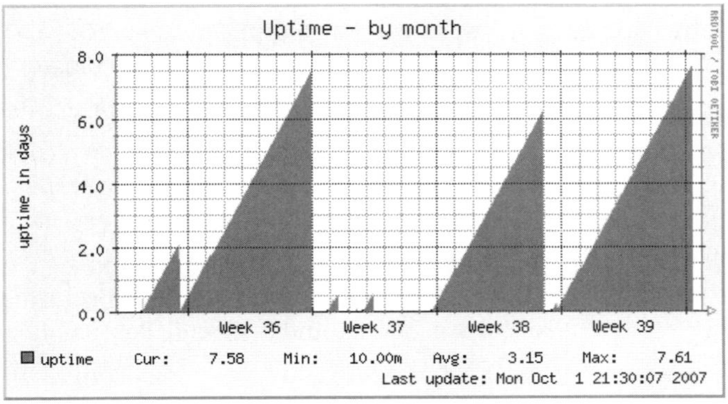

Abbildung 6.27: Die Uptime

uptime führt ein etwas verstecktes Dasein, da munin-node-configure --suggest es nicht findet. Man muss es händisch mit ln -s /opt/munin/lib/plugins/uptime /etc/opt/munin/plugins/uptime aktivieren.

6.11.3 IRC-Server überwachen

Für Betreiber von IRC-Servern und IRC-Fans mag interessant sein, wie viele *Internet-Relay-Chat*-Räume existieren und wie viele Nutzer eingeloggt sind (Abbildung 6.28). Das vom Betriebssystem unabhängige Perlskript ircu beantwortet diese Fragen. Um es zu nutzen, muss das Perl-Modul Net::IRC installiert sein (bei Debian z. B. im Paket libnet-irc-perl enthalten).

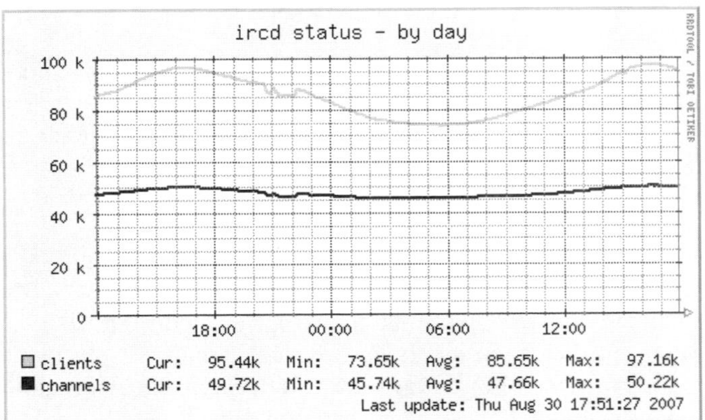

Abbildung 6.28: Das IRC schläft nie

Läuft der zu monitorende IRC-Server nicht auf der mit dem Skript ausgestatteten Maschine, sind Anpassungen im Skript selbst notwendig: Den Eintrag `localhost` ersetzt man durch den Namen des Rechners, auf dem der IRC-Server läuft, beispielsweise `irc.debian.org`.

Zudem empfiehlt es sich, den fest eingetragenen Nicknamen `munin-ircd` abzuändern – und zwar an zwei Stellen im Skript – für den Fall, dass jemand anderes die Auslastung des IRC-Servers bereits mit diesem Plugin abfragt.

Wieviele Chatter derzeit eingeloggt sind, ermittelt das Skript mit der Zeile

```
if(($event->args)[1] =~  /There are (+) users and (+) invisible/) {}
```

Falls sich Ihr Server mit einem anderen Text meldet, sind hier entsprechende Anpassungen notwendig. Der in Deutschland überaus beliebte IRC-Server `irc.leo.org` ist ein solcher Kandidat. Damit das Plugin funktioniert, ändert man die `if`-Abfrage in

```
if(($event->args)[1] =~  /There are (+) users/) {}
```

um. Die Addition der sichtbaren und der unsichtbaren Benutzer eine Zeile tiefer entfällt, denn `irc.leo.org` unterstützt dieses Feature nicht.

Das `ircu`-Skript überschreitet schnell die maximal zulässige Ausführungszeit von zehn Sekunden, die `munin-node` einem Plugin per Default gewährt, bis ein Ergebnis vorliegen muss. Diesen Timeout erhöht man daher, wie auf Seite 62 beschrieben, in `/etc/opt/munin/plugin-conf.d/munin-node` z. B. auf 20 Sekunden.

Ohne händische Eingriffe funktioniert dieses Plugin nicht. Deswegen gibt es keinen Automatismus, der es in die Munin-Überwachung einbindet.

6.11.4 NTP

Wenn ein `ntpd` bzw. `xntpd` läuft, der externe Referenzuhren (andere NTP-Server im Netz, DCF- oder GPS-Empfänger) zum Abgleich benutzt, erlauben zwei automatisch eingebundene Plugins Aussagen über die Genauigkeit der Systemzeit.

Das `ntp_`-Plugin

Das Wildcard-Plugin `ntp_` verlinkt man so, dass jeder zu überwachende Timeserver seinen eigenen symbolischen Link erhält. Es protokolliert die Ausgabe von `ntpq -c "hostnames no" -c peers` und ermittelt auf diese Weise die Werte **Offset**, **Delay** und **Jitter** (Abbildung 6.29).

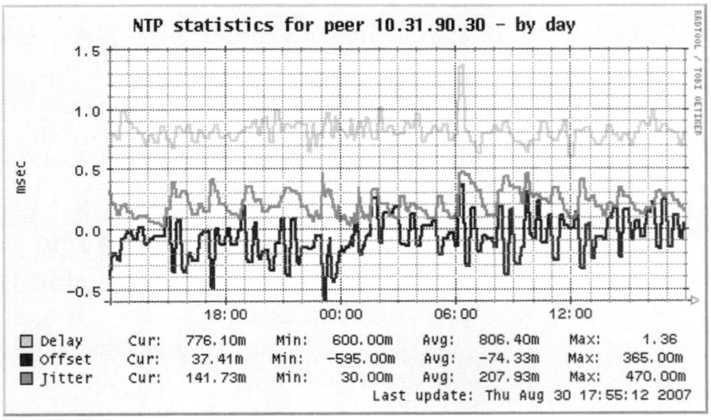

Abbildung 6.29: Die Abweichung der Systemzeit, mit `ntp_` ermittelt

Das Plugin `ntp_states`

Hat der `ntp`-Prozess die Wahl zwischen verschiedenen Timeservern, ist eine Aussage über die Qualität jedes einzelnen Servers möglich. In die Abschätzung gehen die Stratum-Ebene, die Plausibilität der gelieferten Zeit sowie der Jitter (also kurzzeitigen Schwankungen) ein.

Anhand einer internen Tabelle, den *Tally Codes,* kennzeichnet der `ntpq` die Vertrauenswürdigkeit eines Timeservers. Munin übersetzt diesen Code in einen numerischen Wert, den der Graph anzeigt.

Was die einzelnen Codes besagen, verrät Tabelle 6.1. Solange die Grafik zu einem Ihrer verwendeten Timeserver eine konstante Linie auf der 7 anzeigt, ist alles in Ordnung.

Tabelle 6.1: Die Tally Codes und deren Umsetzung in Zahlenwerte

Tally Code	Wert	Name	Erläuterung
	1	reject	Server antwortet nicht bzw. befindet sich außerhalb des Synchronisationsbereichs
x	2	falsetick	Der Server liefert keine ausreichend genaue Uhrzeit
.	3	excess	Dieser Timeserver eignet sich zur Synchronisation, gehört aber nicht zu den zehn besten.
-	4	outlyer	Der Server weist einen zu hohen Jitter-Wert auf.

Fortsetzung:

Tally Code	Wert	Name	Erläuterung
+	5	candidate	Qualitativ hochwertige Zeitquelle, die als Referenzzeitquelle in Frage kommt.
#	6	selected	Dieser Timeserver eignet sich als Synchronisationsquelle, gehört aber nicht zu den sechs besten.
	7	sys.peer	Referenzzeitquelle, mit der sich der NTP-Daemon zur Zeit synchronisiert.
o	8	pps.peer	Die Zeit kommt aus einer lokalen Quelle: entweder aus der Computeruhr oder aus einem angeschlossenen Zeitempfänger.

6.11.5 Der Graph Colour testing plugin

Das Plugin `colour_tester` aus der 1.3er Reihe überwacht weder Dienste, Verfügbarkeit noch Betriebszustände. Stattdessen erlaubt es Ihnen zu testen, wie Kurven in bestimmten Farben aussehen.

Es zeichnet 29 gerade Linien unterschiedlicher Farbe, angefangen von grün ganz unten über blau und rot bis olive ganz oben. Möchten Sie mit Farben und Kontrasten experimentieren, gibt Ihnen dieses Plugin einen Eindruck, wie einzelne Farben wirken. Wie Sie Farben in Plugins festlegen, ist ab Seite 300 beschrieben.

Wegen seines Testcharakters muss dieses Plugin händisch aktiviert werden.

Kapitel

7

Überwachung per SNMP

Was mit Wenigem getan werden kann, muss nicht mit Vielem getan werden.

Matthias Claudius

Ob Netzwerkgeräte (etwa Switche und WLAN-Router), *unterbrechungsfreie Stromversorgungen* (USV) oder NAS-Appliances – auch bei Geräten, auf denen sich keine zusätzliche Software installieren lässt,[1] muss man nicht auf Überwachung per Munin verzichten. Die meisten heute verkauften Netzwerkkomponenten unterstützen das in RFC 1157[2] beschriebene *Simple Network Management Protocol* (SNMP), über das sie sich standardisiert steuern und monitoren lassen. Deswegen liegt es nahe, Laufzeitdaten einer solchen Komponente per SNMP abzufragen und dem Munin-Server die aufbereiteten Daten zu übergeben.

1 Selbst auf Linux-basierten Appliances ist die Installation zusätzlicher Software ja nicht immer vorgesehen.

2 `http://tools.ietf.org/html/rfc1157`

7.1 Standardisierte Datenstrukturen

Die per SNMP zugänglichen Informationen extrahiert man aus einer baumartigen Struktur, der sogenannten *Management Information Base* (MIB). Zu jedem *Managed Object* gehört ein *Object Identifier*, der sogenannte OID. Das ist eine ellenlange Kette von Zahlen, nur von Punkten unterbrochen. Die Folge beschreibt die Wanderung durch den Baum, angefangen von der Wurzel über die Äste und entlang vieler Verzweigungen bis hin zum einzelnen Blatt, auf dem schließlich die gesuchte Information zu finden ist.

Abbildung 7.1: Die MIB-Struktur

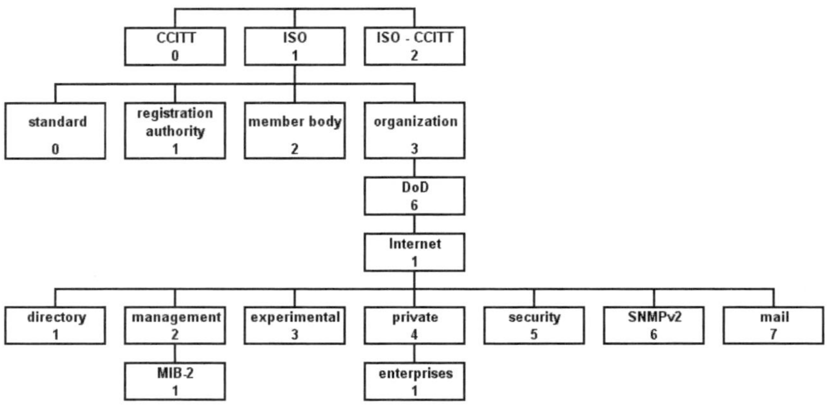

Die OIDs sind von der *Internet Assigned Number Authority* (IANA) weltweit eindeutig festgelegt. Neben den von ihr definierten Standard-MIBs existieren sogenannte *private* MIBs. Das sind spezielle Entwicklungen von Geräteherstellern, die unterhalb des OID `iso.org.dod.internet.private.enterprises` (in Zahlen `1.3.6.1.4.1`, siehe Abbildung 7.1) bei der IANA registriert werden können.

Wer die MIB-Datei eines Herstellers auf den Rechner lädt und bei der Abfrage mit angibt, kann statt der kryptischen Zahlenreihen sprechende Bezeichner zur Ansprache der OIDs nutzen. Die SNMP-Tools suchen zusätzliche MIBs in den Verzeichnissen `/usr/share/snmp/mibs/` und `/usr/local/share/snmp/mibs/`.

Beim Schreiben eigener Munin-Plugins empfiehlt es sich, die Objekte rein über ihre OID anzusprechen, damit sie auch ohne die MIB-Datei funktionieren. Ein Kommentar, der die sprechenden Namen aufführt und einen Link auf die Downloadseite der MIB-Datei angibt, ist gerade dann sehr hilfreich.[3]

[3] Ein Beispiel finden Sie im Kapitel 9.4.3 auf Seite 200.

7.2 SNMP-Abfragen mit Munin

SNMP-Plugins rufen, anders als die konventionellen Plugins, kein lokal installiertes Programm auf, um Daten zu ermitteln, sondern setzen den entsprechenden SNMP-Befehl zur Abfrage eines Werts über das Netzwerk ab. Man installiert sie auf einem beliebigen Rechner, der das SNMP-fähige Gerät erreicht.

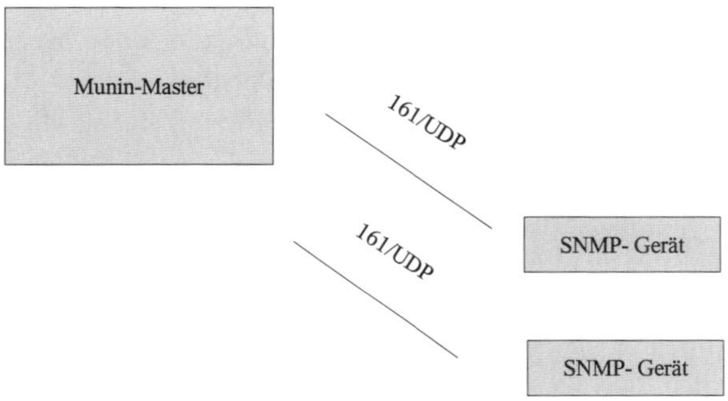

Abbildung 7.2: Zugriff auf SNMP-Geräte

Solange keine Firewalls den Zugriff erschweren, bietet sich der Munin-Master-Rechner selbst an (Abbildung 7.2). Sollte dies wegen einer Firewall nicht möglich sein, installiert man die Munin-Node-Software kurzerhand auf einem Rechner innerhalb derselben DMZ und fragt das Gerät von dort aus ab (Abbildung 7.3, siehe dazu auch Anhang A ab Seite 275).

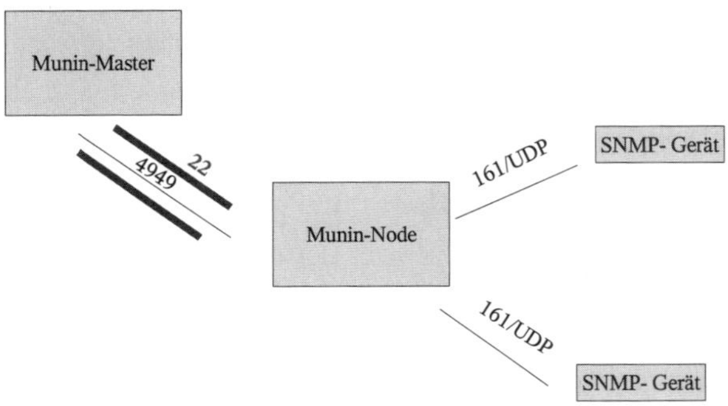

Abbildung 7.3: Netzwerk mit Firewall

7.3 Sicherheitsabwägungen

Das Thema SNMP polarisiert. Viele sehen darin ein großes Sicherheitsproblem (*Security is Not My Problem*), was insbesondere für die SNMP-Version 1 gilt. Bei dieser frühen Version lassen sich Benutzernamen und Passworte nur im Klartext übertragen. SNMP-Stacks älterer Geräte sind häufig nicht gerade sorgfältig programmiert, so dass es leicht ist, sie per *Denial-of-Service*-(DoS-)Angriff lahmzulegen, zum Absturz oder gar unter eigene Kontrolle zu bringen.

Die aktuelle Version 3 verhält sich dank einiger Sicherheitsmechanismen (z. B. der Verschlüsselungsmöglichkeit) sehr viel robuster, allerdings ist Verschlüsselung nicht überall aktiviert, und auf vielen Geräten laufen noch die Klartext-Versionen 1 oder 2c.

Andererseits hilft SNMP, Computer und beliebige andere Geräte über das Netzwerk fernzubedienen. Da es im Munin-Kontext um die reine *Abfrage* von Daten geht, muss man sich über das Thema Sicherheit hier nicht soviele Gedanken machen. Schließlich kommunizieren auch Munin-Master und Munin-Node in der Regel nur über eine leicht mitzulesende TCP-Kommunikation. Meist stehen die interessierenden Daten der Community `public` zur Verfügung. Kennt man den Namen dieser Community, sind keine weiteren Benutzernamen und Passwörter notwendig.

Damit die mitgelieferten SNMP-Plugins funktionieren, muss das Perl-Modul `Net::SNMP` installiert sein.

7.4 Die Tool-Sammlung Net-SNMP

Um Informationen über SNMP-Geräte zu ermitteln, setzt man im Vorfeld das Kommandozeilenprogramm `snmpwalk` aus dem Net-SNMP-Paket ein. Dieses ist nicht nur in allen Linux-Distributionen und den freien BSD-Varianten enthalten, sondern lässt sich auf jedem Unix einsetzen. Windows-Nutzer finden auf der Projektseite[4] auch Binärdateien für ihr Betriebssystem. Darüber hinaus stellt das CPAN Perl-Module zur Verfügung, die die entsprechenden Funktionen in Perlskripten nutzbar machen. Der Befehl `snmpwalk` kann mit normalen Userrechten gestartet werden.

Zum Net-SNMP-Paket gehören je nach Distribution MIB-Dateien, die zumindest die öffentlichen MIBs abdecken. Verwendet eines Ihrer SNMP-fähigen Geräte eine private MIB, liefert der Hersteller in der Regel eine eigene MIB-Datei mit, die nach `/usr/share/snmp/mibs` oder ein anderes, distributionsabhängiges Verzeichnis kopiert werden muss.

Der ständige Aufruf von `snmpwalk` dauert aber viel zu lange und belastet das SNMP-Gerät zu sehr, als dass sich das Programm für die Einzelabfrage in Munin-Plugins eignete. Schließlich ist der Prozessor in einem SNMP-fähigen Gerät nur selten dafür ausgelegt, ständig den ganzen MIB-Baum zu durchsuchen und via SNMP zum anfragenden Rechner zu schicken. Dieser Prozess kann je nach Leistungsfähigkeit des Geräts und Umfang

[4] `http://net-snmp.sourceforge.net/`

des MIB-Baums einige Minuten dauern. In dieser Zeit bleibt der SNMP-Implementation kaum Kapazität übrig, um Konfigurationen vorzunehmen oder bei Problemen Warnungen abzusetzen.

Hier hat `snmpget` seinen Auftritt. Statt den ganzen MIB-Baum des Geräts zu durchsuchen, will dieses Programm beim Aufruf per Parameter wissen, welchen einzigen Wert es abfragen soll. Dies geht schnell und schont die Ressourcen des SNMP-Geräts.

7.5 Mitgelieferte SNMP-Plugins

Derzeit bringt der Munin-Node SNMP-Plugins für folgende Abfragen mit:

- `snmp__if_` ermittelt den Netzwerkdurchsatz.
- `snmp__if_err_` zählt die Paketfehler im Netzwerk.
- `snmp__sensors__fan` ermittelt die Lüfterdrehzahl.
- `snmp__sensors_*_temp` misst die Temperatur.
- `snmp__sensors_*_volt` ermittelt Netzteilspannungen.
- `snmp__load` überwacht die Systemlast.
- `snmp__processes` ermittelt die Anzahl der laufenden Prozesse.
- `snmp__users` ermittelt die Anzahl der eingeloggten Benutzer.
- `snmp__df` überwacht die Plattenbelegung.

7.5.1 Service-Links ermitteln

Munin bringt mit `munin-node-configure-snmp` ein spezielles Werkzeug zur Konfiguration von SNMP-Plugins mit. Dessen direkter Aufruf empfiehlt sich allerdings nicht – besser fahren Sie mit den SNMP-Optionen von `munin-node-configure`.[5]

So gibt man den Hostnamen des SNMP-fähigen Geräts (der im folgenden Beispiel überwachte Switch heißt `switch.example.net`) mit der Option `--snmp` *`hostname`* an. Welche SNMP-Version zum Einsatz kommt, legt man mit `--snmpversion` *`version`* fest (`switch.example.net` reagiert auf Anfragen via SNMP 1). Standardmäßig nutzt Munin die SNMP-Version 2c.

5 Weitere Fähigkeiten dieses nützlichen Werkzeugs sind in Kapitel 4.3 ab Seite 69 beschrieben.

Die Community für Read-Only-Abfragen ist meist auf `public` gesetzt. Sofern Sie mit der Option `--snmpcommunity` *`community`* nichts anderes festlegen, bedient sich Munin automatisch dieses Namens.[6]

Die Option `--shell`, die Sie bei anderen Plugins angeben müssen, damit `munin-node-configure` fertige Kommandos ausspuckt, brauchen Sie bei SNMP-Plugins nicht. Hier ist die Ausgabe der Kommandoliste der Normalfall:

```
node: # munin-node-configure --snmp switch.example.net --snmpversion 1
ln -s /opt/munin/lib/plugins/snmp__if_err_ /etc/opt/munin/plugins/snmp_s
witch.example.net_if_err_1
ln -s /opt/munin/lib/plugins/snmp__if_err_ /etc/opt/munin/plugins/snmp_s
witch.example.net_if_err_2
ln -s /opt/munin/lib/plugins/snmp__if_err_ /etc/opt/munin/plugins/snmp_s
witch.example.net_if_err_3
ln -s /opt/munin/lib/plugins/snmp__if_err_ /etc/opt/munin/plugins/snmp_s
witch.example.net_if_err_4
ln -s /opt/munin/lib/plugins/snmp__if_ /etc/opt/munin/plugins/snmp_switc
h.example.net_if_1
ln -s /opt/munin/lib/plugins/snmp__if_ /etc/opt/munin/plugins/snmp_switc
h.example.net_if_2
ln -s /opt/munin/lib/plugins/snmp__if_ /etc/opt/munin/plugins/snmp_switc
h.example.net_if_3
ln -s /opt/munin/lib/plugins/snmp__if_ /etc/opt/munin/plugins/snmp_switc
h.example.net_if_4
```

`munin-node-configure-snmp` erkennt nicht immer alle Ports eines Switches. So fehlen in diesem Beispiel jene Ports, an denen zum Abfragezeitpunkt kein Gerät angeschlossen oder dieses ausgeschaltet war. In Zweifelsfällen trägt der Befehl `snmpwalk` zur Klärung bei.

Prüfen Sie `munin-node-configures` Vorschläge[7] und entscheiden Sie, welche der angegebenen Kommandos Sie ausführen wollen, um damit die symbolischen Links im Service-Verzeichnis zu erstellen. Nach einem Neustart des Munin-Node lassen sich die ergänzten Plugins abfragen. In die Überwachung einbezogen werden sie erst, wenn auch die Konfigurationsdatei `munin.conf` des Munin-Masters einen entsprechenden Host in der Gliederung aufführt.

Hier ein Beispiel für besagten Switch, der auf dem Munin-Server selbst über die IP des `localhosts`, `127.0.0.1`, abgefragt wird. Diese IP-Adresse verwirrt in der graphischen Anzeige, deswegen setzen Sie `use_node_name` auf `no`. Damit verwendet das Webinterface die in eckigen Klammern angegebenene Bezeichnung als Name des Nodes. Dieser muss zwingend mit dem im Service-Link angegebenen Rechnernamen übereinstimmen:[8]

[6] Wie Sie bei Bedarf den Zugriff über eine eigene Community einrichten, erfahren Sie in Kapitel 7.5.2 auf Seite 161.

[7] Nehmen Sie bei Bedarf das Datenblatt des Geräts zu Hilfe!

[8] Über die Direktive `host_name` können Sie den Host in der Plugin-Konfiguration bei Bedarf umbenennen und damit vom Service-Link abweichende Hostnamen vergeben.

```
[switch.example.net]
    address 127.0.0.1
    use_node_name no
```

Befindet sich das SNMP-Gerät in einer demilitarisierten Zone (DMZ, siehe Anhang A ab Seite 275), muss sich die Munin-Instanz, die Daten von diesem Gerät abfragt, ebenfalls in dieser DMZ befinden. In der Konfiguration des Munin-Servers taucht dann zusätzlich zur IP 127.0.0.1 der Port des SSH-Tunnels auf, der zum Munin-Node in der DMZ führt:

```
[switch.example.net]
    address 127.0.0.1
    port 5031
    use_node_name no
```

Greift der Munin-Master in der gezeigten Konfiguration auf Port 5031 des Nodes `switch.example.net` zu, kommt er am Tunnelende an dessen Port 4949 heraus.

Wie bei anderen Plugins auch können Sie für SNMP-basierte Plugins in der Datei `/etc/opt/munin/plugin-conf.d/munin-node` von den Vorgaben abweichende Einstellungen vornehmen. Gerade für langsame Geräte ist es sinnvoll, den Parameter `timeout` zu erhöhen.

Um ihn für das Plugin `snmp_load`, das nach `snmp_switch.example.org_load` verlinkt, auf 120 Sekunden zu verlängern tragen Sie folgenden neuen Abschnitt ein:

```
[snmp_switch.example.org_load]
timeout 120
```

7.5.2 SNMP-Community individuell setzen

Mit dem Parameter `--snmpcommunity` *`community`* gibt man `munin-node -configure` die SNMP-Community vor. Sie ist per Default auf `public` gesetzt, die übliche Community für den Lesezugriff. Erlauben Sie nur einer speziellen Community das Auslesen der relevanten Daten, statten Sie den Suchlauf mit entsprechender Kennung aus:

```
node: # munin-node-configure --snmp switch.example.net --snmpcommunity \
switchcZ1
[...]
```

Damit der Zugriff auch im nicht-interaktiven Dauerbetrieb funktioniert, müssen die Zugangsdaten allerdings in der Plugin-Konfiguration hinterlegt werden. Munin sieht dafür im SNMP-Kontext eine eigene Umgebungsvariable `community` vor. Bauen Sie zu diesem Zweck in Ihre Konfigurationsdatei munin-node einen Abschnitt wie den folgenden ein[9] oder erstellen Sie eine eigene Datei (z. B. snmp-conf) im Verzeichnis plugin-conf.d, die die Konfiguration Ihrer SNMP-Plugins aufnimmt und auf die Sie nur dem User root Zugriff gewähren:

```
[snmp_switch.example.net*]
env.community "switchcZ1"
```

7.5.3 Speziellen SNMP-Port nutzen

SNMP-Plugins erlauben die Angabe einer speziellen, vom Standard 161 abweichenden Portnummer. Zwei Wege führen zum Ziel: Zum Einen können Sie die Umgebungsvariable port in der Plugin-Konfigurationsdatei im Verzeichnis plugin-conf.d entsprechend setzen:

```
[snmp_switch.example.net*]
env.port Portnummer
```

Zum Anderen lässt sich der Port im Service-Link spezifizieren. Hier wird die Portnummer (im folgenden Beispiel 162), durch Doppelpunkt abgetrennt, an den Namen des Host angehängt:

```
node: # ln -s /opt/munin/lib/plugins/snmp__if_ \
/etc/opt/munin/plugins/snmp_switch.example.net:162_if_1
```

Beim Suchlauf mit munin-node-configure gibt man sie nach demselben Schema an:

```
node: # munin-node-configure --snmp switch.example.net:162
[...]
```

7.5.4 SNMP-Host in der Plugin-Konfiguration vorgeben

Ein SNMP-Plugin liest den Hostnamen aus dem Service-Link des Plugins heraus. Wenn dies nicht gelingt, bricht es mit einer Fehlermeldung ab.

Durch Belegung der Umgebungsvariablen host in der Plugin-Konfiguration kann der Name des Host vorab gesetzt werden. Die Einstellung wirkt sich nur in Fällen aus, in denen das Parsen des Service-Links nicht gelingt:

```
[snmp_switch.example.net*]
env.host switch.example.net
```

9 Eine Anleitung zur Plugin-Konfiguration geben wir im Kapitel 4.4 ab Seite 73.

Kapitel 8

Windows-Rechner überwachen

In der Fremde erfährt man, was die Heimat wert ist, und liebt sie dann um so mehr.

Ernst Wiechert

Möchten Sie mit Munin Windows-Rechner monitoren, haben Sie die Wahl zwischen einer schnellen Lösung mit einigen Einschränkungen der Flexibilität und aufwändigeren SNMP-Abfragen, die im Ergebnis jedoch kaum Wünsche offen lassen.

8.1 Per `munin-node.exe`

Mit `munin-node.exe` existiert ein Programm, das alles enthält, was man benötigt, um einen Windows-Rechner ins Monitoring einzubinden: Überwachungsfunktionen, einen Daemon, der auf dem TCP-Port 4949 Anfragen eines Munin-Masters beantwortet, sowie eine Installationsroutine, die das Programm als Service startet.

Das Programm wird nicht von den Munin-Entwicklern gepflegt, es handelt sich um ein separates Projekt, das auf Sourceforge gehostet wird.[1] Den Downloadlink finden Sie auch im Munin-Wiki.[2]

Entpacken Sie das dort erhältliche `zip`-Archiv `munin-node-win32.zip` in der aktuellen Version herunter und kopieren Sie die Datei `munin-node.exe` aus dem Unterverzeichnis `Release` in ein beliebiges Verzeichnis (z. B. nach `C:\WINDOWS\SYSTEM32\`). Rufen Sie nun in einem DOS-Konsolenfenster `munin-node.exe -install` auf. Dieser Befehl startet den Installationsprozess und macht den `munin-node` dem Betriebssystem bekannt, so dass er bei jedem Systemstart mitstartet.

Kontrollieren und verändern lässt sich Letzteres in der Systemsteuerung unter **Verwaltung | Dienste**, wo man den neuen Dienst **Munin-Node** finden sollte. Damit ist Port 4949 für Anfragen offen.

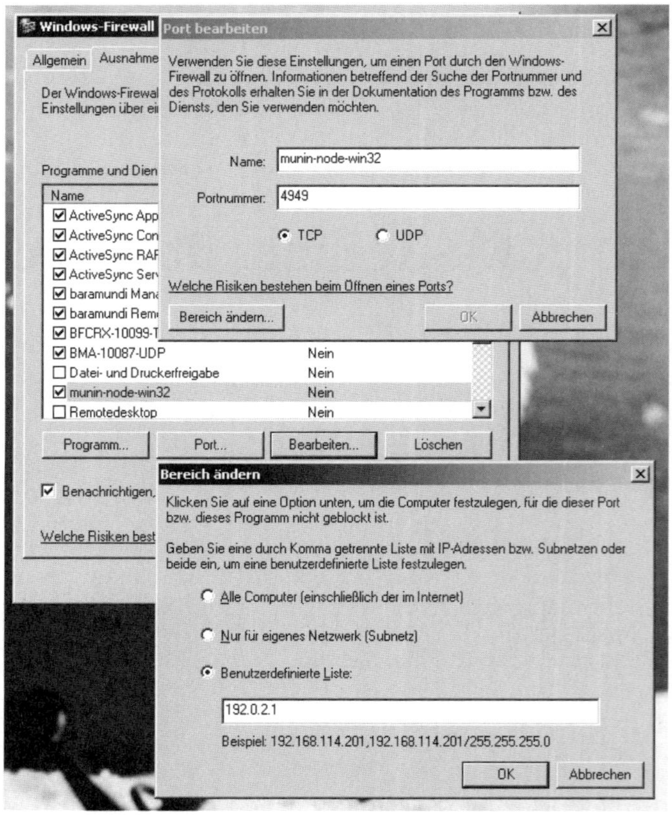

Abbildung 8.1: Port 4949 speziell für den Munin-Master öffnen

[1] `http://sourceforge.net/project/showfiles.php?group_id=81838`
[2] `http://munin.projects.linpro.no/wiki/HowToMonitorWindows`

Wenn Sie als sicherheitsbewusster Anwender die Windows-Firewall aktiviert haben, müssen Sie eine Ausnahme definieren, die dem Munin-Master den Zugriff auf diesen Port erlaubt. Öffnen Sie dazu die Konfigurationsoberfläche unter **Einstellungen | Windows Firewall** und wählen Sie den Reiter **Ausnahmen** (Abbildung 8.1) aus. Über den Button **Port...** legen Sie die Ausnahme fest, indem Sie im Feld **Portnummer** 4949 eintragen, **Bereich ändern...** wählen und in diesem Dialog die IP-Adresse Ihres Munin-Masters im Feld **Benutzerdefinierte Liste:** angeben. Damit sorgen Sie für ein Mehr an Sicherheit, da die Windows-Firewall Zugriffe auf diesen Port von jeder anderen IP-Adresse als der des Munin-Masters unterbindet.

`munin-node.exe` selbst lässt sich durch das Fehlen jeglicher Konfigurationsmöglichkeiten allerdings nicht die eigenen Bedürfnissen anpassen. Einmal installiert, monitort es die gefundenen Komponenten und stellt die Daten jedem beliebigen Rechner an Port 4949 zur Verfügung. Zugriffsschutz im Netzwerk muss die Windows-eigene Firewall gewähren, etwa indem man eine Ausnahme definiert, die nur Computern aus der eigenen Subdomäne Zugriff auf Port 4949 gewährt.

Derzeit überwacht `munin-node.exe` die Plattenbelegung, den Durchsatz jeder einzelnen Netzwerkschnittstelle, die Anzahl der Prozesse und Threads, die Temperatur der Festplatte, die Speicherauslastung sowie die Uptime.

Das Zusammenspiel mit einem weiteren Programm, dem Motherboard-Monitor, erlaubt zudem die Überwachung der Gehäusetemperatur, der Prozessorgeschwindigkeit, der Umdrehungsgeschwindigkeit des Lüfters sowie aller Netzteilspannungen. Der Motherboard-Monitor beobachtet Leistungsdaten ihm bekannter Motherboards; `munin-node.exe` fragt diese Werte ab und stellt sie dem Munin-Master zur Verfügung.

Dieses Vorgehen ist etwas unbefriedigend, denn der Motherboard-Monitor kann nur Daten jener Mainboards liefern, die er auch unterstützt. Erschwerend kommt hinzu, dass die Entwicklung dieser Software 2004 eingestellt wurde und somit nur Boards erkannt werden, die vorher produziert wurden. Die letzte Version 5.3.7.0 erhalten Sie von `http://motherboard-monitor.softonic.de/`.

Gelingt es Ihnen nicht, dem Motherboard-Monitor vernünftige Werte zu entlocken, sorgen Sie mit der Option `update` in der Master-seitigen Konfigurationsdatei `munin.conf` dafür, dass die entsprechenden Parameter nicht überwacht werden. Die vier Dienste, die mit Hilfe des Motherboard-Monitors erfasst werden, tragen das Präfix `mbm` im Namen:

```
[workstation.example.net]
    address workstation.example.net
    use_node_name yes
    mbm.update no
    mbm_volt.update no
    mbm_fan.update no
    mbm_cpu.update no
```

Diese Einstellungen verhindern jedoch nur, dass der Node die entsprechenden Werte abfragt, die jeweiligen (dann leeren) Graphen erscheinen dennoch.

Abbildung 8.2 zeigt ein von `munin-node.exe` überwachtes Netzwerk-Interface. Da sich die Namen der Netzwerkschnittstellen unter Windows frei festlegen lassen, gestaltet sich die Zuordnung der Graphen zu den einzelnen Schnittstellen etwas schwierig: Die Diagramme tragen nämlich keine Bezeichnung.

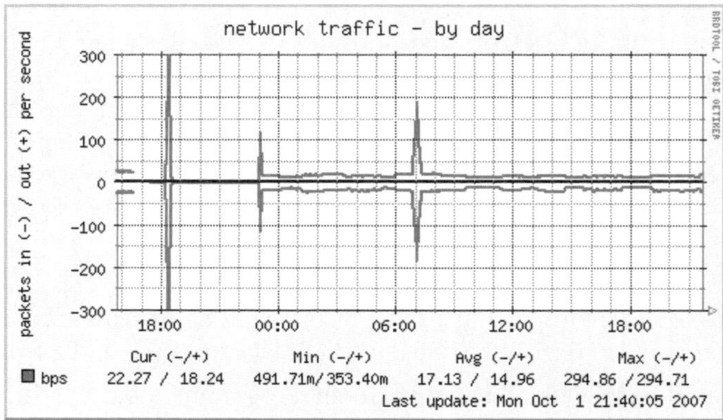

Abbildung 8.2: Die Netzwerkinterfaces unter Windows tragen keine Bezeichnung

Erfreulicherweise gibt es von `munin-node.exe` die vollständigen Programmquellen. Wer einen C++-Compiler unter Windows benutzen mag, kann das Programm daher selbst übersetzen. Als Compiler reicht das kostenlos von Microsoft verfügbare Visual C++.[3]

Auf manchen Installationen verhält sich `munin-node.exe` etwas sperrig: Trotz des `quit`-Befehls des Masters nach Abfrage aller Werte bleibt die Netzwerkverbindung offen. So bleibt es dem Master überlassen eine solche Verbindung nach einigen Minuten zu beenden. Die Ursache für dieses Verhalten ließ sich nicht ermitteln. Glücklicherweise bremst es den Fetchlauf nicht aus, da der Munin-Master viele Nodes parallel abfragt.

8.2 Per SNMP

Kapitel 7 ab Seite 155 beschreibt, wie sich Daten mit einem speziellen Munin-Node per SNMP abfragen lassen. Da auch Windows SNMP unterstützt, bietet es sich an, darauf zu setzen.

Zur Installation der SNMP-Komponenten benötigen Sie die Windows-Installations-CD. Rufen Sie in der Systemsteuerung den Punkt **Software | Win-**

[3] `http://msdn.microsoft.com/vstudio/express/visualc/default.aspx`

dows-Komponenten hinzufügen auf und klicken Sie den Unterpunkt **Verwaltungs- und Überwachungsprogramme** doppelt an. Daraufhin öffnet sich ein weiteres Fenster, das die Auswahl von **SNMP** erlaubt. Den Punkt **WMI**[4] können Sie ignorieren, denn Munin unterstützt dieses Protokoll nicht, basiert es doch auf OLE,[5] das einzig in der Windowswelt existiert.

Nach der Installation sollte der **SNMP-Dienst** in der Systemsteuerung unter **Verwaltung | Dienste** als **automatisch** markiert sein. Den **SNMP-Trap-Dienst**, der im Fehlerfall SNMP-Meldungen per SNMP verschickt, benötigen Sie für den Betrieb von Munin nicht, dieser sollte nur manuell, nicht automatisch gestartet werden.

Falls die Netzwerkstruktur es zulässt, finden die SNMP-Plugins auf dem Munin-Master ihren Platz, was wiederum voraussetzt, dass dort die SNMP-Module für Perl installiert sind.

Zuerst gilt es herauszufinden, welche von Munin verwertbaren Daten der Rechner via SNMP liefert. Diese Aufgabe übernimmt das Perlskript `munin-node-configure-snmp` auf dem Munin-Master dabei. Mit dem zu überwachenden Rechner als Option gestartet, ermittelt es die per SNMP abfragbaren Parameter und liefert die `ln`-Befehle, die man ausführt, um die passenden symbolischen Links anzulegen:

```
master: # munin-node-configure-snmp workstation.example.net
ln -s /opt/munin/lib/plugins/snmp__df /etc/opt/munin/plugins/snmp_workst
ation.example.net_df
ln -s /opt/munin/lib/plugins/snmp__if_err_ /etc/opt/munin/plugins/snmp_w
orkstation.example.net_if_err_2
ln -s /opt/munin/lib/plugins/snmp__if_err_ /etc/opt/munin/plugins/snmp_w
orkstation.example.net_if_err_3
ln -s /opt/munin/lib/plugins/snmp__if_err_ /etc/opt/munin/plugins/snmp_w
orkstation.example.net_if_err_65541
ln -s /opt/munin/lib/plugins/snmp__if_ /etc/opt/munin/plugins/snmp_works
tation.example.net_if_2
ln -s /opt/munin/lib/plugins/snmp__if_ /etc/opt/munin/plugins/snmp_works
tation.example.net_if_3
ln -s /opt/munin/lib/plugins/snmp__if_ /etc/opt/munin/plugins/snmp_works
tation.example.net_if_65541
ln -s /opt/munin/lib/plugins/snmp__processes /etc/opt/munin/plugins/snmp
_workstation.example.net_processes
ln -s /opt/munin/lib/plugins/snmp__users /etc/opt/munin/plugins/snmp_wor
kstation.example.net_users
```

Anschließend erweitert man die `/etc/opt/munin/munin.conf` um eine typische SNMP-Konfiguration:

4 Die Abkürzung steht für *Windows Management Instrumentation.*

5 *Object Linking and Embedding* ermöglicht die Zusammenarbeit unterschiedlicher Applikationen.

```
[workstation.example.net]
    address 127.0.0.1
    use_node_name no
```

Widerstehen Sie der Versuchung, einen Windows-PC via SNMP und gleichzeitig mit `munin-node.exe` zu monitoren: Es wird nicht funktionieren. Der Grund besteht schlicht darin, dass jeder Nodename nur einmalig verwendet werden kann. Ein `[workstation.example.net]`-Eintrag mit der IP-Adresse 127.0.0.1 für die SNMP-Abfragen und ein weiterer mit der *wahren* IP-Adresse des Windows-Rechners verbietet sich daher.

Auch wenn die Überwachung per SNMP wesentlich flexibler und zukunftssicherer ist als das etwas betagte `munin-node.exe`, lässt sie unter Umständen Wünsche offen. Falls Ihre Ansprüche an eine Überwachung von Windowsrechnern höher sind, müssen Sie Pionierarbeit leisten und eigene Methoden entwickeln. Erfolgversprechend ist ein eigenes Perlskript, das unter Windows ähnlich wie unter Unix einen Netzwerkdaemon bereitstellt und weitere Perlskripte als Plugins einbindet.

Kapitel 9

Eigene Plugins schreiben

Je weiser und mächtiger ein Meister ist,
um so unmittelbarer kommt sein Werk zustande,
und um so einfacher ist es.

Meister Eckhart

Obwohl bei der Installation des `munin-node`-Pakets bereits viele Plugins den Weg auf die Festplatte finden und die Austauschplattform *MuninExchange*[1] eine Fundgrube ist, decken die so erhältlichen Plugins nicht alle denkbaren Systemparameter ab. Tröstlich dabei: Eigene Module zu schreiben erfordert keine besonderen Fertigkeiten. Egal, in welcher Programmiersprache: Das Modul muss nichts wissen von Netzwerken, nichts von Mails, die im Fall von Grenzwertverletzungen verschickt werden sollen. Auch welche Munin-Version verwendet wird, braucht es nicht zu kümmern.

Es muss kaum mehr als eine oder auch mehrere Zahlen ausgeben, um den Rest kümmert sich Munin selbst. Ein solches Skript, im Zusammenspiel

1 `http://muninexchange.projects.linpro.no/`, siehe Kapitel 10 ab Seite 221.

mit Munin Plugin genannt, muss nicht einmal kontrollieren, von welchem Rechner aus die Werte abgefragt werden, denn auf für die Zugangskontrolle sorgt der Munin-Node.

9.1 Abschätzen des Aufwands

Ob das eigene Plugin ein Fünf-Zeilen-Skript ist oder aufwändig alle Zweifelsfälle des Rechnerbetriebs berücksichtigt, entscheiden Sie selbst anhand der zur Verfügung stehenden Zeit, Ihrer Fähigkeiten und der Relevanz, die dieses Plugin für Sie hat. Selbstverständlich wächst der Codeumfang mit der Anzahl der Verarbeitungsschritte, die notwendig sind, um einen Wert zu ermitteln.

Ist die Zahl, um die es letztlich geht, in einer Datei unterhalb von `/proc` zu finden, so hält sich der Aufwand in engen Grenzen. Müssen erst umfangreiche Berechungen, Vergleiche und Konvertierungen durchgeführt werden, steigt er entsprechend. Weitere Arbeit macht es, wenn das Skript von Haus aus unter mehreren Betriebssystemen funktionieren soll.

Ein Wildcard-Plugins, das je nach Name des symbolischen Links andere Werte ermittelt, bedeutet ebenfalls mehr Aufwand. Der zahlt sich aber bald aus, weil Sie statt mehrerer ähnlicher Skripte nur eines programmieren und warten müssen.

9.2 Aufbau eines Plugins

Jedes Plugin kennt mindestens zwei Methoden: Bei Aufruf mit der Option `config` teilt es seine Konfiguration mit. Die sagt aus, welche Daten es ermittelt und wie der Graph aussehen soll. Ohne Option aufgerufen liefert es seine Messwerte aus.

Wenn Ihr Plugin auch für andere Anwender interessant ist, lohnt es sich, darüber hinaus zusätzliche Methoden zu implementieren, die bei der Installation helfen. Mit der Option `autoconf` aufgerufen, ermittelt das Plugin, ob die Voraussetzungen für seinen Einsatz gegeben sind. Beim Aufruf mit der Option `suggest` gibt es Hinweise, welche Änderungen am System ggf. noch notwendig sind oder welche benötigte Software es nicht vorfindet.

All diese Optionen sind zwar nicht zwingend erforderlich, dürften aber die Verbreitung Ihres Plugins befördern. Denn mit `munin-node-configure`,[2] das sich diese zunutze macht, wird die Installation zum Kinderspiel.

Wie in Kapitel 4.3.2 ab Seite 71 gezeigt, teilen Munin-Entwickler die Plugins in Familien ein. Dabei ist entscheidend, wieweit das Plugin seine Ak-

[2] Kapitel 4.3 ab Seite 69 demonstriert den Umgang mit diesem Werkzeug.

tivierung automatisiert und ob es als Bestandteil der Munin-Distribution ausgeliefert wurde. Für Ersteres sorgen Sie, indem Sie die Aufrufparameter `autoconf` und `suggest` implementieren. Wenn Ihr Plugin gut strukturiert, dokumentiert und leicht konfigurierbar daherkommt, stehen die Chancen gut, dass es in die Distribution aufgenommen wird.[3] Es empfiehlt sich eine Abbildung 9.1 entsprechende Unterteilung in Funktionsblöcke, um den Code übersichtlich zu gestalten.

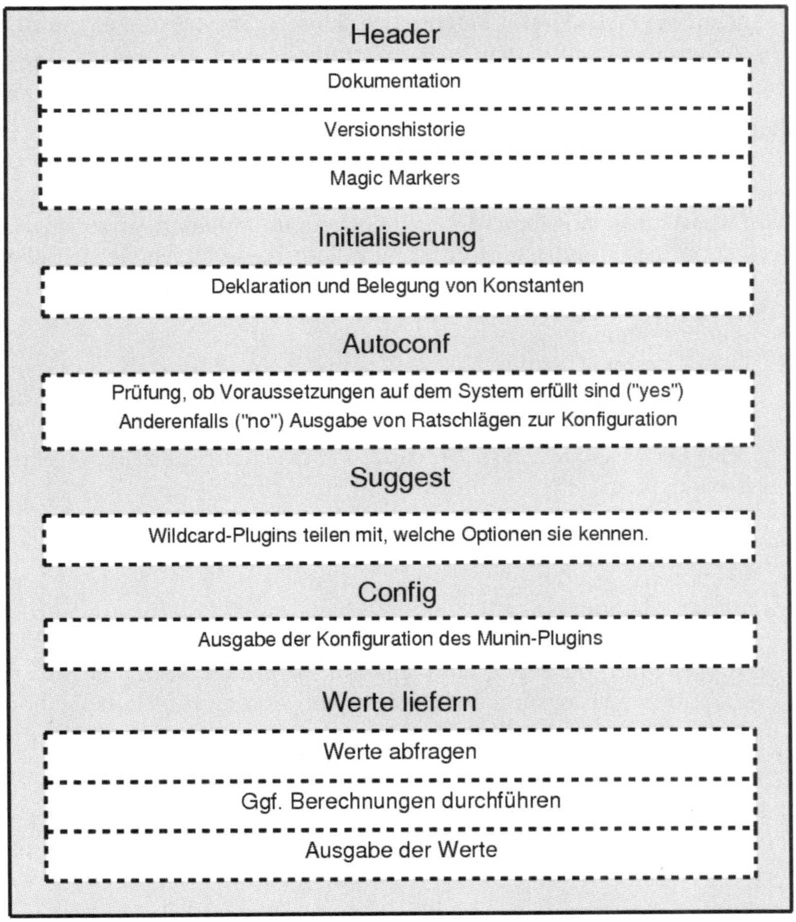

Abbildung 9.1: Die Funktionsblöcke eines Plugins

Der Header

Am Dateianfang beschreiben Sie klassischerweise in Form von Kommentaren die Aufgabe des Plugins sowie welche Voraussetzungen und

[3] Die Entwickler versprechen auf `http://muninexchange.projects.linpro.no/`, dass gestiftete Plugins Eingang in die Distribution finden.

welche Konfiguration systemseitig erforderlich sind. Eine Anleitung zur Einbindung des Plugins und ggf. eine Liste der Konfigurationsparameter samt Beschreibung gehört ebenfalls hierher. Wenn Sie das Plugin veröffentlichen, bringen Sie am besten konkrete Beispiele, die sich per Copy & Paste in die Konfigurationsdatei übertragen lassen. Das freut die Nutzer und erspart es Ihnen bzw. der Support-Mailingliste, Antwort auf triviale Rückfragen geben zu müssen.

Wenn Sie Ihr Plugin den neuen Dokumentationsrichtlinien entsprechend im POD-Format beschreiben, können Sie viele dieser Informationen aber auch in den Quellcode oder in einer gesonderten Dokumentationsdatei unterbringen.

Initialisierung
: Definieren und belegen Sie an dieser Stelle alle Konstanten und Variablen, auf die weitere Programmteile Bezug nehmen. Bringen Sie insbesondere Angaben, die Dritte ggf. an ihren Bedarf anpassen wollen, in diesem Abschnitt unter. Auf diese Weise lassen sie sich übersichtlich und einfach pflegen.

Die `autoconf`-Methode
: Dieser Codeteil ist optional. Er kommt beim Aufruf mit der Option `autoconf` zum Einsatz und prüft, ob die Voraussetzungen für den Einsatz des Plugins auf dem Rechner gegeben sind. Seine Existenz zeigt der Magic Marker `#%# capabilities=autoconf` im Quelltext des Plugin an.

Implementationsbeispiele für die `autoconf`-Methode geben wir in Kapitel 9.3.5 ab Seite 186.

Die `suggest`-Methode
: Auch dieser Block ist optional. Er dient der Konfiguration von Wildcard-Plugins. Mit der Option `suggest` aufgerufen, ermitteln sie, welche Überwachungsfunktionen auf dem System eine Entsprechung finden. Die Ausgabe führt diese als Liste auf. Im Falle des Wildcard-Plugins `if_` enthält sie die Netzwerkinterfaces, die es überwachen kann:

```
node: # /opt/munin/lib/plugins/if_ suggest
eth0
eth1
```

Nähere Ausführungen finden Sie beim Programmbeispiel auf Seite 187.

Die `config`-Methode
: Das Plugin legt seine grundsätzlichen Eigenschaften offen, wenn es mit der Option `config` aufgerufen wird. Dies geschieht vor jeder Datenabfrage durch den Munin-Node. Dabei nimmt das Plugin Bezug

auf globale und datenspezifische Attribute, die im Anhang ab Seite 295 aufgeführt und erläutert sind. Das einfache Plugin `uptime` genügt hier den Minimalanforderungen und gibt den Titel des Graphen, Skalierungshinweise (siehe Seite 296), die Skalen- und Grafikbeschriftungen und den Typ des Graphen (siehe Seite 300) aus:

```
node: # /etc/opt/munin/plugins/uptime config
graph_title Uptime
graph_args --base 1000 -l 0
graph_vlabel uptime in days
uptime.label uptime
uptime.draw AREA
```

Werte liefern
: Dieser Block ermittelt die Messwerte in Form einer oder mehrerer Zahlen. Bei einem Shellskript besteht er aus einer Aneinanderreihung von Kommandozeilenkommandos. Die gewonnenen Werte legt man in Variablen ab und verarbeitet deren Inhalte ggf. weiter. Abschließend folgen ein oder mehrere Ausgabebefehle (`echo` bzw. `printf`), deren Argumente Munin als Datenpunkte darstellen soll.

9.3 Shellskripte

Shellskripte sind im Unixumfeld zuhause. Zwar gelten sie nicht ganz zu Unrecht als langsam und wenig flexibel, doch ist die Hürde zum Einstieg in die Shellprogrammierung gering, denn die angewandten Befehle sind aus der alltäglichen Administrationspraxis bestens bekannt. Darum sei an dieser Stelle anhand eines Shellskripts demonstriert, wie man erste Plugins schreibt. Wer mit den in der Shellprogrammierung benutzten Arbeitsmitteln gut vertraut ist, kann auf Seite 178 vorblättern, wo es in *medias res* geht.

9.3.1 Nützliche Helferlein

Obwohl die `bash` und auch bereits die einfache `/bin/sh` viele eingebaute Funktionen besitzt, mit denen sich einfache Berechnungen durchführen, Bedingungen prüfen oder Schleifen durchlaufen lassen, gibt es eine Handvoll externer Programme, die bei der Programmierung eines Munin-Plugins gute Dienste leisten. Auch wenn alle Möglichkeiten aufzuzeigen den Rahmen dieses Buchs zu sprengen hieße, stellen wir auf den nächsten Seiten Programme und Optionen vor, die im Zusammenhang mit Munin häufig eingesetzt werden.

Textteile herausschneiden mit cut

Wann immer es gilt, einen bestimmten Abschnitt aus einem Text herauszufiltern, ist `cut` das Programm der Wahl. Welchen Teil der Zeile der Befehl ausschneidet, hängt von der gewählten Option ab: Man definiert ihn entweder durch seine Positition in Bytes oder Zeichen ab dem Zeilenanfang oder als Inhalt der n-ten Spalte mit selbst festgelegten Spaltentrennern (siehe Tabelle 9.1).

Angenommen, Sie möchten die Nachkommastellen einer Zahl abschneiden. Dann betrachten Sie den Dezimalpunkt als Trennzeichen (`-d "."`) und lassen `cut` den Teil davor – also den Inhalt der ersten Spalte (`-f1`) in einer von Punkten getrennten „Tabelle" – ermitteln:

```
user@master:> echo 3.14159 | cut -d "." -f1
3
```

Besteht die zu bearbeitende Ausgabe aus mehreren Zahlen, von denen Sie immer derselbe Teil interessiert, können Sie mehrere `cut`-Aufrufe kombinieren:

```
user@master:> echo 3.14159 1.234  2.71828 | cut -d "." -f3 | cut \
-d " " -f2
2
```

Tabelle 9.1: Optionen für den cut-Befehl

Flag	Beschreibung
`-b` *`bereich`*/ `--bytes=`*`bereich`*	Nur die genannten Bytes ausgeben. Als *`bereich`* kann eine einzelne Stelle (2) genauso dienen wie eine Von-bis-Angabe (2-4) oder eine Liste (2,3,4).
`-c` *`bereich`*/ `--characters=bereich`	Wie `-b`, nur dass sich die Angaben nicht auf Bytes, sondern auf Zeichen beziehen. Bei 8-Bit-Zeichensätzen wie ISO-8859-15 (Latin 1) ist ein Zeichen genau ein Byte groß.
`-d "`*`trennzeichen`*`"`/ `--delimiter=`*`trennzeichen`*	Benutzt das angegebene Trennzeichen als Spaltentrenner für `-f`.
`-f` *`bereich`*/ `--fields=`*`bereich`*	Nur den Inhalt der als Bereich angegebenen Spalten sowie alle Zeilen ausgeben, die den Spaltentrenner *nicht* enthalten. Verlangt man die Ausgabe mehrerer Felder, zeigt `cut` diese mit dem Trennzeichen voneinander abgetrennt an.

Fortsetzung:

Flag	Beschreibung
`-s/--only-delimited`	Unterdrückt in Kombination mit `-f` Zeilen, die das Trennzeichen nicht enthalten.
`--output-delimiter="string"`	Nutzt die Zeichenkette *string*, um die mit `-f` ausgegebenen Spalten voneinander zu trennen.

Berechnungen durchführen mit bc

Auf den ersten Blick scheint bc lediglich ein Taschenrechner für die Kommandozeile zu sein. Betrachtet man das Programm genauer, entpuppt es sich jedoch als umfassende Programmiersprache für mathematische Probleme.

Das Programm lässt sich zwar interaktiv benutzen; in Skripten spielt es seine Stärken jedoch nichtinteraktiv aus. Die Anweisungen für mathematische Operatoren kommen wahlweise aus einer Datei oder von STDIN.

Mit bc lassen sich selbstverständlich die Grundrechenarten nutzen, wobei selbst komplexe Klammerausdrücke möglich sind. Ist höhere Mathematik (z. B. Trignonometrie, Logarithmen oder Exponentialfunktionen) oder sind Nachkommastellen gefragt, bindet man beim bc-Aufruf die mathematische Library mit dem Schalter `--mathlib` oder `-l` ein. Zwei Zahlen addiert man nichtinteraktiv folgendermaßen:

```
user@master:> echo 1+2 | bc
3
```

Etwas Aufmerksamkeit gilt Zeichen, die für die Shell eine besondere Bedeutung haben, beispielsweise dem Stern (*) zur Multiplikation. Der Befehl `echo 1 * 1 | bc` funktioniert so nicht, da die Shell den Stern als Wildcard behandelt und durch alle Dateinamen im aktuellen Verzeichnis ersetzt. Deswegen ist es *Best Practice*, alle Operationen in Anführungszeichen zu setzen: `echo "1 * 1" | bc`.

Selbstverständlich lassen sich Variablen nutzen, Schleifen programmieren, Arrays definieren und Vergleiche durchführen. Um zu sehen was bc alles beherrscht und wo die Grenzen liegen, lohnt ein Blick in die Manpage. Für Munin-Plugins benötigt man selten mehr als die simple Anwendung der Grundrechenarten.

Suchen mit `grep`

Mit `grep` durchsuchen Sie Texte Zeile für Zeile nach einem Suchbegriff. Dieser kann aus einem oder auch mehreren Wörtern bestehen. Auch ist es möglich, nach einem regulären Ausdruck zu suchen. Der zu durchsuchende Text kann in einer Datei stehen oder von STDIN kommen.

Findet `grep` das Suchmuster, gibt es die ganze Zeile, die es enthält, auf STDOUT aus. Der Returncode (gespeichert in der Umgebungsvariablen `$?`) ist bei erfolgreichen Suchen `0`. Wird das Suchmuster nicht gefunden, kehrt `grep` mit dem Rückgabewert 1 in die Shell zurück.

Neben der Grundversion von `grep` gibt es erweiterte Versionen, die u. a. besonders umfassend mit regulären Ausdrücken umgehen können. GNU-`grep` enthält die Funktionalität von `egrep` und `fgrep` in seinem Binary, man schaltet sie mit der Option `-E` bzw. `-F` zu. Die wichtigsten Optionen für den Gebrauch in Munin-Skripten stellt Tabelle 9.2 vor.

Tabelle 9.2: Wichtige Schalter für `grep`

Flag	Bedeutung
`-v`	Kehrt das Suchkriterium um. Mit dieser Option versehen gibt `grep` alle Zeilen aus, die den Suchbegriff *nicht* enthalten.
`-i`	Ignoriert Groß- und Kleinschreibung.
`-A` *`anzahl`* / `--after-context=`*`anzahl`*	Gibt außer der Zeile, die das Suchmuster enthält, auch noch die *`anzahl`* folgenden Zeilen aus.
`-B` *`anzahl`* / `--before-context=`*`anzahl`*	Legt die *`anzahl`* Zeilen fest, die *vor* der Zeile, die das Suchmuster enthält, ausgegeben werden.
`-c` / `--count`	Gibt nicht die Zeilen aus, die das Suchmuster enthalten, sondern nur deren Anzahl.

Texte manipulieren mit `sed`

Sollen in einem Text bestimmte Bereiche geändert werden, kommt `sed`, ein sogenannter *Streaming Editor* (zu deutsch *nicht-interaktive Textbearbeitung*) zum Einsatz. Die Aktionen von `sed` werden von Kommandos gesteuert, die dem Programm entweder beim Aufruf als Option oder von einer Steuerdatei bekanntgegeben werden.

`sed` kennt viele Optionen, die im Zusammenhang mit Munin nicht benötigt werden, daher seien im Folgenden nur die relevanten genannt:

- s ersetzt ein Muster durch ein anderes:

  ```
  user@master:> echo 123.123.123 | sed s/23/45/
  145.123.123
  ```

  Ergänzt um das Suffix g ersetzt das Kommando alle Vorkommen des Musters in der Zeile:

  ```
  user@master:> echo 123.123.123 | sed s/23/45/g
  145.145.145
  ```

- y ersetzt ein einzelnes Zeichen durch ein anderes. So tauschen Sie beispielsweise ein Komma durch einen Dezimalpunkt aus:

  ```
  user@master:> echo 10,000,000 | sed y/,/./
  10.000.000
  ```

Am häufigsten werden Sie `sed` nutzen, um einzelne Zeichen oder Wörter zu ersetzen. Praktische Anwendung findet das Werkzeug in den SNMP-Plugins, wenn es gilt, den Rechnernamen aus der Bezeichnung des Service-Links herauszulesen, oder in Wildcard-Plugins. Dort nutzt man `sed`, um die tatsächliche Überwachungsaufgabe zu ermitteln. Dazu ersetzt man den Teil vor dem Namen der zu überwachenden Netzwerkkarte mitsamt des trennenden Unterstrichs durch *nichts*. Übrig bleibt der variable Teil des Linknamens – aus `if_eth0` wird `eth0`:

```
basename $0 | sed 's/^if_//g'
```

Allgemeingültiger und somit ohne Anpassungen für alle Wildcard-Plugins nutzbar ist folgende Variante, bei der man alle Zeichen einschließlich des letzten Unterstrichs wegfallen lässt:

```
basename $0 | sed 's/.\*_//g'
```

Textmuster verarbeiten mit awk

Ähnlich wie die bisher vorgestellten Programme bringt auch `awk`[4] eine eigene mächtige Programmiersprache mit. Wie `grep` verarbeiten `awk` bzw. die GNU-Variante `gawk` Textmuster.

Zu jedem Suchmuster lässt sich in geschweiften Klammern ein Befehl angeben, der ausgeführt wird, wenn `awk` den Suchbegriff findet. Wie es sich für eine ausgereifte Programmiersprache gehört, kennt dieses Werkzeug Variablen, Vergleiche, Funktionen und Schleifen.

In Munin-Plugins filtert man mit `awk` meistens aus einer Kette von Werten den richtigen heraus, hier den ersten Eintrag aus `/proc/uptime`:

4 Der ungewöhnliche Name `awk` setzt sich aus den ersten Buchstaben der Nachnamen der Entwickler zusammen: Alfred V. Aho, Peter J. Weinberger und Brian W. Kernighan.

```
user@master:> awk '{ printf "uptime.value " $1 }' < /proc/uptime
uptime.value 22720918.89
```

9.3.2 Ein erstes Plugin

Es gibt Plugins, die aus nicht mehr als fünf Zeilen bestehen, sowie wahre Funktionsmonster, die Seite um Seite Daten verarbeiten und schließlich doch nur einen einzigen Zahlenwert ausgeben. Ihr erstes Skript darf ruhig etwas einfacher ausfallen. Ideal ist es, wenn Sie beim ersten Programmierversuch eine Vorstellung davon haben, wie die Kurve im Graphen verlaufen wird.

Als erstes Beispiel in diesem Buch bietet sich darum eine Sinuswelle an. Zugegeben, niemand wird mit Munin aufzeichnen, wie ein Datenpunkt zwischen -1 und 1 hin und her schwingt, doch eignen sich einfache trigonometrische Funktionen gut als Beispiel, weil sie es erlauben, den Blick auf die Programmierung des Plugins zu richten, ohne sich von realen Messwerten und echten Problemen den Blick verstellen zu lassen.

Als Datenquelle, die die Zahl liefert, aus denen der Sinus berechnet werden soll, nutzen wir die *Time Epoch*, also die Zahl der Sekunden, die aktuell seit dem 01. Januar 1970 vergangen sind. Sie lässt sich auf freien und auch einigen kommerziellen Unixsystemen mit `date` ermitteln.[5] Die Berechnung des Sinus aus dieser Zahl übernimmt `bc`:

```
S=`date +%s | cut -b 1-8`
SIN=`echo "s (($S/100))" | bc -l`
```

`date` gibt aufgrund der Formatvorgabe `%s` die Anzahl der seit Anbeginn der Unix-Zeitrechnung vergangenen Sekunden aus. Das sich anschließende `cut -b 1-8` sorgt dafür, dass nur die ersten acht Stellen dieser zehnstelligen Zahl Verwendung finden, der Rest wird verworfen. Damit ändert sich der Wert alle 100 Sekunden. Daraus ergeben sich fast 200 Wellen pro Tag. Bedenkt man, dass jeder Tag aus genau 288 Datenpunkten besteht, wäre unsere Sinuswelle kaum mehr als eine wilde Anhäufung von Punkten. Um einen gemächlichen Kurvenverlauf mit knapp zwei Sinuswellen pro Tag zu erhalten, dividieren wir daher durch 100.[6] Der passende Sinuswert steckt nun in der Variablen `SIN`.

Auf Munins Seite gehört zu jeder Kurve bzw. Datenquelle ein Datenfeld, dem die Werte zugewiesen werden. Dessen Bezeichnung können Sie sich

5 Unterstützt `date` auf Ihrem System die Ausgabe der Time Epoch nicht, können Sie sich mit `S='perl -e 'print time''` behelfen.

6 Nehmen Sie diese Zahlenspielchen bitte nicht allzu ernst: Es geht nur darum, eine Kurve zu berechnen, die sich gut darstellen lässt.

selbst ausdenken, sofern Sie folgende Regeln beachten:[7] Sie darf bis zu 19 Zeichen lang sein und neben den Klein- und Großbuchstaben von A bis Z sowie den Ziffern von 0 bis 9 auch den Unterstrich enthalten. Das erste Zeichen darf keine Ziffer sein. Wir nennen das Datenfeld `sinus`. Der folgende `echo`-Befehl weist Munin an, dem Attribut `value` dieser Datenquelle einen Wert zuzuweisen:

```
echo sinus.value $SIN
```

Weitere Attribute wären beispielsweise ein Label (anzusprechen als `sinus.label`) oder die Art der Darstellung (`sinus.draw`). Soll die Grafik mehrere Kurven enthalten, muss das Plugin entsprechend viele Datenfelder deklarieren, diese mit Eigenschaften versehen und Werten belegen. Feldname und zugehöriges Attribut trennt dabei immer ein Punkt.

Anders verhält es sich mit Bezeichnern, die von einem Unterstrich getrennt sind: Diese beziehen sich auf den Graphen selbst und sind deswegen nur einmal pro Plugin auszugeben. Beispiele hierfür sind `graph_vlabel` oder `graph_title`, die die Beschriftung der vertikalen Achse und der Grafik selbst festlegen. Die Bedeutung der einzelnen Plugin-Attribute lesen Sie auf Seite 295 nach. Dieses dreizeilige Skript mag puristisch wirken, ist jedoch nahezu vollständig.

Der Rest des Codes dient dazu, Eigenschaften der grafischen Darstellung festzulegen, die das Plugin beim Aufruf mit der `config`-Option kennen muss. Hier sind das die Beschriftung der Y-Achse (`graph_vlabel`), die Bezeichnung der Messgröße in der Legende (`sinus.label`) und der Titel, den der Graph erhalten soll (`graph_title`):[8]

```
    graph_title Trigonometrie
    graph_vlabel sin(x)
    sinus.label sinus
```

Attribute wie `graph_title` und `graph_vlabel`, die einen Unterstrich im Namen tragen, haben globalen Charakter, gelten also für den ganzen Graphen und kommen in jeder Plugin-Konfiguration nur einmalig vor. Attribute mit einem Punkt als Trennzeichen beziehen sich auf einzelne Datenquellen. Damit können sie mehrfach – einmal für jede Datenquelle – in der Konfiguration erscheinen. Tabelle 9.3 beschreibt alle im Skript verwendeten und in in Abbildung 9.2 demonstrierten Attribute. Auf Seite 295 finden Sie alle erlaubten Attribute ausführlich beschrieben.

7 Das Munin-Wiki führt die Regeln zur Bezeichnung von Datenfeldern unter `http://munin.projects.linpro.no/wiki/notes_on_datasource_names` auf.

8 Detaillierte Ausführungen zu den verschiedenen Plugin-Attributen finden Sie im Anhang ab Seite 295.

Abbildung 9.2: Attribute

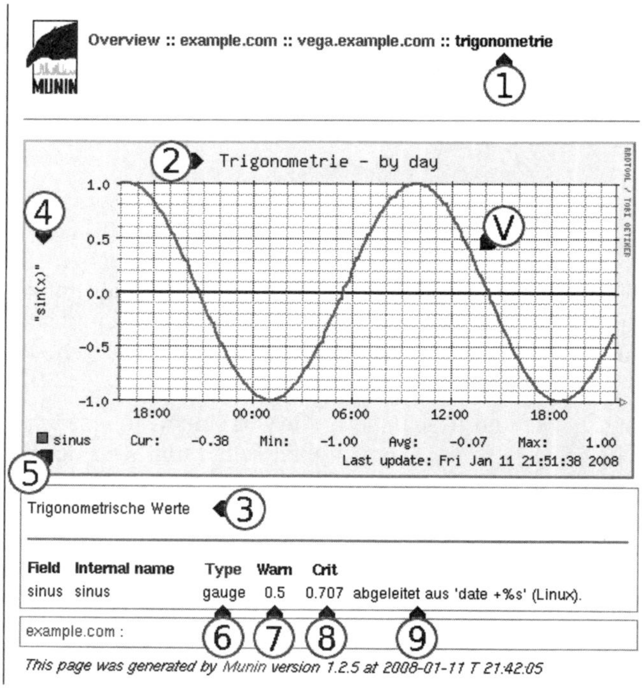

Tabelle 9.3: In Abbildung 9.2 markierte Attribute

Nr.	Attribut	Wirkung	Bezugspunkt	Pflicht?
1	-	Name des Plugins auf dem Host	pro Grafik	–
2	`graph_title`	Überschrift des Graphen	pro Grafik	ja
3	`graph_info`	Beschreibungstext zum Plugin als Ganzes	pro Grafik	nein
4	`graph_vlabel`	vertikale Achsenbeschriftung	pro Grafik	nein
–[9]	`graph_category`	Klassifizierung der Kategorie	pro Grafik	nein
5	`sinus.label`	Legendentext unter der Grafik	pro Kurve	ja
6	`sinus.type`	Datentyp des Feldes	pro Kurve	nein

Fortsetzung:

Nr.	Attribut	Wirkung	Bezugspunkt	Pflicht?
7	`sinus.warning`	Warnschwelle	pro Kurve	nein
8	`sinus.critical`	Kritischer Schwellwert	pro Kurve	nein
9	`sinus.info`	Beschreibung der Datenquelle	pro Kurve	nein
V	`sinus.value`	Die Kurve selbst	pro Kurve	ja

Der Programmcode des Plugins sieht damit so aus:

```
#!/bin/sh

if [ "$1" = "config" ] ; then
    echo graph_title Trigonometrie
    echo 'graph_vlabel "sin(x)"'
    echo sinus.label sinus
else
    S=`date +%s | cut -b 1-8`
    SIN=`echo 's (($S/100))' | bc -l`
    echo sinus.value $SIN
fi
```

Was dem Plugin noch fehlt, ist ein Header, der die grundlegende Nutzung dokumentiert. Funktionsfähig ist es allerdings auch ohne diese zusätzlichen, teilweise auch von Munin selbst ausgewerteten Informationen (siehe dazu Seite 71 ff.).

Speichern Sie den Code in einer Datei namens `sinus` und kopieren Sie diese ins Plugin-Verzeichnis des Munin-Nodes, `/opt/munin/lib/plugins/`. Damit das Plugin auch ausgeführt wird, verlinken Sie im Konfigurationsverzeichnis `/etc/opt/munin/plugins/` und starten den Munin-Node neu:

```
master: # ln -s /opt/munin/lib/plugins/sinus \
/etc/opt/munin/plugins/sinus
master: # /etc/init.d/munin-node restart
```

Selbstverständlich lässt sich das Skript erweitern. Gerade in der `config`-Ausgabe (siehe Seite 172) lassen sich noch mehr Angaben unterbringen, etwa Schwellwerte festlegen:

```
echo 'sinus.warning -0.5:0.5'
echo 'sinus.critical 0.707'
```

9 In der abgebildeten Detailansicht nicht zu sehen.

Bei Erreichen, Über- oder Unterschreiten dieser Grenzwerte wendet der Munin-Master vordefinierte Regeln an (siehe hierzu Seite 96). Unterschreitet der Wert für den Sinus die definierte Grenze von `-0.5`, wird ebenso gewarnt wie beim Überschreiten des oberen Grenzwerts `0.5`.

9.3.3 Mehrere Kurven in einem Graphen

Oft reicht ein Graph, um mehrere Werte anzuzeigen, etwa wenn man die Belegung des Dateisystems auf verschiedenen Partitionen oder die Temperatur verschiedener Festplatten visualisieren will.

Auch das Beispielplugin zur Darstellung des Sinus hat Potential für eine zweite Kurve: Warum nicht ergänzend den Cosinus darstellen (Abbildung 9.3)? Das ist durch Ergänzung eines weiteren Berechnungsschritts und einer Ausgabezeile im `else`-Zweig des Skripte von Seite 181 schnell geschehen:

```
[...]
else
    S=`date +%s | cut -b 1-8`
    SIN=`echo "s (($S/100))" | bc -l`
    echo sinus.value $SIN

    COS=`echo "c (($S/100))" | bc -l`
    echo cosinus.value $COS
fi
```

Abbildung 9.3: Zwei Kurven in einem Graphen

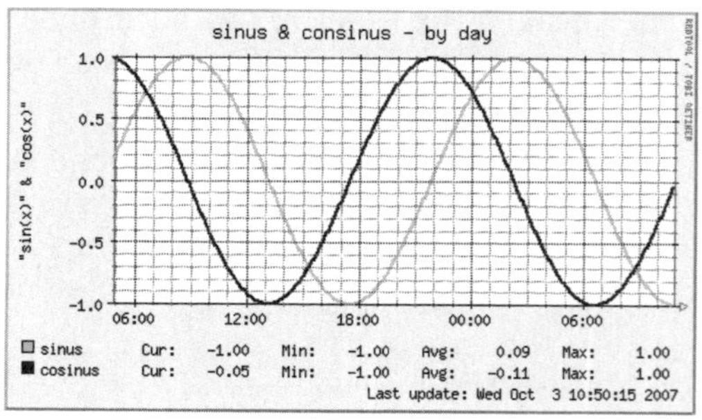

Zudem muss der `config`-Abschnitt um weitere `label`-Angaben und Grenzwerte erweitert werden:

```
echo 'cosinus.label cosinus'
echo 'cosinus.warning -0.5:0.5'
echo 'cosinus.critical -0.71:0.707'
echo "cosinus.info abgeleitet aus 'date +%s'."
```

Während die oberste Zeile das absolute Minimum an Angaben für ein Plugin darstellt, enthalten die Schwellen- und die `info`-Definitionen Informationen, die für den Betrieb nicht unbedingt benötigt werden. Der in info festgelegte Text erscheint lediglich in der vollständigen Ansicht mit allen vier Zeitbereichen. Abbildung 9.2 auf Seite 180 gibt eine Vorstellung davon.

9.3.4 Wildcard-Plugins

Manchmal lassen sich in eine Grafik beim besten Willen nicht noch mehr Kurven packen. Entweder wird die Sache sehr unübersichtlich oder sehr unterschiedliche Maximalwerte sorgen dafür, dass eine der Kurven ständig nahe der Nullline erscheint, während die andere an den oberen Rand der Grafik stößt. Versuchen Sie, sich die Kurve für das DSL-Interface ppp0 vorzustellen, wenn in derselben Grafik das 1 GBit schnelle Ethernetinterface dargestellt wird!

Dennoch reicht für die Darstellung aller vorhandenen Netzwerkschnittstellen ein einziges Plugin; es muss auf Linux-Systemen lediglich die vorhandenen Schnittstellen aus /proc/net/dev auslesen und jeweils in einer eigenen Grafik anzeigen. Deswegen erlaubt Munin es, den Dateinamen des symbolischen Links, der auf das Plugin zeigt, um die auszuführende Aufgabe zu erweitern. So lautet die Name des Symlinks, über den das Plugin if_ das Netzwerkinterface br0 überwacht, if_br0. Der entsprechende symbolische Link für eth0 heißt if_eth0. Beide Links zeigen jedoch auf das selbe Skript if_, das die Erweiterung erkennt und entsprechend reagiert.

Um beim Trigonometrie-Beispiel zu bleiben: Um so unterschiedliche Dinge wie Sinus und Cosinus auf der einen sowie den Tangens auf der anderen Seite darzustellen, reicht ein einziges Plugin. Dieses muss in der Lage sein, die einzelnen Kurven in unterschiedlichen Graphen darzustellen. Der Ordnung halber benennen wir das sinus-Plugin aus Kapitel 9.3.2 und 9.3.3 ab Seite 178 in trigonometrie_ um.

Dazu legen wir darauf im Konfigurationsverzeichnis /etc/opt/munin/plugins/ drei Links an, deren Name jeweils Bezug auf die gewünschte Funktion nimmt: trigonometrie_sinus, trigonometrie_cosinus und trigonometrie_tangens.

Das Skript selbst muss natürlich wissen, welchen Wert es ermitteln soll. Hier hilft der Befehl basename. Er liefert den Namen, mit dem das Skript aufgerufen wurde. Die anschließende Mustererkennung schneidet den Namensteil nach dem Unterstrich aus, der definitionsgemäß die gewünschte Funktion benennt:

```
FUNCTION=`basename $0 | sed 's/^trigonometrie_//g'`
```

Den Skriptnamen ermittelt das Skript zweckmäßigerweise gleich zu Beginn, denn vom darin kodierten Funktionsnamen hängt nicht nur ab, wie es die Werte berechnet, sondern auch was im Konfigurationsabschnitt aus dem case-Zweig passiert:

```
case "$FUNCTION" in
    sinus)
            echo graph_title Sinus
            echo 'graph_vlabel "sin(x)"'
            echo sinus.label sinus
        echo 'sinus.warning 0.5'
        echo 'sinus.critical 0.707'
        ;;
    cosinus)
            echo graph_title Cosinus
            echo 'graph_vlabel "cos(x)"'
            echo cosinus.label cosinus
        echo 'cosinus.warning 0.5'
        echo 'cosinus.critical 0.707'
        ;;
    tangens)
            echo graph_title Tangens
            echo 'graph_vlabel "tan(x)"'
            echo tangens.label sinus
        ;;
esac
```

Danach rufen wir innerhalb des `else`-Zweigs wie bisher `date` und `bc` auf und berechnen den gewünschten Funktionswert. Mit Hilfe eines weiteren `case`-Konstrukts sorgen wir dafür, dass das Skript nur die tasächlich gefragten Berechnungen ausführt:

```
FUNCTION=`basename $0 | sed 's/^trigonometrie_//g'`
S=`date +%s | cut -b 1-8`

case "$FUNCTION" in
    sinus)
        SIN=`echo "s (($S/100))" | bc -l`
        echo sinus.value $SIN
        ;;
    cosinus)
        COS=`echo "c (($S/100))" | bc -l`
        echo cosinus.value $COS
        ;;
    tangens)
        SIN=`echo "s (($S/100))" | bc -l`
        COS=`echo "c (($S/100))" | bc -l`
        TAN=`echo "$SIN/$COS" | bc -l`
        echo tangens.value $TAN
        ;;
esac
```

Nun, da das Skript auch inhaltlich umgestellt ist, fehlt nur noch der Neustart des `munin-node`.

Nach kurzer Zeit wird Ihnen auffallen, dass die Anzeige des Tangens sehr weit nach unten und oben ausschlägt, so dass die Grafik aus nahezu senkrechten Strichen besteht. Bei einem realen Plugin wird das kaum passieren, da sich die ermittelten Werten meist zwischen zwei Maxima bewegen, die das System begrenzt (z. B. durch die Geschwindigkeit der Netzwerkkarte). Der Tangens, der hier als Beispiel dient, reicht jedoch von minus bis plus Unendlich.

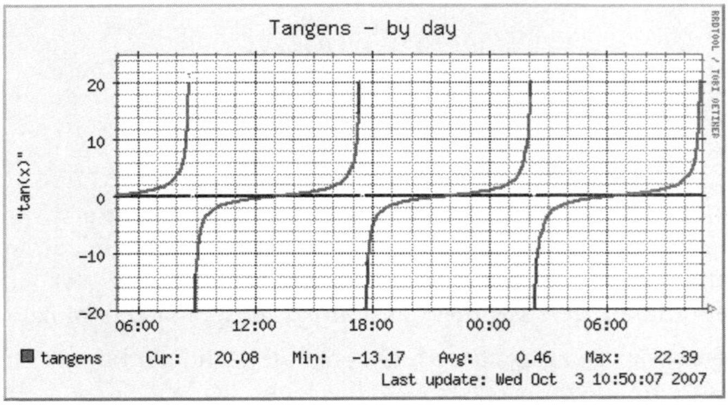

Abbildung 9.4: Eine Kurve eines Wildcard-Plugins

Perfektionisten werden den darzustellenden Bereich daher wie in Abbildung 9.4 etwa auf -20 bis +20 eingrenzen. Mathematisch ist das unsinnig und für ein Beispielskript auch nicht unbedingt notwendig. Aber das Auge freut sich über den ruhigen Verlauf der Beispielkurve, wenn die Ausgabe von Extremen unterdrückt wird:

```
tangens)
    SIN=`echo "s (($S/100))" | bc -l`
    COS=`echo "c (($S/100))" | bc -l`
    TAN=`echo "$SIN/$COS" | bc -l`
    if [ "`echo "$TAN > 20" | bc`" = "1" ] ; unset TAN ; fi
    if [ "`echo "$TAN > -20" | bc`" = "0" ] ; unset TAN ; fi
    echo tangens.value $TAN
```

Alternativ kann man Munin die Arbeit überlassen, allzu große oder zu sehr ins Negative gehende Werte zu verwerfen. Dazu legt man im `config`-Abschnitt des Skripts für jeden Wert einen Grenzwert fest:

```
    echo "tangens.min -5"
    echo "tangens.max 25"
```

Details zum Thema „Einschränken der angezeigten Wertebereiche“ finden Sie auf Seite 302.

9.3.5 Installationsunterstützung und Magic Markers

Das Trigonometrie-Skript erfüllt seinen Zweck. Wenn Sie ein solches Skript anderen zum Download anbieten, wird jedoch schnell deutlich: Nur Sie oder jemand, der den Quellcode liest, weiß, welche Service-Links auf dem Zielrechner anzulegen sind. Fragen potentieller Nutzer sind also unausweichlich. Um dem zuvorzukommen, gehört als Mindestdokumentation Ihre Mailadresse und eine entsprechende Anleitung in den Header des Plugins:

```
# Version 0.2
# ln -s /opt/munin/lib/plugins/sinus /etc/opt/munin/plugins/trigonometrie
# (C) Michael Renner <michael.renner@gmx.de>
```

Richtig glücklich machen Sie Ihre zukünftigen Nutzer aber erst, wenn das Konfigurationswerkzeug `munin-node-configure` das Plugin automatisiert einbindet. Dazu gilt es, die Optionen `autoconf` und `suggest` zu implementieren und auf deren Vorhandensein per Magic Markers hinzuweisen.

Diese werden im Quelltext des Plugins definiert und sind daran zu erkennen, dass sie mit dem Ausdruck `#%#` eingeleitet werden:

`#%# capabilities=autoconf`

Dieser Magic Marker verrät, dass das Plugin über die `autoconf`-Methode verfügt. Diese prüft, ob alle Voraussetzungen für einen Einsatz des Plugins auf dem Rechner gegeben sind und antwortet in dem Fall mit `yes`.

Im Fall unseres Trigonometrie-Skripts gehen wir davon aus, dass sich Sinus, Cosinus und Tangens auf allen (Unix-)Systemen wie gezeigt berechnen lassen. Die einfachste Antwort heißt also `yes` in allen Fällen und sieht als Shellskript geschrieben so aus:

```
if [ "$1" = "autoconf" ]; then
    echo yes
fi
```

Ein Beispiel, in dem wirklich etwas geprüft wird, liefert das Shellskript-Plugin `swap`:

```
if [ "$1" = "autoconf" ]; then
        if [ -r /proc/stat ]; then
                echo yes
                exit 0
        else
                echo no
                exit 1
        fi
fi
```

Das wünscht sich lesenden Zugriff auf die Datei `/proc/stat` und prüft hier, ob es den erhält. Die Antwort geht nach STDOUT und lautet `yes`, falls dem so ist. Wenn nicht (weil die auszuwertende Datei unterhalb `/proc` fehlt) heißt sie `no`.

Hilfreich ist ein zusätzlicher Hinweis in runden Klammern, der Anhaltspunkte bietet, was genau gesucht und nicht gefunden wurde. Mit gutem Beispiel voran geht etwa das Perl-Plugin `smart_`, das Festplatten mit den `smartmontools` überwacht:

```
if sys.argv[1]=="autoconf" :
  if os.path.exists(os.getenv('smartpath','/usr/sbin/smartctl')) :
      print('yes')
      sys.exit(0)
  else :
      print('no (smartmontools not found)')
      sys.exit(1)
```

Es schaut zunächst mit der Funktion `os.getenv`, ob die Umgebungsvariable `smartpath` gesetzt ist. Falls ja, prüft es mit der Funktion `os.path.exists`, ob der darin angegebene Pfad auf dem Rechner existiert. Wenn kein spezieller Pfad zu `smartctl` via Umgebungsvariable `smartpath` definiert ist, nimmt es an, dass das Programm unter `/usr/sbin/smartctl` zu finden sei. Ob es sich am entsprechenden Platz befindet, prüft `os.path.exists`. Schlägt der Existenztest fehl, gibt die `autoconf`-Methode `no` als Antwort aus, ergänzt um den Hinweis, dass die benötigten `smartmontools` nicht gefunden wurden.

`#%# capabilities=suggest`

Wildcard-Plugins bieten mehrere Funktionen in einem Skript. Die Entscheidung, welche zur Ausführung kommt, trifft es anhand des Namens des Links, der aufgerufen wird. Dieser Magic Marker verrät, dass das Plugin, wenn man es mit der Option `suggest` aufruft, eine Liste der Funktionen erstellt, die auf dem betreffenden System ausgeführt werden können.

Im Fall unseres Trigonometrie-Skripts können wir in diesem Fall ohne Prüfung der lokalen Gegebenheiten die komplette Liste der möglichen Funktionen – und damit Namenserweiterungen – aufführen, wenn wir davon ausgehen, dass die erforderliche Berechnungsfunktion überall vorhanden sei:

```
if [ "$1" = "suggest" ]; then
    echo sinus
    echo cosinus
    echo tangens
fi
```

Je nach Anwendung lässt sich die Ausgabe auch dynamisch ermitteln. Die mitgelieferten Plugins zur Netzwerküberwachung (`if_`, `if_err_`) verfahren so:

```
if [ "$1" = "suggest" ]; then
    if [ -r /proc/net/dev ]; then
        egrep '^ *(eth|wlan|ath|ra)[0-9]+:' /proc/net/dev | \
                    cut -f1 -d: | sed 's/ //g'
        exit 0
    else
        exit 1
    fi
fi
```

Bei Aufruf liefern sie eine Namensliste der Interfaces, die auf dem System überwacht werden können:

```
node:/opt/munin/lib/plugins/ #  if_ suggest
eth0
eth1
```

`#%# family=contrib`
Munin-Plugins werden bestimmten Familien[10] zugeordnet. Für Ihre selbst entwickelten Plugins setzen Sie den entsprechenden Marker wie oben angegeben auf `contrib`. Diese Familie ist gestifteten Plugins vorbehalten, die nicht Teil der Munin-Distribution sind. Den Support dafür leisten Sie persönlich. Denken Sie daher daran, eine entsprechende Kontaktadresse im Header anzugeben.

9.3.6 Installationsdetails auslesen

Seit Version 1.3 setzt der `munin-node` einige Umgebungsvariablen, die er an jedes Plugins beim Aufruf vererbt. Mit diesen Variablen können Sie in eigenen Skripten beispielsweise das Verzeichnis für temporäre Daten erfahren oder die Munin-Version – Tabelle 9.4 gibt einen Überblick.

Tabelle 9.4: Spezielle Umgebungsvariablen für Plugins

Umgebungsvariable	Inhalt	Vorgabe
`MUNIN_BASH`	Pfad zur Bash	`/bin/bash`
`MUNIN_PERL`	Pfad zum Perl-Interpreter	Wird bei der Installation ermittelt.
`MUNIN_PLUGSTATE`	Verzeichnis für temporäre Daten	Entspricht dem Parameter `PLUGSTATE` in `Makefile.conf`.

[10] Siehe Kapitel 4.3.2 ab Seite 71.

Fortsetzung:

Umgebungsvariable	Inhalt	Vorgabe
MUNIN_STATEDIR	Verzeichnis für PID-Files und Lock-Dateien	Entspricht dem Parameter STATEDIR in Makefile.conf.
MUNIN_PYTHON	Aufruf des Python-Interpreters	/usr/bin/env python
MUNIN_PLUGINUSER	Benutzer, der das Plugin ausführt	Entspricht dem Parameter PLUGIN USER in Makefile.conf.
MUNIN_LOGDIR	Logverzeichnis	Entspricht LOGDIR in Makefile.conf.
MUNIN_PERLLIB	Verzeichnis, das die Perlbibliotheken enthält	Wird bei der Installation ermittelt.
MUNIN_LIBDIR	Verzeichnis, das die Munin-Bibliotheken enthält	Entspricht LIBDIR in Makefile.conf.
MUNIN_HTMLDIR	Verzeichnis für die HTML-Dateien und Grafiken auf dem Munin-Master. Dass die Variable den auf dem Master tatsächlich verwendeten Wert angibt, setzt voraus, dass auf Master und Node ein inhaltsgleiches Makefile.conf verwendet wurde.	Entspricht HTMLDIR in Makefile.conf.
MUNIN_OSTYPE	Betriebssystem	Wird bei der Installation ermittelt.
MUNIN_BINDIR	Verzeichnis für munin-cron	Entspricht BINDIR in Makefile.conf.
MUNIN_GOODSH	Der Interpreter für Plugins, der in der obersten Zeilen nach dem *She-Bang* (#!) eingetragen wird. Er ersetzt den Platzhalter @@GOODSH@@, der im Auslieferungszustand an dieser Stelle in den mitgelieferten Shellskripten steht.	/bin/bash

Fortsetzung:

Umgebungsvariable	Inhalt	Vorgabe
MUNIN_HOSTNAME	Hostname	Wird bei der Installation ermittelt.
MUNIN_SBINDIR	Verzeichnis für munin-node, munin-node-configure und munin-run	Entspricht BINDIR in Makefile.conf.
MUNIN_VERSION	Die Munin-Version	–
MUNIN_DOCDIR	Dokumentationsverzeichnis	Entspricht DOCDIR in Makefile.conf.
MUNIN_CGIDIR	Verzeichnis, in dem auf dem Munin-Master die CGI-Variante von munin-graph, munin-cgi-graph, liegt	Entspricht CGIDIR in Makefile.conf.
MUNIN_MANDIR	Verzeichnis, das die Manpages enthält	Entspricht MANDIR in Makefile.conf.
MUNIN_DBDIR	Verzeichnis, das die RRD-Dateien enthält	Entspricht DBDIR in Makefile.conf.
MUNIN_CONFDIR	Das Konfigurationsverzeichnis	Entspricht CONFDIR in Makefile.conf.
MUNIN_GROUP	Benutzergruppe, mit deren Rechten der Munin-Master läuft	Entspricht GROUP in Makefile.conf.
MUNIN_USER	Benutzeraccount, mit dessen Rechten der Munin-Master läuft	Entspricht USER in Makefile.conf
MUNIN_PREFIX	Basispfad der Installation	Entspricht PREFIX in Makefile.conf.
MUNIN_MKTEMP	Der Befehl, der zum Erstellen temporärer Verzeichnisse genutzt wird	Wird bei der Installation vom Skript test-mktemp ermittelt.

Viele dieser Umgebungsvariablen werden bereits bei der Installation festgelegt. Um zu ermitteln, welche auf Ihrem Node gesetzt sind, sei zu einer etwas hemdsärmligen Methode geraten: Die Zeile `printenv > /tmp/env` am Ende eines beliebigen Plugins schreibt beim nächsten Aufruf alle Umgebungsvariablen in die Datei `/tmp/env`. Auf diesem etwas unkonventionellen Weg erfährt man recht schnell, welche Variablen die eingesetzte Munin-Version zur Verfügung stellt und was sie aktuell enthalten.

9.3.7 Statusinformationen über den Plugin-Lauf hinaus bewahren

Für manche Aufgaben ist es nützlich, wenn das Plugin einen Wert mit einem vorherigen vergleichen kann. Da Plugins jedoch nur kurze Zeit laufen und danach fünf Minuten bis zum nächsten Aufruf als Datei auf der Platte ruhen, sieht der Munin-Node ein Verzeichnis vor, in das Plugins beliebige Dateien schreiben dürfen.

Dieses – meist `/var/lib/munin/plugin-state` – lässt sich über die Umgebungsvariable `MUNIN_PLUGSTATE` ermitteln. Es gehört dem User `nobody` und der Gruppe `munin`. Wann immer Sie Daten von einem Pluginlauf zum nächsten Aufruf retten müssen, bietet es sich an, diese Werte in eine Datei in diesem Verzeichnis zu schreiben. Das Plugin kann sie dann beim nächsten Aufruf auslesen und entsprechend verarbeiten.

Angenommen, Sie werten den Inhalt einer schnell wachsenden Logdatei aus. Natürlich soll ein `munin-update`-Lauf nur die Zeilen auswerten, die seit der letzten Ausführung hinzu kamen. Sie könnten also am Ende jeder Auswertung die Anzahl der Zeilen in dieser Datei nach `/var/lib/munin/plugin-state/logfile` schreiben und bei jedem Pluginaufruf berücksichtigen.

Das folgende Plugin-Fragment überwacht die HTTP-Returncodes des Apache-Servers. Zuerst ermittelt es die aktuelle Zeilenzahl und verrechnet sie mit dem in `var/lib/munin/plugin-state/apache.state` gefundenen Wert:

```
APACHELOG=/var/log/apache/access.log
STATEFILE=$MUNIN_PLUGSTATE/apache.state
ZEILEN_JETZT=`wc -l $APACHELOG | awk '{ print $1 }'`
ZEILEN_VORMALS=`cat $STATEFILE`
ZEILEN_NEU=`echo $ZEILEN_JETZT - $ZEILEN_VORMALS | bc`
tail -$ZEILEN_NEU $APACHELOG | gawk '{ print $9 }' | uniq -c | while \
read count value ; do echo "HTTP_$value.value $count" ; done
wc -l $APACHELOG | awk '{ print $1 }' > $STATEFILE
```

Im Ergebnis enthält `ZEILEN_NEU` die Anzahl der neu hinzugekommenen Logeinträge. Diese gibt `tail` aus, und `gawk` holt an neunter Stelle den Returncode heraus.[11] `uniq -c` zählt, wie oft welcher Code vorkommt. Anschließend jongliert das Skript mit den Werten so lange, bis Munin ein Format vorfindet, das es speichern kann.

Abschließend ermittelt es die aktuelle Zeilenanzahl und vermerkt diese in der Statusdatei. Die Zahl bildet die Grundlage für die nächste Auswertung.

11 Je nach Logformat kann dieser an einer anderen Position stehen.

9.3.8 Umgebungsvariablen berücksichtigen

Mit dem Präfix `env.` versehene Variablen in Plugin-spezifischen Abschnitten der Datei `/etc/opt/munin/plugin-conf.d/munin-node` vererbt der Munin-Node beim Aufruf an das Plugin. Wie man diese berücksichtigt, schauen wir uns wieder am Beispiel des `trigonometrie`-Plugins an.

Statt im Skript durch Auskommentieren von Codezeilen zu bestimmen, ob der Sinus, der Cosinus oder der Tangens (oder Kombinationen davon) aufgezeichnet werden sollen, sollen Nutzer und Nutzerinnen dies im Abschnitt `[trigonometrie]` in der Datei `/etc/opt/munin/plugin-conf.d/munin-node` festlegen können:

```
[trigonometrie]
 env.sinus true
 env.cosinus false
 env.tangens true
```

Die drei Variablen `sinus`, `cosinus` und `tangens` exportiert der Munin-Node nun als ganz normale Umgebungsvariablen, so dass das Plugin darauf zugreifen kann, ohne die Datei selbst parsen zu müssen. Mittels `if`-Abfragen oder `case`-Konstrukten bestimmen deren Werte, welcher Codeteil ausgeführt wird:

```
if ["sinus" = "true" ] ; then echo sinus.value $SIN ; fi
if ["cosinus" = "true" ] ; then echo sinus.value $COS ; fi
if ["tangens" = "true" ] ; then echo sinus.value $TAN ; fi
```

Mit der obigen Konfiguration zeichnete Munin also die Sinus- und die Tangenskurve, nicht jedoch den Cosinus. Dies ließe sich mit einer einfachen Korrektur in `/etc/opt/munin/plugin-conf.d/munin-node` schnell ändern.

9.3.9 Saubere Feldnamen

Wie auf Seite 179 vermerkt, unterliegen die Namen der Datenfelder Einschränkungen. Ein wenig Aufmerksamkeit beim Programmieren vorausgesetzt, beschränkt man sich auf die Zeichen a-z, A-Z, 0-9 sowie den Unterstrich _ und begrenzt den Feldnamen auf maximal 19 Zeichen.

Unkontrollierbar wird die Sache, wenn das Plugin die Feldnamen automatisch generiert, indem es beispielsweise den Inhalt einer Datei ausliest und ihn in Abhängigkeit vom Dateiinhalts festlegt.

Ein schönes Beispiel für Bezeichnungen, die sich garantiert nicht alle als Feldname für Munin eignen, ist die Datei `/proc/modules`. Hier stehen in der ersten Spalte die Namen der in den Kernel geladenen Module. Diese können mit Ziffern beginnen (z. B. Module für 3Com-Netzwerkkarten) oder in Dateinamen erlaubte Sonderzeichen enthalten, die sich für Feldnamen verbieten.

Seit Version 1.3.3 bringt Munin das Skript `plugin.sh` mit, das sich in eigene Plugins einbinden lässt. Es prüft Feldnamen zur Laufzeit auf ihre Gültigkeit und passt sie ggf. an. Das Skript definiert die Funktion `clean_fieldname`, der man einen Feldnamen übergibt. Als Ergebnis gibt sie den bereinigten Feldnamen zurück. Der folgende Codeausschnitt aus dem `config`-Abschnitt demonstriert die Vorgehensweise am Beispiel von `/proc/modules`:

```
. $MUNIN_LIBDIR/plugins/plugin.sh
MODULE=`cat /proc/modules | gawk '{print $1}'`
for MODUL in $MODULE ; do
        fieldname=`clean_fieldname "$MODUL"`
        echo $fieldname.label $MODUL
[...]
done
```

Unter Umständen ergeben sich leicht entstellte Namen, jedoch keine, die Munin verwirft oder die die Software gar außer Tritt bringt.

9.3.10 Betriebssystemunabhängigkeit

Das auf Seite 139 beschriebene Plugin zum Überwachung der Netzwerkgeschwindigkeit wertet die erste Spalte der Datei `/proc/net/dev` aus, um Munin zu sagen, was es alles überwachen kann. Das funktioniert allerdings nur auf Linux-Systemen. Andere Betriebsysteme verwenden andere Mechanismen als das `proc`-Dateisystem für die Kommunikation zwischen dem Kernel und Anwenderprogrammen.

Soll ein selbst geschriebenes Plugin auf möglichst vielen Systemen funktionieren, muss man entweder mehrere, an verschiedene Betriebssystem angepasste Skripte erstellen oder ein generisches Plugin schreiben, das abhängig von `uname` betriebssystemabhängige Skriptteile verwendet.

Um es ehrlich zu sagen: Die wenigsten Munin-Plugins sind betriebssystemunabhängig. Selbst Trivialitäten wie die Ermittlung der Uptime oder das Anpingen eines anderen Rechners funktioniert auf jedem Unix etwas anders.

Nicht einmal das Trigonemetrie-Skript ist unabhängig vom Betriebssystem, da zumindest das zugrunde liegende `date +%s` nur auf freien Unix-Derivaten funktioniert, von kommerziellen Unix-Varianten jedoch nur selten unterstützt wird. Unter diesen Betriebssystemen muss die Anzahl der Sekunden seit dem 01. Januar 1970 entweder mit `perl -e 'print time() ,"\n"'` oder durch die Verwendung eines Debuggers ermittelt werden. Um die trigonomischen Kurven auf Linux, FreeBSD, Solaris und Irix darstellen zu können, ermittelt das Skript selbst das Betriebssystem und die Anzahl der Sekunden anschließend in unterschiedlichen, vom Betriebssystem abhängigen Sektionen. Die weitergehende Berechung kann – zumindest in diesem Beispielplugin – anschließend wieder unabhängig vom Betriebssystem geschehen. Damit das Ganze nicht zu unübersichtlich wird, beschränken wir uns im Folgenden wieder auf die Berechnung des Sinus und des Cosinus:

```
OS=`uname`
case "$OS" in
   Linux|FreeBSD)
      S=`date +%s | cut -b 1-8`
   ;;
   SunOS)
      S=`/usr/bin/truss /usr/bin/date 2>&1 | \
         /usr/bin/awk '/^time/ {print $NF}'`
   ;;
   IRIX)
      S=`par -sSSl /usr/bin/date | grep "time()" | cut -d "=" -f2 | \
         cut -b 1-8`
    ;;
esac
SIN=`echo "s (($S/100))" | bc -l`
COS=`echo "c (($S/100))" | bc -l`
echo sinus.value $SIN
echo cosinus.value $CON
```

Solaris entlockt man die Epoch-Time mit dem Debugwerkzeug `truss`. Unter Irix sieht die Situation ähnlich aus, jedoch kommt hier der Debugger `par` zum Einsatz. In beiden Debuggern ruft man das Programm `date` auf, das intern mit der Epoch-Time rechnet und nur nicht in der Lage ist, diese Zahl auszugeben. Andere Betriebssysteme erfordern unter Umständen andere Codeteile.

9.4 SNMP-Plugins

Das Spektrum technischer Daten, die sich über SNMP ermitteln lassen, ist wesentlich größer als das weitgehend standardisierter Server- und Desktop-Computer und schließt Daten von Rechnern ein, auf denen kein Munin-Node laufen kann. Hier muss man recht häufig ein speziell angepasstes Plugin für ein bestimmtes Gerät programmieren, das auf einem als Vermittler dienenden, anderen Rechner läuft.

Dieser Rechner fragt die Daten des Geräts per SNMP ab und reicht sie an den Munin-Master weiter. Im Feld `host_name`[12] teilt das Plugin den tat-

[12] Wie sich der Hostname nachträglich in der Munin-Node-Konfiguration ändern lässt, zeigt Kapitel 4.4.4 auf Seite 75.

sächlichen Urheber der Daten mit. Dadurch führt die Munin-Übersicht die Graphen beim gemeinten Host auf und nicht in der Rubrik des vermittelnden Rechners.

Ein SNMP-Plugin lässt sich nicht wesentlich schwerer programmieren als ein beliebiges anderes Plugin. Voraussetzung ist allerdings, dass auf dem Vermittler-Rechner Pakete wie das Perl-Modul `NET::SNMP` installiert sind. Wer mag kann statt Perl- auch Shellskripte erstellen, die die Net_SNMP-Tools[13] nutzen.

9.4.1 Aufbau eines SNMP-Plugins

Den grundsätzlichen Aufbau und die einzelnen Methoden eines Plugins haben wir bereits in Kapitel 9.2 ab Seite 170 beschrieben. Die dort gegebenen Empfehlungen zur Strukturierung gelten auch für SNMP-Plugins, mit zwei Ausnahmen: Statt der Methode `autoconf` gibt es hier die Methode `snmpconf`. Die Methode `suggest` entfällt ersatzlos. Abbildung 9.5 zeigt das entsprechend gekürzte Strukturdiagramm.

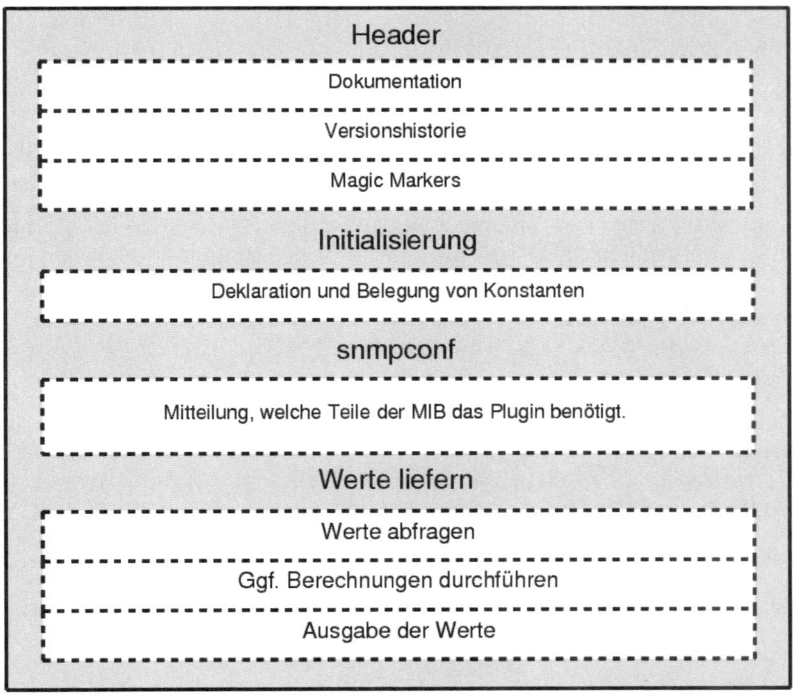

Abbildung 9.5: Die Funktionsblöcke eines SNMP-Plugins

13 `http://net-snmp.sourceforge.net/`

Die snmpconf-Methode

Bei Aufruf mit der Option snmpconf liefert das Plugin einen Katalog der gefragten MIB-Objekte und ggf. erwarteter Datenformate:

```
node: # /opt/munin/lib/plugins/snmp__users snmpconf
require 1.3.6.1.2.1.25.1.5.0 [0-9]
```

Der Magic Marker #%# capabilities=snmpconf zeigt an, wenn ein Plugin Auskunft über seinen MIB-Bedarf geben kann. Damit zählt es zur Familie snmpauto. Auch darauf weist mit #%# family=snmpauto entsprechender Magic Marker hin. Eine konkrete Implementation finden Sie im Kapitel 9.4.4. ab Seite 214.

9.4.2 Temperaturmessung

Ein Fall, wo die Munin-eigenen SNMP-Plugins nicht weiterhelfen, ist die Abfrage von Temperaturen.

Als Beispiel für die Entwicklung eines entsprechenden Plugins dient die Abfrage eines Thermometers mit zwei Sensoren, wie es oft zur Überwachung von Serverschränken eingesetzt wird, und zwar des *Web-Thermograph 2x* von W&T.

Die Dokumentation des Herstellers verrät, dass die private MIB dieses Geräts 1.3.6.1.4.1.5040 lautet. Die mitgelieferte MIB-Datei wurde unter /usr/share/snmp/mibs/an2graph_mib_125.mib abgelegt.

Damit wartet snmpwalk mit sprechenden Bezeichnern auf und listet bis ins letzte Detail auf, was das Gerät über sich verraten mag:

```
user@master:~> snmpwalk -m /usr/share/snmp/mibs/an2graph_mib_125.mib \
-v1 -c public 192.0.2.93 1.3.6.1.4.1.5040
WebGraph-2xThermometer-MIB::wtWebioAn2GraphSensors.0 = INTEGER: 2
[...]
WebGraph-2xThermometer-MIB::wtWebioAn2GraphAlarmMax.1 = STRING: "25.10"
WebGraph-2xThermometer-MIB::wtWebioAn2GraphAlarmMax.2 = STRING: "22.80"
[...]
WebGraph-2xThermometer-MIB::wtWebioAn2GraphTempValue.1 = STRING: " 39,9"
WebGraph-2xThermometer-MIB::wtWebioAn2GraphTempValue.2 = STRING: " 27,7"
WebGraph-2xThermometer-MIB::wtWebioAn2GraphBinaryTempValue.1 = INTEGER:
399
WebGraph-2xThermometer-MIB::wtWebioAn2GraphBinaryTempValue.2 = INTEGER:
277
[...]
WebGraph-2xThermometer-MIB::wtWebioAn2GraphPortName.1 = STRING: "Prozess
or"
WebGraph-2xThermometer-MIB::wtWebioAn2GraphPortName.2 = STRING: "Servers
chrank"
```

Die einzige wirkliche Mühe besteht nun darin, aus diesem ggf. seitenlangen Bericht die interessierenden Werte herauszusuchen. Die stark gekürzt wiedergegebene Ausgabe zeigt die Zeilen mit den Temperaturwerten sowie einige weitere, die im Plugin Verwendung finden können: Die beiden `WebGraph-2xThermometer-MIB::wtWebioAn2GraphPortName`-Objekte verraten die Namen der beiden Sensoren, während `WebGraph-2xThermometer-MIB::wtWebioAn2GraphAlarmMax.1` und `2` zwei Grenzwerte enthalten, die sich in die Munin-Konfiguration übernehmen lassen.

Sobald klar ist, welche OIDs für die Überwachung relevant sind, holt man sich die darin enthaltenen Werte im Skript gezielt mit `snmpget`, der Perl-Funktion `get_single` aus `Net::SNMP` oder einer passenden Subroutine in der Programmiersprache der Wahl:

```
user@master:~> snmpget -m /usr/share/snmp/mibs/an2graph_mib_125.mib \
-v1 -c public vega.example.net \
WebGraph-2xThermometer-MIB::wtWebioAn2GraphTempValue.1
WebGraph-2xThermometer-MIB::wtWebioAn2GraphTempValue.1 = STRING: " 40,2"
user@master:~> snmpget -m /usr/share/snmp/mibs/an2graph_mib_125.mib \
-v1 -c public vega.example.net \
WebGraph-2xThermometer-MIB::wtWebioAn2GraphTempValue.2
WebGraph-2xThermometer-MIB::wtWebioAn2GraphTempValue.2 = STRING: " 27,9"
user@master:~> snmpget -m /usr/share/snmp/mibs/an2graph_mib_125.mib \
-v1 -c public vega.example.net \
WebGraph-2xThermometer-MIB::wtWebioAn2GraphAlarmMax.1
WebGraph-2xThermometer-MIB::wtWebioAn2GraphAlarmMax.1 = STRING: "25.10"
user@master:~> snmpget -m /usr/share/snmp/mibs/an2graph_mib_125.mib \
-v1 -c public vega.example.net \
WebGraph-2xThermometer-MIB::wtWebioAn2GraphAlarmMax.2
WebGraph-2xThermometer-MIB::wtWebioAn2GraphAlarmMax.2 = STRING: "22.80"
user@master:~> snmpget -m /usr/share/snmp/mibs/an2graph_mib_125.mib \
-v1 -c public vega.example.net \
WebGraph-2xThermometer-MIB::wtWebioAn2GraphPortName.1
WebGraph-2xThermometer-MIB::wtWebioAn2GraphPortName.1 = STRING: "Prozess
or"
user@master:~> snmpget -m /usr/share/snmp/mibs/an2graph_mib_125.mib \
-v1 -c public vega.example.net \
WebGraph-2xThermometer-MIB::wtWebioAn2GraphPortName.2
WebGraph-2xThermometer-MIB::wtWebioAn2GraphPortName.2 = STRING: "Servers
chrank"
```

Im Initialisierungsteil des Skripts legt man wieder Variablen, die später den Aufruf verkürzen und Änderungen vereinfachen. Hier empfiehlt es sich zudem, die Kennung des SNMP-Gerätes aus dem Namen des symbolischen Links auszulesen und der Übersichtlichkeit halber die ständig wiederkehrenden Bestandteile des `snmpget`-Befehls in einer Variablen (hier `SNMPGET`) zu hinterlegen:

```
#!/bin/bash
#%# family=manual
```

```
COMMUNITY="public"
# Ein String für die Achsenbeschriftung:
graph_period="second"
SNMPCLIENT=`basename $0 | sed 's/^snmp_//g' | cut -d "_" -f1`
SNMPGET="/usr/bin/snmpget -m /usr/share/snmp/mibs/an2graph_mib_125.mib \
-v1 -c $COMMUNITY $SNMPCLIENT"
```

Die folgenden Codezeilen hängen vom abzufragenden Gerät und Ihrer eigenen Liebe zum Detail ab. So verrät das Webthermometer beispielsweise mit dem privaten MIB-Objekt `wtWebioAn2GraphSensors.0`, wie viele Sensoren angeschlossen sind. Eine elegante Fassung des Plugins nutzt eine entsprechende Schleifenkonstruktion, um alle vorhandenen Sensoren einbeziehen. Wer schneller zum Ziel kommen will und keine Veränderung der Konfiguration plant, schreibt eine einfache, wenig flexible Version wie die folgende.

Wie die normalen Plugins müssen auch SNMP-Plugins bei Aufruf mit der Option `config` ihre Konfiguration ausgeben.

```
if [ "$1" = "config" ]; then
  echo "host_name $SNMPCLIENT"
  echo 'graph_title Temperatur Arbeitszimmer'
  echo 'graph_category Other'
  echo 'graph_vlabel Temperatur mit PT100'
  echo 'graph_info Arbeitszimmer und Serverraum, Fenster meist offen, Ka
tze auf dem Hauptserver'
  echo 'graph_args --base 1000 -l 0'
  SENSOR_1_LABEL=`$SNMPGET WebGraph-2xThermometer-MIB::wtWebioAn2GraphPo
rtName.1 | sed s/.*STRING:// | sed s/\"//g`
  SENSOR_2_LABEL=`$SNMPGET WebGraph-2xThermometer-MIB::wtWebioAn2GraphPo
rtName.2 | sed s/.*STRING:// | sed s/\"//g`
  SENSOR_1_CRITICAL=`$SNMPGET WebGraph-2xThermometer-MIB::wtWebioAn2Grap
hAlarmMax.1 | sed s/.*STRING:// | sed s/\"//g`
  SENSOR_2_CRITICAL=`$SNMPGET WebGraph-2xThermometer-MIB::wtWebioAn2Grap
hAlarmMax.2 | sed s/.*STRING:// | sed s/\"//g`
  echo "Sensor_1.label $SENSOR_1_LABEL"
  echo "Sensor_2.label $SENSOR_2_LABEL"
  echo "Sensor_1.critical $SENSOR_1_CRITICAL"
  echo "Sensor_2.critical $SENSOR_2_CRITICAL"
  echo 'Sensor_1.type GAUGE'
  echo 'Sensor_2.type GAUGE'
  echo 'Sensor_1.min 0'
  echo 'Sensor_2.min 0'
  echo 'Sensor_1.graph  yes'
  echo 'Sensor_2.graph yes'
```

Die Namen der Sensoren und die kritischen Werte, bei deren Überschreitung Munin Alarm schlagen soll, ermitteln wir dynamisch mit `snmpget` und jeweils zwei nachgeschalteten `sed`-Aufrufen, die aus der SNMP-Antwort (siehe Seite 197) die tatsächlich interessierenden Strings herausfiltern. Der erste sed-Filter extrahiert den Wert des Objekts, der in der Ausgabe auf die Zeichenkette STRING: folgt. Der zweite sed-Aufruf streicht die Anführungszeichen weg, mit denen snmpget diesen Wert umgibt, da sie im Zusammenhang mit dem echo-Befehl mehr Schaden als Nutzen anrichten.

Der Codeteil des Plugins, der die Temperaturwerte liefert, ist sehr kurz und enthält keine Finessen mehr:

```
else
  SENSOR_1=`$SNMPGET WebGraph-2xThermometer-MIB::wtWebioAn2GraphTempValu
e.1 | sed s/.*STRING:// | sed s/\"//g | sed s/,/./`
  SENSOR_2=`$SNMPGET WebGraph-2xThermometer-MIB::wtWebioAn2GraphTempValu
e.2 | sed s/.*STRING:// | sed s/\"//g | sed s/,/./`
  echo Sensor_1.value $SENSOR_1
  echo Sensor_2.value $SENSOR_2
fi
```

Mehr als diese zwei Codeblöcke, in die bereits bekannten if-then-else-Bedingungen eingebettet, braucht es nicht für ein SNMP-Plugin.

Das Skript selbst macht man mit chmod a+x ausführbar und legt darauf den symbolischen Link an, der den Hostnamen oder die IP-Adresse des SNMP-Geräts enthalten muss, hier vega.example.net:

```
master:~ # ln -s /opt/munin/lib/plugins/snmp__webthermometer \
/etc/opt/munin/plugins/snmp_vega.example.net_webthermometer
```

Der Testaufruf mit der config-Option als auch die Abfrage der eigentlichen Temperaturwerte sollten nun passende Ausgaben produzieren:

```
master:~ # /etc/opt/munin/plugins/snmp_vega.example.net_webthermometer \
config
host_name vega.example.net
graph_category Other
graph_args --base 1000 -l 0
graph_title  Temperatur im Serverraum
graph_info  Arbeitszimmer und Serverraum, Fenster meist offen, Katze auf
 dem Hauptserver
graph_vlabel  Temperatur mit PT100
Sensor_1.label  Prozessor
Sensor_2.label  Netzteil
Sensor_1.critical  25.10
Sensor_2.critical  22.8
Sensor_1.type GAUGE
Sensor_2.type GAUGE
Sensor_1.min 0
Sensor_2.min 0
Sensor_1.graph yes
Sensor_2.graph yes
master:~ # /etc/opt/munin/plugins/snmp_vega.example.net_webthermometer
```

```
Sensor_1.value 39.0
Sensor_2.value 27.2
```

Damit das SNMP-Gerät mit seinen Graphen in der Munin-Übersicht auftauchen und unter eigenem Namen geführt werden, ergänzen Sie auf dem Munin-Master einen entsprechenden Eintrag in der Konfigurationsdatei `/etc/opt/munin/munin.conf`:

```
[vega.example.net]
    address 127.0.0.1
    use_node_name no
```

In diesem Fall wird das SNMP-Gerät unter dem Namen `vega.example.net` geführt, der Munin-Master bezieht die Daten allerdings vom `munin-node`-Daemon auf dem lokalen Rechner mit der IP-Adresse `127.0.0.1`. Installiert man das SNMP-Skript auf einem anderen Rechner als dem Munin-Master selbst, gibt man dessen IP-Adresse an.

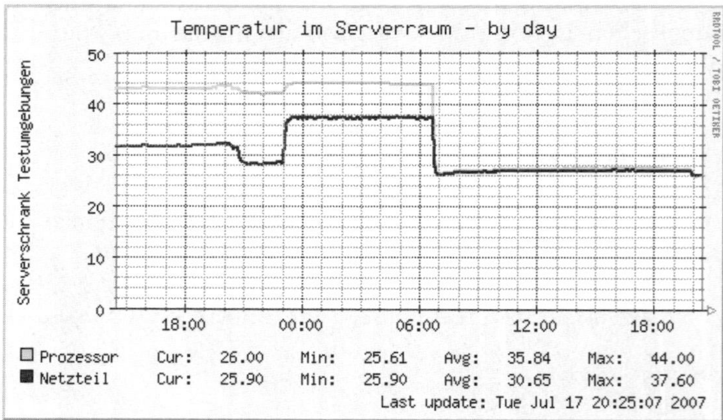

Abbildung 9.6: Lohn der Mühe: Temperaturkurve und Achsenbeschriftung

Abbildung 9.6 zeigt einen interessanten Ausschnitt aus einer ansonsten langweilig unveränderlichen Temperaturkurve: Zuerst sinkt die Temperatur des Netzteils wegen eines Defekts in der Lüftersteuerung ab. Die hohe Drehzahl führte jedoch zu einem schnellen Lüftertod. Nach acht Stunden ohne Lüftung schaltete sich das Netzteil ab.

9.4.3 Ein Perl-Plugin zur Überwachung von Novell Groupwise Webaccess

Das folgende Beispiel soll ein Perl-Plugin werden, das die Nutzung des Groupwise-Webzugangs auf einem Novell-Server überwacht. Daher steht in der ersten Zeile der Perl-Aufruf. Die Option `-w` sorgt dafür, dass uns der Perl-Interpreter bei Ausführungsproblemen mit entsprechenden Hinweisen versorgt.

Wir nutzen die beiden in der Munin-Distribution mitgelieferten Perl-Plugins `snmp__if_` und `snmp__load` als Vorlage. Da diese unter der *GNU General Public License*[14] veröffentlicht wurden, stellen wir die abgeleitete Version ebenfalls unter dieser Lizenz zur Verfügung und weisen in der Dokumentation auf die Urheber des Original-Quellcodes hin:

```
#!/usr/bin/perl -w
#
# The following documentation is in POD-Format
# The shell command "pod2man snmp__gwweb_ | nroff -man | more"
# will present a formatted manual page
#
# In Munin Version 1.2.6 and 1.3.4 or greater, you can use
# "munindoc snmp__gwweb_"
#
=pod

=head1 NAME

snmp__gwweb_ - Munin plugin to monitor Novell Groupwise Webaccess (GWWEB)

=head1 APPLICABLE SYSTEMS

The plugin runs on any system with B<Perl> and the package B<Net::SNMP>.
On the monitored host, a B<SNMP-Agent> is needed, which should answer to
requests from the computer (munin-node), where this plugin is installed.

=head1 VERSION

Version 1.0        2008/03/30 14:12

=head1 AUTHOR

(C) 2008 Gabriele Pohl (contact@dipohl.de)

Derived from Munin plugins snmp__if_ and snmp__load_

Copyright (C) 2004 Jimmy Olsen, Dagfinn Ilmari Mannsaaker

=head1 LICENSE

GPLv2 (http://www.gnu.org/licenses/gpl-2.0.txt)

=cut
```

14 `http://www.gnu.org/licenses/licenses.html`

Diese Dokumentation ist im POD-Format,[15] dem Standardformat für die Dokumentation von Perl-Plugins, gehalten. Seit den Munin-Versionen 1.2.6 und 1.3.4 bitten die Munin-Maintainer, Plugins in dieser Form zu dokumentieren und stellen mit `munindoc`[16] ein eigenes Anzeigewerkzeug zur Verfügung. Die Dokumentation kann dabei – wie hier – in den Quelltext des Plugins integriert oder auch als separate Datei mit der Endung `.pod` ausgeliefert werden.

Die Firma Novell hat für ihre Dienste einen *privaten* MIB-Zweig bei der IANA registriert. Dieser beginnt mit der OID `1.3.6.1.4.1.23`, ausgeschrieben `iso(1) org(3) dod(6) internet(1) private(4) enterprises(1) novell(23)`. Die zugehörigen MIB-Dateien liefert Novell mit der Software aus. Zur Überwachung von Groupwise Webaccess benötigen wir die Datei `gwweb.mib`.[17]

Der folgende Befehl listet Namen, Datentyp und Wert der Objekte im davon abgedeckten Teilbaum:

```
node: # snmpwalk -v1 -c public -m GWWEB-MIB 192.0.2.20 gwweb
GWWEB-MIB::gwWebAccessIndex.1 = INTEGER: 1
GWWEB-MIB::gwWebAccessName.1 = STRING: "WEBAC70A.EXAMPLE"
GWWEB-MIB::gwWebAccessCompletedRequests.1 = Counter32: 40419
GWWEB-MIB::gwWebAccessFailedRequests.1 = Counter32: 4
GWWEB-MIB::gwWebAccessTotalThreads.1 = Counter32: 12
GWWEB-MIB::gwWebAccessBusyThreads.1 = Counter32: 0
GWWEB-MIB::gwWebAccessPeakBusyThreads.1 = Counter32: 3
GWWEB-MIB::gwWebAccessCurrentUsers.1 = Counter32: 1
GWWEB-MIB::gwWebAccessTotalUsers.1 = Counter32: 2081
GWWEB-MIB::gwWebAccessPeakUsers.1 = Counter32: 11
GWWEB-MIB::gwWebAccessUptime.1 = Timeticks: (190244340) 22 days, 0:27:23
.40
GWWEB-MIB::gwWebAccessOS.1 = STRING: "Novell NetWare 5.70"
GWWEB-MIB::gwWebAccessVersion.1 = STRING: "7.0.2 (6/6/2007)"
GWWEB-MIB::gwWebAccessHTTPPort.1 = INTEGER: 7211
```

In der Dokumentation halten wir fest, welche dieser Parameter das Plugin überwacht. Munin-Maintainer Nicolai Langfeldt empfiehlt, dazu einen eigenen Header namens `MIB` zu nutzen:[18]

```
=head1 MIB

Management Information Base (MIB) GWWEB-MIB
```

15 Das *Plain-Old-Documentation*-Format ist unter `http://perldoc.perl.org/perlpod.html` beschrieben.

16 Siehe Kapitel 4.5 ab Seite 76.

17 Die Datei ist online unter `http://www.mibsearch.com/vendors/Novell/mibview/GWWEB-MIB` zu finden.

18 Die entsprechende Mail finden Sie im Archiv der Mailingliste unter `http://sourceforge.net/mailarchive/message.php?msg_name=47D02DB2.7050000%40linpro.no`.

```
Naming Tree: 1.3.6.1.4.1.23
  iso(1) org(3) dod(6) internet(1) private(4) enterprises(1) novell(23)

  To see all values available for your GWWEB, type
  snmpwalk -v1 -c public -m GWWEB-MIB <HOST> gwWeb

This plugin fetches:

  gwWebAccessName - 1.3.6.1.4.1.23.2.77.1.1.1.2
  gwWebAccessCompletedRequests - 1.3.6.1.4.1.23.2.77.1.1.1.3
  gwWebAccessFailedRequests - 1.3.6.1.4.1.23.2.77.1.1.1.4
  gwWebAccessTotalThreads - 1.3.6.1.4.1.23.2.77.1.1.1.5
  gwWebAccessBusyThreads - 1.3.6.1.4.1.23.2.77.1.1.1.6
  gwWebAccessCurrentUsers - 1.3.6.1.4.1.23.2.77.1.1.1.8
```

Damit die Ausführung des Plugins nicht auf die MIB-Datei `gwweb.mib` angewiesen ist, sprechen wir die genannten Objekte direkt über deren OID an. Mit der Option `-On` aufgerufen zeigt `snmpwalk` die numerischen OIDs:

```
node: # snmpwalk -On -v1 -c public -m GWWEB-MIB 192.0.2.20 gwweb
.1.3.6.1.4.1.23.2.77.1.1.1.1.1 = INTEGER: 1
.1.3.6.1.4.1.23.2.77.1.1.1.2.1 = STRING: "WEBAC70A.EXAMPLE"
.1.3.6.1.4.1.23.2.77.1.1.1.3.1 = Counter32: 40421
.1.3.6.1.4.1.23.2.77.1.1.1.4.1 = Counter32: 4
.1.3.6.1.4.1.23.2.77.1.1.1.5.1 = Counter32: 12
.1.3.6.1.4.1.23.2.77.1.1.1.6.1 = Counter32: 0
[...]
.1.3.6.1.4.1.23.2.77.1.1.1.8.1 = Counter32: 0
[...]
```

Alle ausgewählten Messwerte sind vom Typ `Counter32`. Munin verwendet eigene Datentypen für die Speicherung von Zählerständen.

Typ des Datenfelds festlegen

Munin-Plugins geben Werte aus, die in RRD-Archiven erfasst werden. Deshalb muss man sich beim Schreiben eines Plugins Gedanken machen, welchen RRD-Datentyp (siehe Seite 36) das Feld zur Aufmahme der Werte haben soll.[19]

`GAUGE`
: Der Wert wird wie geliefert in den Graph eingezeichnet. Dabei sind auch Fließkommazahlen erlaubt. Konkret: Ein Lastwert von `0.8` erscheint auch als `0.8`.

  Der Name der RRD-Datei endet beim Datentyp `GAUGE` auf `-g.rrd`.

[19] Die originalen Erläuterungen zu allen RRD bekannten Datentypen sind auf der RRD-Homepage unter `http://oss.oetiker.ch/rrdtool/doc/rrdcreate.en.html` zu finden.

`COUNTER`
: Zählerwerte sind immer ganzzahlig und – abgesehen vom Überlauf, bei dem der Zähler auf Null zurückgesetzt wird – ansteigend. Der Graph gibt nicht die absoluten Zählerwerte wieder, sondern jeweils die Differenz zur vorangegangenen Messung. Weil die Werte definitionsgemäß immer ansteigen, erkennt RRD einen Zählerüberlauf daran, dass der zweite Wert kleiner als der Vorhergehende ist und ermittelt den korrekten Wert durch Addition eines 32-Bit- bzw. 64-Bit-Werts.

Der Name einer RRD-Datei vom Datentyp `COUNTER` endet auf `-c.rrd`.

Der Datentyp `COUNTER` kommt beispielsweise beim Monitoring des Netzwerkdurchsatzes zur Anwendung. Das dafür zuständige Plugin `if_` wertet die Datei `/proc/net/dev` aus, in die der Linux-Kernel die seit dem Rechnerstart übertragenen Bytes und Pakete einträgt. Da die Zahlen mit jeder Übertragung ansteigen, liefert erst die Differenz zwischen zwei Zählerständen die maßgebliche Information. So zeigt die Grafik nur die hinzugekommenen Bytes an.

Obwohl die RRD-Tools den Überlauf des Zählers erkennen und korrigieren, entstehen beim Rücksetzen des Zählers gelegentlich Spikes in der Kurve. Wenn dies häufig der Fall ist, empfiehlt sich die Nutzung eines anderen Datentyps. Zu diesem Zweck ändert man den Parameter *`feldname`*`.type` im Plugin beispielsweise in `DERIVE` um.

Bei dieser Aktion verliert man allerdings die bisherige RRD-Datei mit sämtlichen bisherigen Messwerten, da der alte und der neue Datentyp zu einem Konflikt führt, den die RRD-Tools nicht lösen können. Um die bisherigen Werte zu bewahren muss der Datentyp der RRD-Datei ebenfalls gewandelt werden; und zwar *bevor* `munin-update` sein zerstörerisches Werk beginnt!

Zur Konvertierung des Datentyps greift man zu `rrdtool` mit dem Parameter `tune`. Um den Typ der Datenquelle (bei Munin immer 42) für die `eth0`-Kurve von `client.example.org` in `DERIVE` zu ändern, führt man folgenden Befehl aus:

```
user@master:/opt/munin/var/db/example.org/> rrdtool tune \
client.example.org-if_eth0-up-c.rrd -d 42:DERIVE
```

Will und kann man das betroffene Plugin nicht so umschreiben, dass es keine Ausreißerdaten mehr liefert, schafft die Vorgabe einer angemessenen oberen Schranke Abhilfe (siehe dazu Seite 299 im Anhang).

Ein schlimmeres Problem als die Spikes hat man, wenn der Zähler zwischen zwei Munin-Zyklen umschlägt und die im Graph dargestellten Differenzen dadurch zu reinen Zufallswerten werden. Der Autor des Plugins `if_` weist auf diese Gefahr hin und räumt ein, dass sich sein Plugin damit für produktive Umgebungen mit entsprechender Netzlast kaum eignet.

`DERIVE`
Bei diesem Datentyp speichert die RRD als Differenz zum vorangehenden Wert nicht nur natürliche, sondern vorzeichenbehaftete ganze Zahlen. Dabei kommen keine Mechanismen zum Einsatz, die einen eventuellen Zählerüberlauf korrigieren. Um fehlerhafte Ableitungen auszumerzen empfiehlt sich ggf. die Festlegung von Null als unterer Schranke.

Hier treten keine Spikes auf, jedoch wird bei jedem *Überrunden* des Zählers ein Zahlenwert unterdrückt. So entsteht eine kleine Lücke in der Darstellung. Wenn das häufig passiert, kann dieses Phänomen eine Grafik bis zur Unkenntlichkeit entstellen. Der Name einer RRD-Datei vom Datentyp `DERIVE` endet auf `-d.rrd`.

`ABSOLUTE`
Dieser Datentyp empfiehlt sich, wenn die Werte des Zählers sehr schnell ansteigen und somit häufig Überläufe stattfinden. Der Zähler wird hier nach jeder Abfrage auf 0 zurückgesetzt, so dass für den nächsten Zyklus wieder der gesamte Wertebereich zum Hochzählen zur Verfügung steht.

Ob Sie bei fortlaufenden Werten Daten vom Typ `COUNTER` oder `DERIVE` an Munin liefern, hängt davon ab, wie schnell der Wert steigt. Bei einem gemütlichen Anstieg empfiehlt sich `DERIVE`, denn ein gelegentlich fehlender Datenpunkt stört nicht sehr. Bei Messwerten, die viel in Bewegung sind, beispielsweise bei einer 100-MBit-Netzwerkkarte, die ständig große Datenmengen transportiert, ist man mit `COUNTER` besser beraten. RRD-Dateien vom Typ `ABSOLUTE` tragen Namen mit dem Suffix `-a.rrd`.

Bei Beobachtung der Werte stellte sich heraus, dass zwar die Anzahl der ausgeführten (`gwWebAccessCompletedRequests`) und gescheiterten (`gwWebAccessFailedRequests`) Zugriffe kontinuierlich ansteigt (wie es sich für einen Zählerwert gehört), die Angaben für Threads und die derzeit eingeloggten Nutzer (`gwWebAccessCurrentUsers`) jedoch reine Integerwerte sind, die ggf. auch absteigen.

Deshalb nehmen wir die Durchsatzdaten aus `gwWebAccessCompletedRequests` und `gwWebAccessFailedRequests` mit Munins Datentyp `DERIVE`[20] entgegen, die Threads- und User-Zahl aber mit `GAUGE`.[21]

Damit der Perl-Interpreter darüber wacht, dass der Programmcode in sauberer und sicherer Form gesetzt wird, empfiehlt es sich, jedes Perlskript mit dem Pragma `strict` einzuleiten. Zudem benötigen wir die Programmbibliothek für Netzwerkzugriffe:

```
use strict;
use Net::SNMP;
```

20 Zu Zweck und Gebrauch dieses Datentyps siehe Seite 205.

21 Siehe Seite 36.

Initialisierung

Jedes mit Munin ausgelieferte SNMP-Plugin erlaubt es seinen Nutzern, einige grundsätzliche SNMP-Parameter leicht auf die Situation vor Ort anzupassen. Darum sehen wir hier drei entsprechende Umgebungsvariablen (`host`, `port`, `community`) vor und belegen sie mit Standardwerten. Ändern kann die Nutzerin diese Werte in der Plugin-Konfiguration des Munin-Node.[22]

```
my $host      = $ENV{host}      || undef;
my $port      = $ENV{port}      || 161;
my $community = $ENV{community} || "public";
my $tabindex  = $ENV{tabindex} || undef;
```

Die zuletzt genannte Variable `tabindex` brauchen wir, weil das MIB-Objekt eine Tabelle mit mehreren gleichartigen Zeilen (eine je Groupwise-Webaccess-Instanz) darstellt. Die Zahl am Ende des Service-Links legt fest, welche Tabellenzeile das Plugin abfragen soll.

Ein weiterer Parameter, nämlich `$DEBUG`, fungiert als Schalter für den Debug-Modus. Bestimmte Hinweise für den Testfall gibt das Plugin nur aus, wenn dessen Wert 1 ist. Zunächst bleibt der Debug-Modus abgeschaltet:

```
my $DEBUG = 0;
my $MAXLABEL = 20;
my $response;
```

Wer das Konfigurationstool `munin-node-configure` mit Option `--debug` startet, bekommt die Debug-Meldungen zu sehen.

Mit `$MAXLABEL` tragen wir Sorge, dass die aus dem MIB-Tree gelesenen Bezeichnungen, die im Graphen erscheinen, den Rahmen nicht sprengen: Ggf. kürzt das Plugin sie. Die Variable `$response` nimmt die vom SNMP-Agenten gelieferten Daten entgegen.

Den Abschluss des Initialisierungsteils bilden ein paar Zeilen, in denen wir Konstanten definieren. Die Benutzer können so später Beschriftungen ändern oder in ihre Landessprache übersetzen:[23]

```
# fix values
my $GRAPH_CATEGORY = "Groupwise";
# Change this to "second" for finer time resolution
my $GRAPH_PERIOD = "minute";
my $GRAPH_VLABEL = "Value per $GRAPH_PERIOD";
my $GRAPH_TITLE = "gw Webaccess";
my $DATA_RCOMPLETED_LABEL = "CompletedRequests";
```

22 Die entsprechende Anleitung finden Sie ab Seite 161.

23 Munin verfügt derzeit leider noch nicht über globale Lokalisierungsmechanismen.

```
my $DATA_RFAILED_LABEL = "FailedRequests";
my $DATA_TTOTAL_LABEL = "TotalThreads";
my $DATA_TBUSY_LABEL = "BusyThreads";
my $DATA_UCURR_LABEL = "CurrentUsers";
```

Damit ist die Legende des Graphen komplett. Falls die Nutzer den zeitlichen Maßstab (`GRAPH_PERIOD`) von Minute auf Sekunde umstellen wollen, passt sich auch die Achsenbeschriftung entsprechend an.

Bei einem vollständigen Plugin folgt im Quellcode jetzt Autokonfigurationsteil, im Fall eines SNMP-Plugins also die Implementation der Methode `snmpconf`. Diesen Part lassen wir vorerst aus und kümmern uns zunächst um die Pflicht. Ungeduldige Naturen finden den entsprechenden Code auf Seite 214.

Host ermitteln und Verbindung aufbauen

Wie in Kapitel 4.2 auf Seite 68 beschrieben, wird der SNMP-Host im Service-Link des Plugins genannt. Im Stil eines normalen Wildcard-Plugins erfordert unsere Plugin den Index der gewünschten Zeile aus der MIB-Tabelle als zweiten Parameter am Schluss des Service-Links. Ein korrekter Service-Link hieße also `snmp_192.0.2.20_gwweb_1`.

Das Plugin benötigt zunächst eine Funktion, die die Hostbezeichnung und den Tabellenindex aus dem Link abliest:

```
if ($0 =~ /^(?:|.*\/)snmp_([^_]+)_gwweb_(\d+)*$/)
{
        $host       = $1;
        $tabindex   = $2;
}
elsif (!defined($host))
{
        print "# Debug: $0 -- $1\n" if $DEBUG;
        die "# Error: couldn't understand what I'm supposed to monitor.";
}
```

Wenn die Entzifferung nicht gelingt und auch kein Host über die vorgesehenen Umgebungsvariablen gesetzt ist, bricht die Verarbeitung mit einer Fehlermeldung ab. Im Debug-Modus teilt das Plugin zusätzlich mit, mit welchem Aufruf es gestartet wurde.

Falls `host` und `tabindex` erfolgreich aus dem Link extrahiert werden konnten, versucht das Plugin, eine Verbindung zum SNMP-Agenten auf dem betreffenden Host aufzubauen:

```
my ($session, $error) = Net::SNMP->session(
                -hostname  => $host,
```

```
                -community => $community,
                -port      => $port
        );

if (!defined ($session))
{
        die "Croaking: $error";
}
```

Wenn auch das geklappt hat, kann die eigentliche Arbeit des Plugin beginnen. Anderenfalls folgt auch hier der Abbruch. Dabei „krächzt“ (englisch: *to croak*) Munin die Fehlermeldung des missglückten Verbindungsaufbaus.

Der Vorsatz, die MIB-Datei `gwweb.mib` nicht zu nutzen, um keine zusätzlichen Abhängigkeiten zu schaffen, soll nicht bedeuten, dass wir auf Lesbarkeit verzichten. Deshalb definieren wir Variablen mit sprechenden Namen, die sich die numerischen OIDs merken sollen:

```
my $gwWebAccessName = "1.3.6.1.4.1.23.2.77.1.1.1.2.$tabindex";
my $gwWebAccessCompletedRequests = "1.3.6.1.4.1.23.2.77.1.1.1.3.$tabinde
x";
my $gwWebAccessFailedRequests = "1.3.6.1.4.1.23.2.77.1.1.1.4.$tabindex";
my $gwWebAccessTotalThreads = "1.3.6.1.4.1.23.2.77.1.1.1.5.$tabindex";
my $gwWebAccessBusyThreads = "1.3.6.1.4.1.23.2.77.1.1.1.6.$tabindex";
my $gwWebAccessCurrentUsers = "1.3.6.1.4.1.23.2.77.1.1.1.8.$tabindex";
```

Die `config`-Methode

Beim Aufruf mit der `config`-Option teilt das Plugin mit, über welche Datenquellen es berichtet, welche Datentypen genutzt werden und ob der Wertebereich durch obere und untere Schranken abgegrenzt ist. Zu den Pflichtangaben gehört auch, wie der Graph und die Kurve/n aussehen und beschriftet werden.[24]

Der Name der überwachten Webaccess-Instanz soll in der Überschrift des Graphen erscheinen. Darum steht bereits im Konfigurationsteil eine SNMP-Abfrage auf dem Programm:

```
if (defined $ARGV[0] and $ARGV[0] eq "config")
{
    if (!defined ($response = $session->get_request($gwWebAccessName)))
    {
        die "Croaking: " . $session->error();
    }
    my $gwname = $response->{$gwWebAccessName};
    $gwname = length($gwname)<=$MAXLABEL ? $gwname : "...".substr($gwnam
e,-($MAXLABEL-3));
```

24 Alle in Frage kommenden Attribute beschreibt der Abschnitt C ab Seite 295.

Auch hier folgt der Abbruch mit „gekrächzter“ Fehlermeldung bei erfolgloser SNMP-Abfrage. Der Code prüft außerdem die Länge der zurückgelieferten Bezeichnung und verwendet, wenn sie länger als die in `$MAXLABEL` vorgegebenen 20 Zeichen ist, nur die letzten 17 Zeichen des Strings. Drei Punkten machen in diesem Fall die Auslassung deutlich.

Nun folgt die Ausgabe der Plugin-Konfiguration:

```
# output to munin
print "host_name $host
```

Der obigen Zeile ist es zu verdanken, dass die Ergebnisse nicht dem Host zugeordnet werden, auf die SNMP-Abfrage gestartet wird, sondern dem tatsächlichen SNMP-Host. Mit der nächsten, von `print` auszugebenden Zeile führen wir die neue Plugin-Kategorie `Groupwise` in der Munin-Übersicht ein:

```
graph_category Groupwise
```

Anschließend folgen die Layout-Vorgaben für den Plugin-Graphen ...

```
graph_args --base 1000
graph_period $GRAPH_PERIOD
graph_title $GRAPH_TITLE ($gwname)
graph_info Shows per minute activity of the Groupwise Webaccess, here: $
gwname.
graph_vlabel $GRAPH_VLABEL
```

... und die Spezifikation der Datenquellen (also der Kurven im Diagramm):

```
r_completed.label $DATA_RCOMPLETED_LABEL
r_completed.info gwWebAccessCompletedRequests (1.3.6.1.4.1.23.2.77.1.1.1
.3)
r_completed.type DERIVE
r_completed.min 0
```

Beim Datentyp `DERIVE`, mit dem sich der Abstand zwischen zwei aufeinanderfolgend gelesenen Werten darstellen lässt, empfiehlt sich die Einrichtung einer unteren Grenze. Damit vermeidet man negative Ausbrecher, die entstehen können, wenn der Zähler zurückgesetzt wird. Dank

```
r_completed.draw AREA
```

stellt Munin die Anzahl abgeschlossener Requests in der Standardfarbpalette als hellgrüne Fläche über der X-Achse dar.[25]

Die Anzahl der fehlgeschlagenen Requests soll als standardmäßig blaue Fläche auf die grünen Fläche gestapelt werden:

25 Zur Einrichtung einer eigenen Farbpalette siehe Seite 104.

```
r_failed.label $DATA_RFAILED_LABEL
r_failed.info gwWebAccessFailedRequests (1.3.6.1.4.1.23.2.77.1.1.1.4)
r_failed.type DERIVE
r_failed.min 0
r_failed.draw STACK
```

Bei der Anzahl der Threads erhalten wir absolute Zahlen:

```
t_total.label $DATA_TTOTAL_LABEL
t_total.info gwWebAccessTotalThreads (1.3.6.1.4.1.23.2.77.1.1.1.5)
t_total.type GAUGE
```

Darum setzen wir nicht auf einen Zählerdatentyp wie `DERIVE` oder `COUNTER`, sondern stellen mit dem Datentyp `GAUGE` absolute Integerwerte dar. Eine untere Grenze müssen wir hier nicht unbedingt setzen, aber es schadet nichts, weil weniger als null Threads nicht laufen können:

```
t_total.min 0
t_total.draw LINE2
t_busy.label $DATA_TBUSY_LABEL
t_busy.info gwWebAccessBusyThreads (1.3.6.1.4.1.23.2.77.1.1.1.6)
t_busy.type GAUGE
t_busy.min 0
```

Für die Darstellung der eingeloggten User gilt Ähnliches:

```
t_busy.draw LINE2
u_curr.label $DATA_UCURR_LABEL
u_curr.info gwWebAccessCurrentUsers (1.3.6.1.4.1.23.2.77.1.1.1.8)
u_curr.type GAUGE
u_curr.min 0
u_curr.draw LINE2
";
    exit 0;
}
```

Damit ist die Arbeit im `config`-Teil getan, und das Plugin beendet sich. Legen Sie nun im Entwicklungsverzeichnis einen Link auf das Plugin an, der die erforderlichen Parameter `host` und tabindex enthält:

```
node: #  ln -s snmp_192.0.2.20_gwweb_1 snmp__gwweb_
```

Überprüfen Sie damit, ob die Plugin-Konfiguration komplett und richtig gesetzt ist:

```
node: #  ./snmp_192.0.2.20_gwweb_1 config
host_name 192.0.2.20
```

```
graph_category Groupwise
graph_args --base 1000
graph_period minute
graph_title gw Webaccess (WEBAC70A.EXAMPLE)
graph_info Shows per minute activity of the Groupwise Webaccess, here: W
EBAC70A.DOM-WEBAC.
graph_vlabel Value per minute
r_completed.label CompletedRequests
r_completed.info gwWebAccessCompletedRequests (1.3.6.1.4.1.23.2.77.1.1.1
.3)
r_completed.type DERIVE
r_completed.min 0
r_completed.draw AREA
r_failed.label FailedRequests
[...]
```

Messwerte abfragen

Bei Aufruf ohne Option soll das Plugin die Messwerte liefern. Kann es diese aus irgendwelchen Gründen nicht ermitteln, soll Munin trotzdem eine Antwort erhalten: Der Wert sei *unbekannt*, abgekürzt U. Folgende Funktion kümmert sich darum:

```
sub get_single
{
    my $handle = shift;
    my $oid    = shift;

    print "# Getting single $oid...\n" if $DEBUG;

    $response = $handle->get_request ($oid);

    if (!defined $response->{$oid})
    {
        return 'U';
    }
    else
    {
        return $response->{$oid};
    }
}
```

Außerdem berichtet sie im Debug-Modus, welche OID sie gerade anfragt. Der folgende Code-Abschnitt holt die Messwerte vom SNMP-Host ab und bedient sich dabei dieser `get_single` genannten Funktion:

```
# fetch the data and print
print "r_completed.value ", &get_single ($session, $gwWebAccessCompleted
Requests), "\n";
```

```
print "r_failed.value ", &get_single ($session, $gwWebAccessFailedReques
ts), "\n";
print "t_total.value ", &get_single ($session, $gwWebAccessTotalThreads)
, "\n";
print "t_busy.value ", &get_single ($session, $gwWebAccessBusyThreads),
"\n";
print "u_curr.value ", &get_single ($session, $gwWebAccessCurrentUsers),
 "\n";
```

Auch den Aufruf des Plugins ohne Option testen wir im Entwicklungsverzeichnis:

```
node: #  ./snmp_192.0.2.20_gwweb_1
r_completed.value 41745
r_failed.value 4
t_total.value 12
t_busy.value 0
u_curr.value 1
```

Damit ist das Plugin fertig zum Einsatz (Abbildung 9.7 zeigt einen entsprechenden Graphen). Sie können es ins Verzeichnis mit den gesammelten Munin-Plugins kopieren und den entsprechenden Link im Munin-Service-Verzeichnis /etc/opt/munin/plugins anlegen.

Abbildung 9.7: Überwachung von Groupwise Webaccess

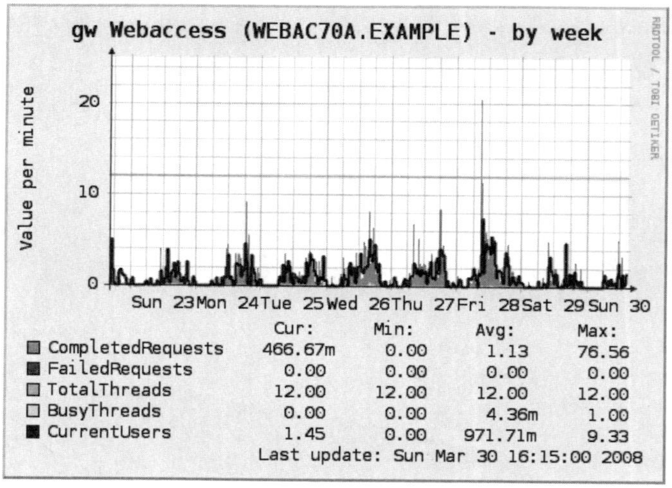

Dokumentation

Nicht nur wenn das Plugin auf MuninExchange hochgeladen werden soll, lohnt es sich, noch ein bisschen Arbeit in die Bedienungsanleitung zu stecken. Wir erweitern die Dokumentation des Plugins darum um einen Abschnitt zur Konfiguration und zur Interpretation der Daten:

```
=head1 CONFIGURATION

Link this file snmp__gwweb_ to your nodes servicedir (CONFDIR/plugins)

as:
  snmp_<host>_gwweb_<tabindex>

with:
  <host> = Name or IP-Number of host
  <tabindex> = table index of the GWWEB Object

E.g.

  ln -s /usr/share/munin/plugins/snmp__gwweb_ \
  /etc/munin/plugins/snmp_foo.example.com_gwweb_1

...will monitor a single GWWEB object on host foo.example.com.

Plugin Parameters (Environment Variables)
    community - SNMP-Community (Default: public)
    port - SNMP-Port (Default: 161)
    host - SNMP-Host (No default)
    tabindex - Index to table row of MIB-Object (No default)

You may adjust settings to your need via configuration in plugin-conf.d/
munin-node:

    [snmp_*_gwweb_*]
    env.port <your_port_number>
    env.community <your SNMP community string>
    env.tabindex <your objects table position. Values: 0,1,2,..>
    env.host <name or IP of your host>

Parameters can also be specified on a per GWWEB basis, e.g.:
    [snmp_foo.example.com_gwweb_1]
    env.port 166
    env.community example

=head1 INTERPRETATION

The plugin shows how many requests per minute
the Groupwise Webaccess instance completed
and how many requests per minute failed.
It also shows how many webserver threads are
running, how many of them are busy and how many
users are currently logged in.
```

Munin-Dokumentation sollte in englischer Sprache verfasst werden. Auch wenn die Formulierungen in der Fremdsprache nicht perfekt sind, nutzen

Informationen in holperigem Englisch Munin-Usern auf der ganzen Welt mehr als gar keine.

9.4.4 Automatische Konfiguration

Ehe Sie ein SNMP-Plugin auf MuninExchange der Allgemeinheit stiften, sollten Sie dafür sorgen, dass die Nutzer bei Aufruf von `munin-node-configure` konkrete Installationsunterstützung in Form der Kommandos zum Anlegen der Service-Links erfahren:

```
node:~ # munin-node-configure --snmpversion 1 --snmp gw.example.net
ln -s /opt/munin/lib/plugins/snmp__gwweb_ /etc/opt/munin/plugins/snmp_gw
.example.net_gwweb_1
```

Möglich wird das durch eine enge Zusammenarbeit zwischen Plugin und Konfigurationsprozedur. Das eine liefert einen Katalog seiner Anforderungen, die andere prüft auf Basis dessen, ob der SNMP-Agent auf dem angesprochenen Rechner die geforderten Informationen zur Verfügung stellt.

Mit Hilfe zweier Magic Markers signalisieren Plugins, dass sie zur Familie der autokonfigurierbaren SNMP-Plugins, `snmpauto`, gehören, die über die Methode `snmpconf` verfügen:

`#%# family=snmpauto`
: Verrät `munin-node-configure`, dass das Plugin zur Familie `snmpauto` gehört. In dem Fall muss `munin-node-configure` mit der Option `--snmp`, dem gewünschten Rechnernamen oder der Bezeichnung eines Netzsegments, spezifiziert über die zugehörige CIDR-Angabe[26] (z. B. `192.0.2.0/24`) starten.

`#%# capabilities=snmpconf`
: Anders als bei der `autoconf`-Methode, bei der das Plugin selbst prüft, ob die Voraussetzungen für seinen Einsatz gegeben sind, und auf der Standardausgabe lediglich das Ergebnis `yes` oder `no` präsentiert, teilen SNMP-Plugins nur mit, welche Anforderungen sie stellen. Eine Checkfunktion in `munin-node-configure-snmp` prüft, ob diese im konkreten Fall erfüllt werden. Der Marker `snmpconf` teilt mit, dass das Plugin Auskunft über die von ihm benötigten Teile der MIB gibt. `munin-node-configure-snmp` wertet entsprechende Verlautbarungen aus und ruft das jeweiligen Plugin mit der Option `snmpconf` auf. Das folgende Beispiel deckt alle möglichen Angabearten ab:

```
node:/opt/munin/lib/plugins # ./snmp__if_ snmpconf
number  1.3.6.1.2.1.2.1.0
```

[26] Die Abkürzung CIDR steht für *Classless Inter-Domain Routing*.

```
index   1.3.6.1.2.1.2.2.1.1.
require 1.3.6.1.2.1.2.2.1.3. ^(6|23)$
require 1.3.6.1.2.1.2.2.1.5. [1-9]
```

Jede Zeile beginnt mit einem Schlüsselwort, das verrät, welche Art von Information auf der Zeile zu erwarten ist:

`index`
: Die Angabe eines Index ist erforderlich, wenn im entsprechenden Teilbaum der MIB mehrere gleichartige Objekte (wie z. B. hier mehrere Interfaces eines Switches) nebeneinander stehen können. Die englische Terminologie spricht hier von *Sibling*-, also verschwisterten Objekten.

  Geben Sie in solchen Fällen den OID-Rumpf mit einem Punkt am Ende an. Die vollständigen OIDs bildet `munin-node-configure-snmp` in einer Schleife, die versucht, alle darunter befindlichen Objekte anzusprechen. Es durchläuft sie so lange, bis die Antwort auf den probeweise abgesetzten Request ausbleibt oder die angekündigte Anzahl (siehe `number` unten) von Objekten erreicht ist.

`number`
: Falls es in der MIB ein Objekt gibt, das die Anzahl der vorhandenen Objekt-Instanzen kennt, sollte hier seine OID stehen. Es bestimmt, wie viele Schleifendurchläufe `munin-node-configure-snmp` für die Erkundung dieses Zweigs im MIB-Baum ansetzt.

`require`
: Hier gehört die OID einer geforderten Datenquelle hin. Endet sie auf einen Punkt, ergänzt die Checkfunktion auch hier den laufenden Index in einer Schleife über alle Instanzen des Objekts. Wer die Antwort des SNMP-Agenten auf Plausibilität checken lassen will, gibt hinter der OID einen regulären Ausdruck an, der das Format der erwarteten Antwort (wie im Beispiel auf Seite 214) beschreibt. Nur, wenn das vom SNMP-Agenten zurückgelieferte Datum zum regulären Ausdruck passt, wird das Objekt als gefunden registriert. Speist sich Ihr Plugin aus mehreren, von der MIB abgedeckten Datenquellen, geben Sie entsprechend viele `required`-Zeilen an.

Die praktische Umsetzung sei anhand des Plugins zur Überwachung des Groupwise Webaccess demonstriert. Zunächst ergänzen wir die entsprechenden Magic Markers in einem eigenen Abschnitt der im Quellcode integrierten Dokumentation[27] ...

[27] Falls Sie Ihre Dokumentation in ein externes File auslagern, müssen Sie die Magic Markers dennoch im Quelltext des Plugins angeben, sonst findet `munin-node-configure` sie nicht.

```
=head1 MAGIC MARKERS

  #%# family=snmpauto
  #%# capabilities=snmpconf
```

...und programmieren die Methode `snmpconf`. Da es hier um eine MIB-Tabelle geht, die ggf. aus mehreren Zeilen besteht, geben wir für den Index eine unvollständige OID an, die jeweils auf einen Punkt endet:

```
if (defined $ARGV[0] and $ARGV[0] eq "snmpconf")
{
   print "index 1.3.6.1.4.1.23.2.77.1.1.1.1.\n"; # gwWebAccessIndex
   print "require 1.3.6.1.4.1.23.2.77.1.1.1.2. [.*]\"; # gwWebAccessName
   print "require 1.3.6.1.4.1.23.2.77.1.1.1.3. [\\d+]\n"; # gwWebAccessC
ompletedRequests
   print "require 1.3.6.1.4.1.23.2.77.1.1.1.4. [\\d+]\n"; # gwWebAccessF
ailedRequests
   print "require 1.3.6.1.4.1.23.2.77.1.1.1.5. [\\d+]\n"; # gwWebAccessT
otalThreads
   print "require 1.3.6.1.4.1.23.2.77.1.1.1.6. [\\d+]\n"; # gwWebAccessB
usyThreads
   print "require 1.3.6.1.4.1.23.2.77.1.1.1.8. [\\d+]\n"; # gwWebAccessC
urrentUsers

   exit 0;
}
```

Der reguläre Ausdruck `[.*]` bei der Abfrage des Objekts mit dem Namen der Webaccess-Instanz passt auf eine beliebige Zeichenfolge, die auch leer sein kann. Für die restlichen Datenquellen sind Integerwerte gefragt. Der reguläre Ausdruck `[\d+]` steht für eine beliebig lange Folge von Ziffern aus dem Bereich `0-9`, die aber nicht leer sein darf. (Der Backslash muss in der Print-Anweisung im Quellcode gequotet werden, darum stehen dort zwei \. In der Ausgabe der Methode `snmpconf` erscheint dann aber nur einer.)

Ein MIB-Objekt, das angibt, wieviele Instanzen des Groupwise Webaccess aktuell gestartet und in der MIB zu finden sind, gibt es leider nicht. Insofern können wir keine `number`-Zeile angeben und überlassen es dem Konfigurationstool, solange zu probieren, bis keine Antwort mehr kommt.

Während der Prüfung ergänzt `munin-node-configure` die OID-Rümpfe um die Zahlen `0`, `1`, `2` usw. und findet anhand eines darauf bezogenen SNMP-Request heraus, ob entsprechende Zeilen in der MIB existieren.

Um dies zu demonstrieren, legen wir das neue Plugin in ein eigenes Verzeichnis, das wir unterhalb des Standard-`LIBDIR` angesiedelt haben. Mit der Option `--libdir` können Sie dafür sorgen, dass nur Plugins im angegebenen Verzeichnis untersucht werden. Leider reicht `munin-mode-configure` das angegebene Verzeichnis derzeit fehlerhafterweise nicht an die für

SNMP-Plugins zuständige Hilfsfunktion munin-mode-configure-snmp weiter.[28] Darum rufen wir diese Hilfsfunktion diesmal direkt im gesprächigen Debug-Modus auf:

```
node: # munin-node-configure-snmp --libdir \
/opt/munin/lib/plugins/new --debug --snmpversion 1 \
gw.example.net
DEBUG: Opening "/opt/munin/lib/plugins/new" for reading...
DEBUG: Checking plugin: snmp__gwweb_...contrib...snmpconf...
# DEBUG: Checking plugins: gwweb
# SNMPconfing plugin "gwweb" ( /opt/munin/lib/plugins/new/snmp__gwweb_ )
# Registered gwweb  index       : 1.3.6.1.4.1.23.2.77.1.1.1.1.
# Registered gwweb  requirement: 1.3.6.1.4.1.23.2.77.1.1.1.2. =~ /[.*]/
# Registered gwweb  requirement: 1.3.6.1.4.1.23.2.77.1.1.1.3. =~ /[\d+]/
# Registered gwweb  requirement: 1.3.6.1.4.1.23.2.77.1.1.1.4. =~ /[\d+]/
# Registered gwweb  requirement: 1.3.6.1.4.1.23.2.77.1.1.1.5. =~ /[\d+]/
# Registered gwweb  requirement: 1.3.6.1.4.1.23.2.77.1.1.1.6. =~ /[\d+]/
# Registered gwweb  requirement: 1.3.6.1.4.1.23.2.77.1.1.1.8. =~ /[\d+]/
# Doing gw.example.net / 1
# Doing gw.example.net -> 0...
# (gw.example.net)
# Running autoconf on gwweb for gw.example.net...
# Checking requirements...
# Delaying testing of 1.3.6.1.4.1.23.2.77.1.1.1.2., as we need the index
es first.
# Delaying testing of 1.3.6.1.4.1.23.2.77.1.1.1.3., as we need the index
es first.
# Delaying testing of 1.3.6.1.4.1.23.2.77.1.1.1.4., as we need the index
es first.
# Delaying testing of 1.3.6.1.4.1.23.2.77.1.1.1.5., as we need the index
es first.
# Delaying testing of 1.3.6.1.4.1.23.2.77.1.1.1.6., as we need the index
es first.
# Delaying testing of 1.3.6.1.4.1.23.2.77.1.1.1.8., as we need the index
es first.
# Number of items to autoconf is 1...
# Checking for 1.3.6.1.4.1.23.2.77.1.1.1.1.0
# Checking for sibling of 1.3.6.1.4.1.23.2.77.1.1.1.1.0
# Index 0: 1.3.6.1.4.1.23.2.77.1.1.1.1.1
# Checking for sibling of 1.3.6.1.4.1.23.2.77.1.1.1.1.1
# Got indexes: 1
# Checking requirements...
# Fetched value "WEBAC70A.EXAMPLE"
# Fetched value "42727"
# Fetched value "4"
# Fetched value "12"
# Fetched value "0"
# Fetched value "2"
```

[28] Der Bug ist unter **http://munin.projects.linpro.no/ticket/573** gemeldet und soll mit hoher Priorität behoben werden.

```
ln -s /opt/munin/lib/plugins/new/snmp__gwweb_ /etc/opt/munin/plugins/snm
p_gw.example.net_gwweb_1
```

Wie die letzte Zeile zeigt, funktioniert die automatische Konfiguration. Sie hat ein MIB-Objekt an Stelle 1 der Tabelle ausfindig gemacht und präsentiert einen entsprechenden Verlinkungsvorschlag. Im normalen Modus ohne `--debug` aufgerufen, entfallen alle übrigen Ausgaben.

Abschließend verschieben wir das Plugin aus dem Unterverzeichnis `new` ins Standardverzeichnis für Plugins des Munin-Nodes. Der normale Aufruf des Konfigurationstools liefert dann das Shellkommando zum Einbinden des neuen Plugins:

```
node: # munin-node-configure --snmpversion 1 --snmp gw.example.net
ln -s /opt/munin/lib/plugins/snmp__gwweb_ /etc/opt/munin/plugins/snmp_gw
.example.net_gwweb_1
```

9.5 Jenseits von SNMP

Der Mechanismus, Geräteabfragen im Netzwerk für Plugins zu nutzen, lässt sich auch auf andere Protokolle anwenden. So lassen sich SQL-Anfragen von Datenbankserver im Netzwerk mit `mysql` oder `sqlplus` realisieren.

Angenommen Sie schrieben ein Plugin, das via Netzwerk die Anzahl der Tabellen auf einen Datenbankserver abfragt. Analog zum Vorgehen bei SNMP-Plugins wäre `/opt/munin/lib/plugins/sql__tables` ein passender Name dafür. Ein Service-Link darauf könnte dann `sql_mysqlsrv.example.net_tables` heißen.

Für alle Plugins, die Remoteabfragen machen, gilt gleichermaßen: Der Name des Nodes muss per `host_name` *`rechnername`* in der Konfigurationsausgabe des Plugins angegeben werden.

9.6 Testen und Live-Schalten selbstgeschriebener Plugins

Widerstehen Sie der Versuchung, ein frisch geschiebenes Plugin sofort in Betrieb zu nehmen. Zu vielfältig sind die Fehlermöglichkeiten. Stattdessen empfiehlt es sich, die Integration eines Skriptes schrittweise vorzunehmen: Einem (erfolgreichen) Testaufruf in der Shell folgt ein Aufruf mit den Rechten des Users `nobody`; erst danach bindet man es in Munin ein.

Um die Möglichkeit eines falschen Links auszuschließen, rufen Sie den Link selbst auf, egal ob mit `root`-Rechten oder weniger privilegiert. Im Falle des selbstgeschriebenen `trigonometrie_`-Plugins nutzen Sie also folgenden Befehl:

```
user@master:~> /etc/opt/munin/plugins/trigonometrie_sinus
sinus.value 0.27974683773
```

Sollten hier Fehler auftauchen, lohnt ein Blick in den Block des Skripts, der den Ausgabewert ermittelt und auf die Standardausgabe schreibt. Fehlermeldungen des Skripts erscheinen ebenfalls dort.

Als Nächstes ruft man das Skript mit dem Schalter `config` auf. Dieser Programmteil ist wesentlich anspruchsloser als der zuvor geprüfte. Allerdings gibt es hier viele Möglichkeiten, bei der `echo`-Ausgabe Anführungs- oder Schlusszeichen falsch zu setzen.

Es kommt ein Test, der fast schon Live-Charakter hat: Mit Hilfe von `munin-run` startet man das Plugin so, wie es `munin-node` später ausführen wird. Damit das zuverlässig funktioniert, müssen Sie `root` sein. Damit wird das Skript zum ersten Mal als Munin-Plugin, nicht als Skript ausgeführt. Das bringt es mit sich, dass man nicht mehr den ganzen Pfad zum Plugin angibt, sondern nur noch den Namen des symbolischen Links:

```
user@master:~> /opt/munin/sbin/munin-run trigonometrie_sinus
sinus.value .99999999973555764526
```

Auch hier lohnt es sich, das Skript mit all seinen Optionen zu testen. Der nächste Schritt ist der Schritt in den Live-Betrieb: Ein Neustart des `munin-node` bindet das Skript ins System ein. Sobald der `munin-node`-Daemon wieder läuft, können Sie vom Munin-Master aus eine `telnet`-Verbindung auf Port 4949 des Rechners aufbauen, auf dem Sie das Plugin installiert haben:

```
node: #  telnet localhost 4949
Trying 127.0.0.1...
Connected to localhost.
Escape character is '^]'.
# munin node at webserv.example.org
fetch trigonometrie_sinus
sinus.value .99999993973555764526
```

Der Befehl `list` muss nun neben den bisherigen Plugins das neue `trigono metrie__sinus` aufführen.

Der `fetch`-Befehl sollte nun – wie zuvor beim Skript-Aufruf auf der Kommandozeile – eine Zahl zwischen -1 und +1 liefern und dieser den String `sinus.value` voranstellen.

In derselben `telnet`-Session lässt sich der Befehl `config trigonometrie _sinus` absetzen. Dies entspricht dem Aufruf des Skripts mit der Option `config`.

Auch nach der Live-Schaltung bleibt die Sache spannend, denn es dauert bis zu 15 Minuten, bis der erste Datenpunkt in einem neuen, ansonsten leeren Graphen sichtbar wird.

9.7 Aktualisierte und neue Plugins stiften

Sicher sind Sie stolz auf das selbst entwickelte Plugin. Immerhin stellt es ein Stück Software dar, das es so vorher noch nicht gab. Wenn Sie möchten und dieses Plugin kein Firmengeheimnis darstellt, laden Sie es auf `http://muninexchange.projects.linpro.no/` (siehe Kapitel 10 ab Seite 221) hoch und stellen es somit Anderen zur Verfügung.

Um die Funktion zu veranschaulichen, gehört zu jedem Plugin auf Munin-Exchange ein Screenshot des Kurvenverlaufs.

10

Kapitel

MuninExchange

Der vollkommene Besitz beweist sich nur durch das Geschenk.
Alles, was du nicht zu geben weißt, besitzt dich.

André Gide

Noch relativ jung ist die Plattform *MuninExchange*,[1] die als zentrales Repository für den Austausch von Munin-Plugins gedacht ist und die Plugin-Übersicht im Munin-Wiki[2] ersetzt.[3] Auch wer noch kein Plugin gestiftet hat, darf hier zum Download bereitgestellte Software herunterladen, eine Anmeldung ist nicht erforderlich.

Gehostet wird die Website (wie auch die Homepage des Munin-Projekts) von der norwegischen Firma Linpro.[4] Die Betreiber sichern zu, dass Plug-

1 `http://muninexchange.projects.linpro.no/`

2 `http://munin.projects.linpro.no/wiki/PluginCat`

3 Allerdings sind noch nicht alle älteren Plugins umgezogen, so dass Sie das Wiki bei der Suche nach Lösungen derzeit noch nicht völlig außer Acht lassen sollten.

4 `http://www.linpro.no/`

ins, die in MuninExchange verfügbar gemacht werden, Eingang in die offizielle Munin-Distribution finden können.

Als Webanwendung befindet sich MuninExchange im Entwicklungsstadium, weshalb von der geplanten Funktionalität noch Einiges fehlt. Das hat zur Folge, dass die Bedienung – insbesondere beim Hochladen von Plugins – an einigen Stellen etwas hakt.

Mit den Tipps und Anleitungen in diesem Kapitel haben Sie hoffentlich schon beim ersten Uploadversuch Erfolg, so dass Sie sich – anders als wir[5] – nicht enttäuscht an die Admins wenden müssen. Unterstützung beim Ausbau von MuninExchange und zahlreich gestiftete Plugins sind in jedem Fall sehr willkommen!

Abbildung 10.1: Die Startseite von MuninExchange

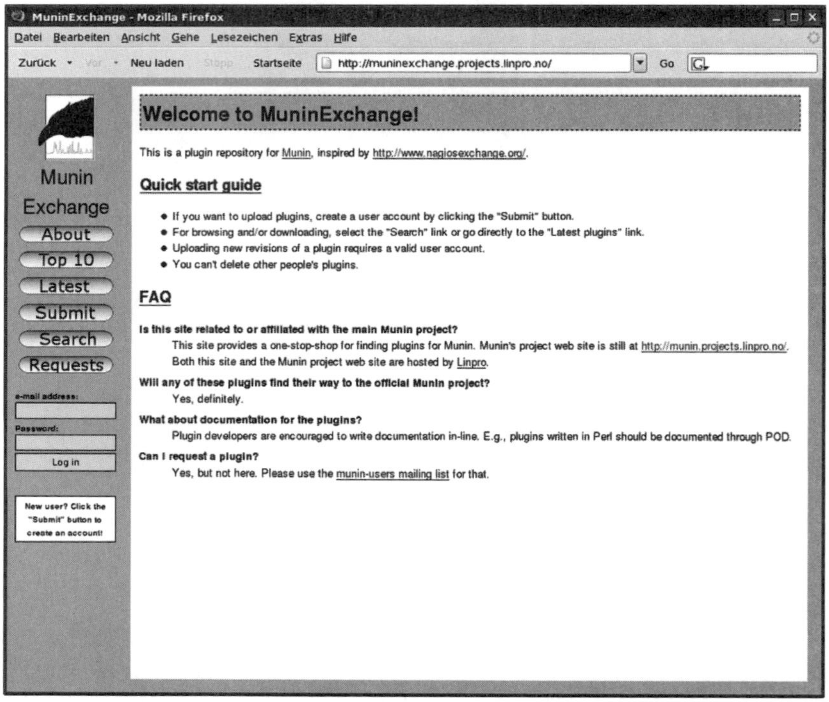

Abbildung 10.1 zeigt die Startseite an, die einige Bedienungshinweise gibt. Die Buttons in der linken Spalte dienen der Navigation. Zum Hochladen neuer Plugins (**Submit**) oder neuer Versionen vorhandener Plugins (**Update**) müssen Sie sich zunächst einen User-Account anzulegen (die Anleitung dazu finden Sie im Abschnitt 10.3 auf Seite 225). Wenn Sie schon einen Ac-

[5] `http://sourceforge.net/mailarchive/message.php?msg_name=20070626174311.ksipwgdh4w084cgg%40webmail.df.eu`

count besitzen, loggen Sie sich mit Hilfe des Formulars in der linken Spalte gleich unter den Buttons ein. Als Login-Name dient die bei der Registrierung des User-Accounts angegebene E-Mail-Adresse.

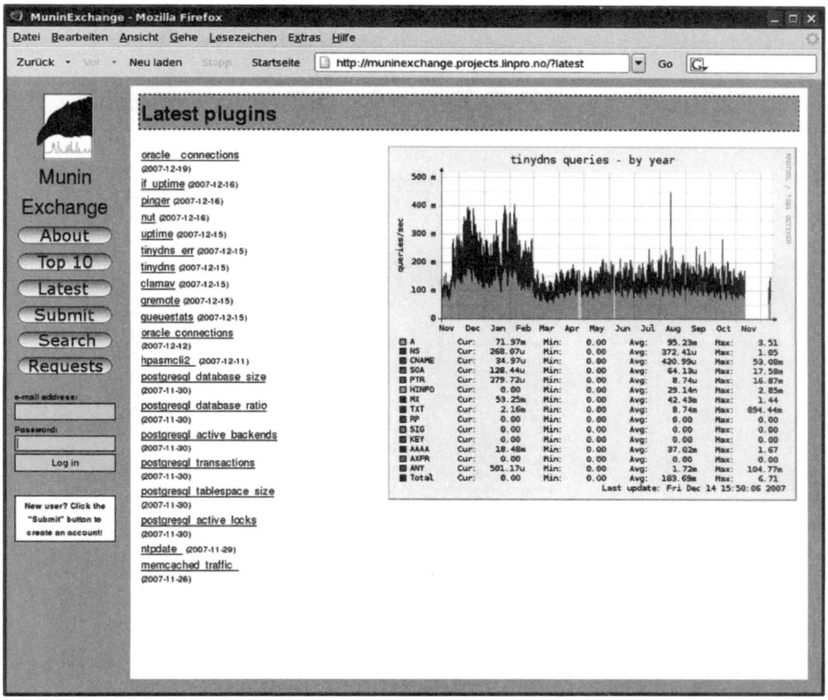

Abbildung 10.2: Die Rubrik Latest

10.1 Plugins finden

Zum Durchstöbern des Repositorys und zum Download gefundener Plugins ist kein Login erforderlich. Die jüngsten 20 Beiträge in absteigender chronologischer Reihenfolge zeigt die Übersicht (Abbildung 10.2), die sich bei Klick auf den Button **Latest** öffnet.

Wenn Sie dort mit der Maus über den Link zu einem Plugin fahren, blendet die Weseite einen entsprechenden Demo-Graphen ein, falls Sie JavaScript aktiviert haben. Über den Link gelangen Sie zur Einzeldarstellung des Plugins, die diesen Beispielgraphen ebenfalls – ohne JavaScript – enthält.

Leider kommt das allgemeine Suchformular gar nicht ohne JavaScript aus. Beim aktuellen Stand der Dinge verdient es auch den Namen *Suchformular* noch nicht, denn seine einzige Funktion besteht darin, die Plugins kategorienweise aufzulisten. Klicken Sie auf den Button **Search** links in der Navigation, erscheint im Formular rechts eine Listbox, die alle vorhandenen Plugin-Kategorien zur Auswahl stellt. Eine Reihe von Radio-Buttons soll es in Zukunft erlauben, die Suche auf bestimmte Betriebssysteme einzuschränken. Zu Druckunterlagenschluss funktionierte dieser Plattform-Filter aber noch nicht.

Abbildung 10.3: Detailansicht zum Plugin

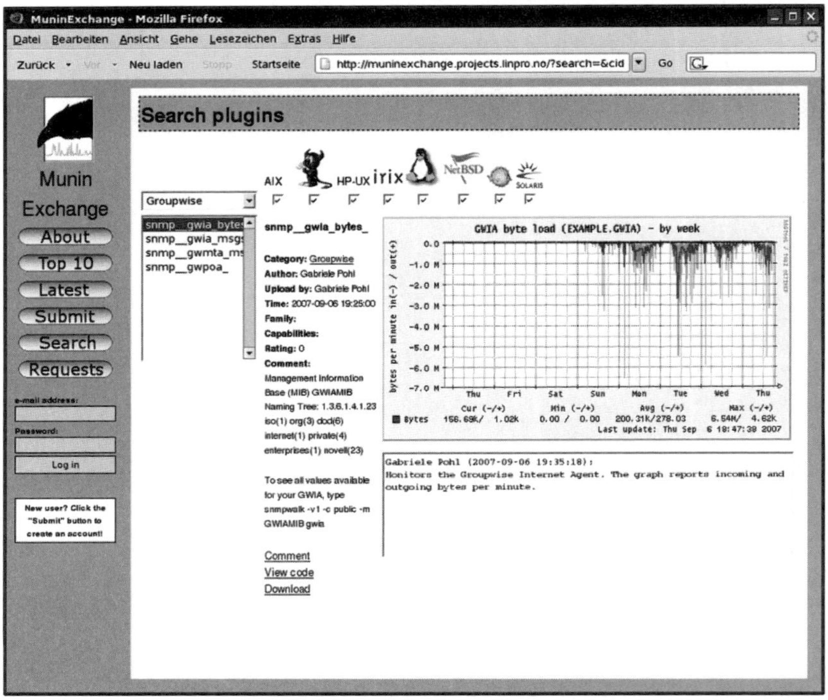

Haben Sie JavaScript aktiviert, erscheint bei Auswahl einer Kategorie eine zweite Box, die die Namen der zugehörigen Plugins aufführt. Klicken Sie auf eine der Pluginzeilen, zeigt MuninExchange Details zum entsprechenden Plugin an. Abbildung 10.3 zeigt ein Beispiel.

10.2 Die Plugin-Detailansicht

Als nicht registrierter User stehen Ihnen auf der Detailseite zum Plugin folgende Funktionen zur Verfügung, die per Link aufgerufen werden:

Comment
Ergänzen Sie einen Kommentar zum Plugin. Dieser kann maximal

255 Zeichen lang sein und setzt das Lösen eines Captcha-Rätsels voraus.

View code
Zeigt den Quelltext des Plugins an.

Download
Erlaubt es Ihnen, den Quelltext des Plugins als Datei auf Ihren Rechner herunter zu laden.

previous, next
Diese Links erscheinen nur, wenn das Plugin in mehreren Versionen vorliegt, und erlauben es Ihnen, durch dessen Historie zu wandern.

Eingeloggte User können darüber hinaus folgende Links nutzen:

Update
Erlaubt es, Sie eine aktualisierte Fassung des Plugins hochzuladen.

Delete
Die Löschfunktion erscheint nur, wenn Ihnen das Plugin gehört. Zu Druckunterlagenschluss war es damit allerdings noch nicht möglich, das Plugin zu entfernen; man wurde stattdessen auf die Startseite umgeleitet.

10.3 User-Account anlegen

Wollen Sie ein neues Plugin oder eine neue Plugin-Version hochladen, brauchen Sie einen Nutzer-Account. Sorgen Sie zunächst dafür, dass Ihr Browser Cookies von der MuninExchange-Website akzeptiert, und klicken Sie anschließend auf den Button **Submit** links. Daraufhin fordert ein Formular zur Angabe Ihres Namens, Ihrer E-Mail-Adresse und eines Passworts auf. Der Name erscheint auf der Detailseite der von Ihnen gestifteten Plugins im Feld **Upload by**, als Username für den Login dient die Mail-Adresse.

Abbildung 10.4: Spamblocker-Mechanismus bei der Nutzeranmeldung

Nach dem Absenden des Formulars gibt es noch eine Hürde zu meistern. Um automatische Registrierungen durch Spam-Robots abzuweisen, haben die Entwickler ein grafisches Captcha[6] eingebaut. Leider lässt sich diese Grafik so schlecht entziffern, dass die Aufgabe auch für Menschen nicht in jedem Fall lösbar ist. In Abbildung 10.4 sehen Sie ein Beispiel, wo es der Probandin entging, dass es sich beim vierten Buchstaben um ein `Q` und nicht um ein O handelte. Das System bietet in solchen Fällen allerdings gleich im Anschluss eine zweite Chance, so dass es irgendwann schon klappt. Wenn Ihr Browser keine Cookies akzeptiert, landen Sie hier jedoch in einer Endlosschleife!

10.4 Neue Plugins einstellen

Haben Sie sich erfolgreich als Nutzer auf MuninExchange registriert, steht dem Ansinnen, eigene Plugins der Allgemeinheit zugänglich zu machen, nichts mehr im Wege. Loggen Sie sich zunächst durch Angabe von E-Mail-Adresse und Passwort im Formular auf der linken Seite ein.

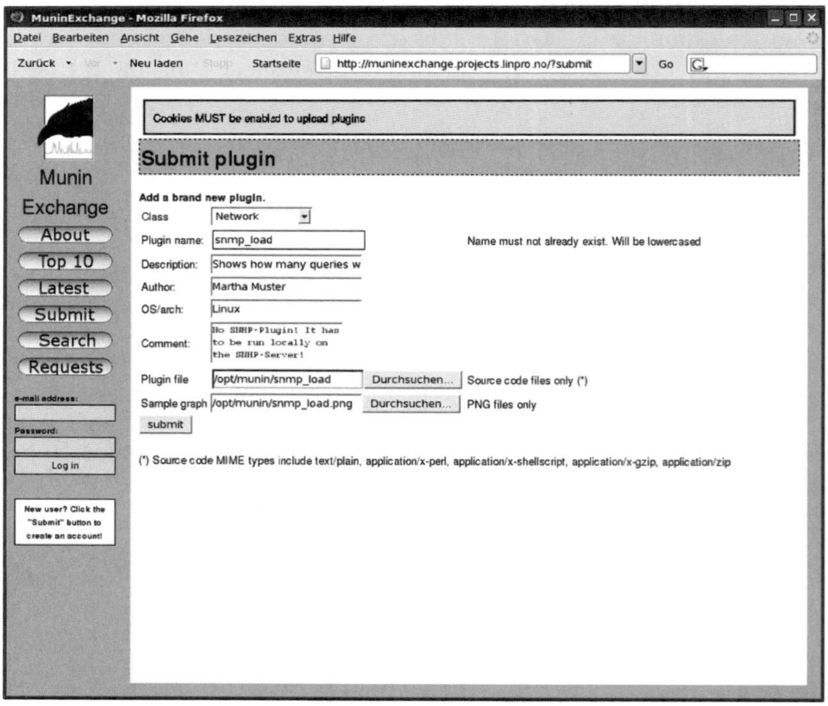

Abbildung 10.5: Neues Plugin hochladen

6 http://de.wikipedia.org/wiki/Captcha

Mit dem Button **Submit**, den Sie ebenfalls in der Navigationsspalte links finden, rufen Sie das Formular zum Hochladen eines neuen Plugins auf (Abbildung 10.5). Erscheint stattdessen das Formular zur Nutzerregistrierung, akzeptiert Ihr Browser keine Cookies von der Website. Diese Erlaubnis müssen Sie erteilen, denn ohne Cookies geht hier gar nichts.

Das Formular zum Einreichen (englisch: *submit*) neuer Plugins bietet Platz für folgende Angaben:

Class
: Treffender wäre die Bezeichnung *Category*, denn hier wählen Sie die Kategorie, der das Plugin zugeordnet wird. Finden Sie nichts Passendes, entscheiden Sie sich für die Kategorie `Other`. Sie können auch eine neue Kategorie vorschlagen (siehe Seite 230) und die Munin-Exchange-Betreiber bitten, Ihr Plugin dieser Kategorie zuzuordnen, sobald diese eingerichtet wurde. Achtung! Nach dem Hochladen des Plugins haben Sie keine Möglichkeit mehr, die Zuordnung zu ändern.

Plugin name
: Die hier von Ihnen angegebene Bezeichnung wird automatisch auf Kleinbuchstaben umgesetzt und darf in dieser Schreibweise bislang nicht für ein anderes Plugin vergeben worden sein. Beim späteren Download erhält die Plugin-Datei diesen Namen.

  Geben Sie darum genau die Bezeichnung an, unter der das Plugin in der Sammlung auf dem Munin-Node erscheinen soll. SNMP-Plugins (siehe Seite 68) sollten die zwei aufeinanderfolgenden Unterstriche im Namen aufweisen, zwischen denen beim Verlinken der Hostname eingefügt wird, Wildcard-Plugins (siehe Seite 68) mit einem Unterstrich enden.

Description
: An dieser Stelle beschreiben Sie mit maximal 255 Zeichen Zweck und Funktion des neuen Plugins. Leider hatte das Input-Feld zu Druckunterlagenschluss noch keine entsprechende Begrenzung gesetzt. Wenn die Bezeichnung zu lang ausfällt, landen Sie auf einer Seite mit einer Fehlermeldung, von der aus Sie nicht zu Ihrer ausgefüllten Seite zurückkommen. Sie müssen dann leider das Formular neu aufrufen und nochmals ausfüllen.

Author
: Hier geben Sie den Namen des Autors an, im Regelfall nochmals Ihren Namen. Der erscheint in der Detailansicht im Feld **Author**, wohingegen der Username, mit dem Sie sich eingeloggt haben, automatisch ins Feld **Upload by** übernommen wird. Autor und Stifter des Plugins müssen also nicht übereinstimmen, werden es aber in den meisten Fällen.

OS/arch

Hier geben Sie die Plattform an, für die Ihr Plugin gedacht ist. Das Suchformular bot zu Druckunterlagenschluss folgende Auswahl: **AIX**, **FreeBSD**, **HP-UX**, **IRIX**, **Linux**, **NetBSD**, **OpenBSD** und **Solaris**. Da die Angabe im Submit-Formular im Freitext erfolgt, können Sie hier bei Bedarf auch mehrere nennen oder `generic` eintragen, wenn Ihr Plugin plattformunabhängig ist.

Die Information soll später die entsprechende Filterung im Suchformular erlauben. Zu Druckunterlageschluss wurde sie weder ausgewertet noch auf der Detailseite des Plugin angezeigt.

Comment

Platz für einen maximal 255 Zeichen langen Kommentar. Auch hier achtete das Formular zu Druckunterlagenschluss nicht von sich aus auf die Längenbegrenzung, bei einer Überschreitung erleben Sie das gleiche Ungemach wie beim Feld **Description**. Schreiben Sie den Kommentar also am besten in einem Editor vor und übertragen sie ihn, nachdem Sie die Länge geprüft haben, ins Inputfeld des Formulars.

Plugin file

Das wichtigste Feld – wenn Sie es leer lassen, gibt es eine Fehlermeldung – erfragt den Pfad zur Plugin-Datei. Zugelassen sich reine Textdateien, Perl- und Shellskripte.

Umfasst Ihr Plugin mehrere Dateien, weil Sie Hilfsfunktionen in eigene Dateien ausgelagert haben, können Sie auch mit `zip` oder `gzip` komprimierte Archive hochladen. Nachteil dieser Variante: Die Funktion **View code** (siehe Seite 225) zeigt in dem Fall Binärdaten an. Machen Sie daher im Kommentar auf das besondere Format aufmerksam. Ein Beispiel bietet das Plugin `ipmisensors` aus der Kategorie **Sensors**.

Sample graph

Wählen Sie aus Ihrer Munin-Übersicht einen möglichst aussagekräftigen Munin-Graphen aus, um Interessenten Ihr Plugin vorzustellen. Es empfiehlt sich, ein von Munin selbst generiertes Bild zu nehmen, da es bereits im geforderten PNG-Format vorliegt und die Dimensionen der Webseite nicht sprengt. Dieses finden Sie im passenden Gruppenverzeichnis unterhalb des in der Munin-Master-Konfiguration mit dem Parameter `htmldir` spezifizierten Ordners. Der Dateiname der Grafik beginnt mit dem Hostnamen. Durch Bindestrich abgetrennt folgt der Name des Service-Links. Am Schluss steht, ob es sich um die Tages-, Wochen-, Monats- oder Jahresübersicht handelt:

```
master:/var/www/html/munin/example.com # ls \
localhost.example.com-smart_hda*.png
localhost.example.com-smart_hda-day.png
```

```
localhost.example.com-smart_hda-month.png
localhost.example.com-smart_hda-week.png
localhost.example.com-smart_hda-year.png
```

Navigieren Sie mit dem Button **Durchsuchen** zur entsprechenden Datei. Alternativ können Sie den kompletten Pfad ins Feld eintragen. Aber Achtung, bei Tippfehlern landen Sie wieder auf der erwähnten Fehlerseite und müssen das Formular nochmal komplett ausfüllen.

Das vollständig ausgefüllte Formular senden Sie mit dem Button **submit** am Fuß der Seite an den MuninExchange-Server. Achten Sie darauf, dass zwischen dem Aufruf und Absenden des Formulars nicht mehr als 30 Minuten vergehen. Anderenfalls ist Ihre MuninExchange-Session abgelaufen, Sie müssen sich erneut einloggen und das Formular nochmals ausfüllen.

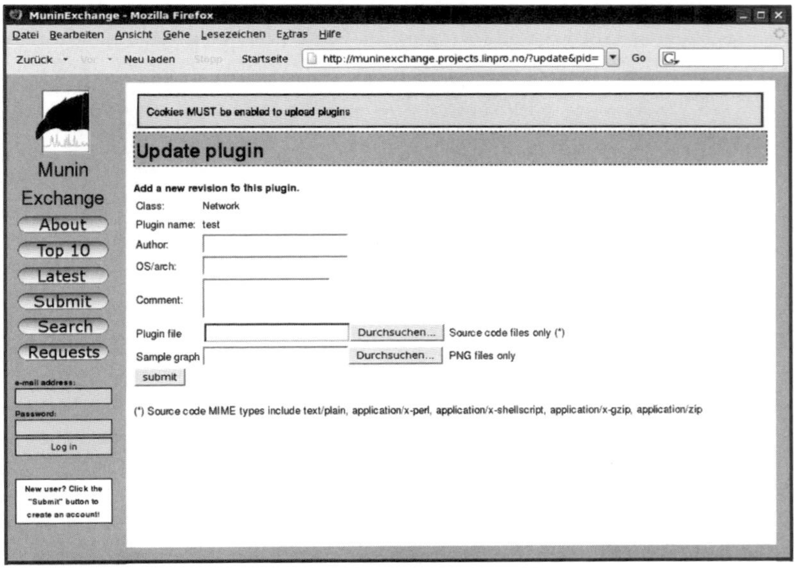

Abbildung 10.6: Update bestehender Plugins

10.5 Plugins aktualisieren

MuninExchange erlaubt es in der Detailansicht eines Plugins, verbesserte Versionen hochzuladen. Dazu müssen Sie ebenfalls eingeloggt sein. Bei Klick auf den Link **Update** erhalten Sie das entsprechende Formular, wie es Abbildung 10.6 zeigt.

Kategorie und Pluginname stehen in diesem Fall bereits unveränderlich fest. Auch die Beschreibung wird aus der Vorgängerversion übernommen und kann leider nicht geändert werden. Die übrigen Felder füllen Sie wie beim Hochladen neuer Plugins (siehe Abschnitt 10.4 auf Seite 226) aus. Auch hier starten Sie die Übertragung auf den Server per Klick auf den Button **submit** am Fuß des Formulars.

War der Upload erfolgreich, präsentiert die Detailansicht zum Plugin die neue Version. Sobald mehrere Versionen eines Plugins im Repository vorhanden sind, erscheinen direkt unter dem Namen des Plugins zwei Navigationselemente, die mit **previous** (vorherige) und **next** (nächste) beschriftet sind. Damit kann man zwischen älteren und neueren Versionen navigieren.

Abbildung 10.7: Neue Kategorien oder Plattformen vorschlagen

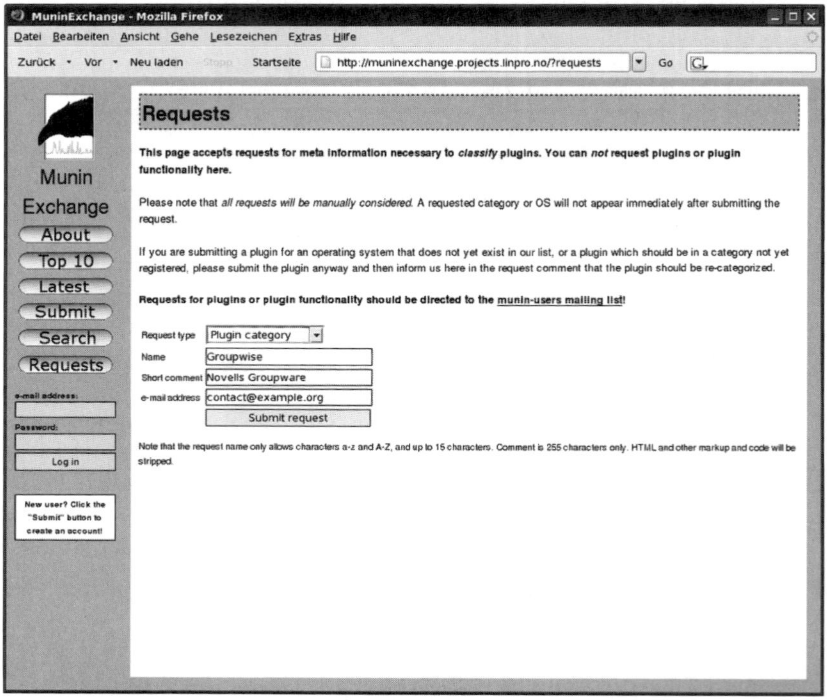

10.6 Neue Kategorien und Plattformen vorschlagen

Passt ein neues Plugin nicht in die vorhandenen Kategorien, erlaubt es der Button **Requests** in der Navigationsleiste links, neue Kategorien vorzuschlagen. Dasselbe Formular (Abbildung 10.7) dient auch der Bitte, die Betriebssystemauswahl zu erweitern. Ein Login ist hierbei nicht erforderlich. Füllen

Sie einfach folgende Felder aus und schicken Sie die Daten per Klick auf den Button **Submit request** ab:

Request type
: Wähen Sie aus, ob Sie eine Kategorie (**Plugin category**) oder ein Betriebssystems (**Operating system**) ergänzen wollen.

Name
: Hier geben Sie die gewünschte Bezeichnung an. Beachten Sie, dass diese maximal 15 Zeichen lang sein und keine Sonder- oder Leerzeichen enthalten darf. Erlaubt sind nur Klein- und Großbuchstaben von A bis Z.

Short comment
: Platz für einen kurzen Kommentar bis maximal 255 Zeichen.

e-mail address
: Geben Sie Ihre E-Mail-Adresse an, damit die Admins bei Rückfragen oder zu Informationszwecken Kontakt aufnehmen können.

Es kann allerdings eine Weile dauern, bis Ihre Vorschläge im System erscheinen, weil sie manuell geprüft und erst beim nächsten Datenbank-Update ggf. aufgenommen werden. Dies geschieht nach Aussage des Betreibers nur sporadisch.

Linpro bietet aber an, Ihr Plugin der vorgeschlagenen Kategorie bzw. dem vorgeschlagenen Betriebssystem zuzuordnen, sobald die Datenbank entsprechend erweitert wurde. Melden Sie entsprechenden Bedarf im Kommentar des Anforderungsformulars oder auch über die `munin-users`-Mailingliste[7] an.

[7] `https://lists.sourceforge.net/lists/listinfo/munin-users`

Kapitel 11

Troubleshooting

Ein kluger Mensch verwandelt große Probleme in kleine und kleine in keine.

Chinesisches Sprichwort

Was tun, wenn Sie alles richtig gemacht zu haben glauben, und die Munin-Übersicht sich dennoch beharrlich weigert, einen Host oder einen zu überwachenden Parameter anzuzeigen? Dann heißt es, sich systematisch auf die Suche nach dem Fehler zu begeben. Als hilfreich haben sich folgende Grundsätze der guten fachlichen Praxis erwiesen:

Beobachtungen und Erkenntnisse festhalten
: Lesen Sie die Ausgaben der Software. Notieren Sie Fehlermeldungen im Wortlaut! Screenshots und *Copy & Paste* helfen dabei. Machen Sie Notizen über gewonnene Einsichten.

Experimentieren
: Variieren Sie Ihr Vorgehen. Probieren Sie auch andere Wege aus. Wie reagiert das System? Gibt es gleiche oder andere Fehlermeldungen?

Logisch analysieren
: Deuten Sie Ihre Beobachtungen im Sinne der Architektur. Welche Funktionen spielen in Ihrem Kontext mit? Testen Sie die Funktionen einzeln und schließen Sie so mögliche Fehlerquellen Stück für Stück aus.

Versionsverwaltung
: Legen Sie vor Änderung von Konfigurationsparametern oder des Quellcodes Kopien des Originalzustands an. Eine kurze Beschreibung oder ein Stichwort zum Zweck der Operation erleichtert es, später noch durchzublicken.

11.1 Was sagen die Logdateien?

Ein Blick in die Logfiles lohnt sich immer, insbesondere aber, wenn Sie einem Fehler nachspüren. Lassen Sie das System selbst berichten, was geschehen ist. Es war dabei und ist somit der wichtigste Zeuge.

11.1.1 Werkzeug-spezifische Logdateien

Standardmäßig schreiben alle Munin-Prozesse je eigene Logdateien im Verzeichnis `/var/log/munin/`.[1] Die Skripte des Munin-Masters laufen unter der Benutzerkennung `munin` ab. Darum gehören sowohl das Logverzeichnis als auch die Logdateien der Master-Skripte dem Benutzer `munin`. Der Munin-Node-Daemon läuft dagegen mit der Benutzerkennung `root`. Seine Logdateien gehören dem Nutzer und der Gruppe `root`.

Auf Munin-Nodes

Auf Munin-Node-Rechnern existiert nur eine Logdatei namens `munin-node.log`. Wieviel der Daemon darin von seiner Arbeit mitprotokolliert, legt der Konfigurationsparameter `log_level` in der Konfigurationsdatei des `munin-node`-Daemons, `/etc/opt/munin/munin-node.conf`, fest. So notiert der Daemon außer im `log_level 0` stets, wann er gestoppt oder gestartet wurde.

Der Wertebereich des `log_level`-Parameters geht von `0` (Logging abgeschaltet) bis `4` (sehr gesprächig).

Sofern der Node korrekt konfiguriert ist und keine sonstigen Störungen auftreten, ist der Inhalt der Logdatei recht eintönig: eine Zeile für jede Kontakt-

[1] Kapitel 3.3.7 beschreibt, wie Sie den Munin-Node dazu bringen, ins Syslog zu schreiben. Für den Munin-Master ist das nicht möglich.

aufnahme. Darin sind Datum, Uhrzeit und die IP des anfragenden Rechners (`Peer`) festgehalten:

```
2007/10/12-20:40:01 CONNECT TCP Peer: "192.0.2.17:50688" Local: "127.0.0
.1:4949"
```

Diese Zeilen wiederholen sich im Abstand von fünf Minuten. Welche Plugins der Munin-Master jeweils aufgerufen hat, sieht man hier normalerweise nicht. Im Allgemeinen erscheinen entsprechende Meldungen nur, wenn beim Aufruf etwas schief ging, denn Munin tut nichts anderes, als die Ausgaben, die ein Programm nach STDERR schreibt, in die Logdatei umzulenken. Voraussetzung dafür ist ein Loglevel größer oder gleich `1`.

Läuft beispielsweise der `ntpd` nicht, kann kein `ntp*`-Plugin Daten abfragen. Das im Plugin aufgerufene `ntpq` gibt dann eine Fehlermeldung aus; diese erscheint nun in der Logdatei:

```
2008/03/31-10:10:05 CONNECT TCP Peer: "127.0.0.1:4761" Local: "127.0.0.1
:4949"
ntpdc: read: Connection refused
ntpq: read: Connection refused
```

Solche Meldungen geben im Fehlerfall wichtige Hinweise auf die Ursache eines Problems.

Auf dem Munin-Master

Auf dem Munin-Masterrechner enthält `/var/log/munin/` ein paar mehr Dateien, denn jedes der durch `munin-cron` aufgerufenen Tools schreibt ein eigenes Log.

`munin-update.log`
: `munin-update` protokolliert zu Beginn jedes Zyklusses, wann es gestartet wurde und welche Domains (bzw. Gruppen) und Nodes es abgeklappert hat:

```
Mar 30 22:45:01 - Starting munin-update
Mar 30 22:45:01 [13944] - Processing domain: example.net
Mar 30 22:45:01 [13944] - Processing node: munin.example.net
Mar 30 22:45:01 [13944] - Processed node: munin.example.net (0.01
sec)
Mar 30 22:45:01 [13944] - Processed domain: example.net (0.01 sec)
[...]
```

Auf jedem Node ruft es die dortigen Plugins einmal mit der Option `config` auf, um deren Konfiguration auszulesen, und einmal ohne Option, um die Messwerte abzufragen. Beide Aktionen vermerkt es im Logfile, inklusive der Zeit, die die Abfrage gedauert hat:

```
[...]
Mar 30 22:45:57 [14241] - Configured service: munin.example.net ->
processes (0.04 sec)
Mar 30 22:45:57 [14241] - Configured service: munin.example.net ->
if_eth0 (0.05 sec)
Mar 30 22:45:57 [14241] - Configured service: munin.example.net ->
df (0.05 sec)
Mar 30 22:45:58 [14241] - creating rrd-file for munin_update->examp
le_net.label
Mar 30 22:45:58 [14241] - creating rrd-file for munin_update->Webse
rver.label
Mar 30 22:45:58 [14241] - creating rrd-file for munin_update->Mails
erver.label
Mar 30 22:45:58 [14241] - creating rrd-file for munin_update->examp
le_net.label
Mar 30 22:45:58 [14241] - Configured service: munin.example.net ->
munin_update (0.06 sec)
Mar 30 22:45:58 [14241] - Configured node: munin.example.net (1.56
sec)
[...]
Mar 30 22:45:58 [14241] - Fetched service: munin.example.net -> if_
eth0 (0.05 sec)
Mar 30 22:45:58 [14241] - Fetched service: munin.example.net -> pro
cesses (0.05 sec)
Mar 30 22:45:59 [14241] - Fetched service: munin.example.net -> df
(0.05 sec)
Mar 30 22:45:59 [14241] - Fetched service: munin.example.net -> mun
in_update (0.06 sec)
Mar 30 22:46:01 [14241] - Fetched node: munin.example.net (2.99 sec)
Mar 30 22:46:07 [14240] - Munin-update finished (10.44 sec)
```

Da das Plugin `munin_update` in diesem Fall gerade erst eingebunden wurde, legte `munin-update` die zugehörigen RRD-Dateien an.

Da pro abzufragendem Node je ein `munin-update`-Prozess simultan gestartet wird, gehen die Logmeldungen in der Datei ziemlich durcheinander. Im Beispiel oben haben wir daher nur Auszüge wiedergegeben, die sich auf den Node `munin.example.net` beziehen, der auch den Munin-Master beherbergt.

Der folgende Eintrag entstand, weil der vom Node `shop.example.net` per SNMP abgefragte Dienst auf dem fernen Rechner nicht mehr existierte:

```
Mar 30 22:46:06 [14244] - Unable to update Webserver -> shop.exampl
e.net -> snmp_mx1_example_net_gwweb_1 -> r_completed: No such field
 (no "label" field defined when running plugin with "config").
```

Es handelte sich um den Knoten eines Clusters. Der Dienst war zwischenzeitlich auf einen anderen Knoten verlagert worden und das entsprechende Objekt in der MIB des abgefragten Knotens nicht mehr vorhanden.

Folgende Fehlermeldung weist darauf hin, dass die Abfrage des SNMP-Hosts zu lange gedauert hat (Standardmäßig beträgt der Timeout 180 Sekunden.):

```
Mar 30 23:55:14 [21333] - Client reported timeout in configuration
of snmp_gw_gwweb_1
Mar 30 23:55:27 [21333] - Client reported timeout in fetching of sn
mp_gw_gwweb_1
```

Wenn bereits die Kontaktaufnahme zum `munin-node` missglückt, z. B. weil der Daemon gar nicht läuft, erscheint folgende Fehlermeldung im Logfile:

```
Mar 31 00:25:01 [24694] - Could not connect to munin.example.net(12
7.0.0.1): Connection refused - Attempting to use old configuration
```

Falls der Daemon läuft, aber dem Master keinen Zugriff gestattet, sieht die Fehlermeldung etwas anders aus:

```
Mar 31 00:43:22 [27477] - Got unknown reply from client "GIS" -> "n
ame" skipping
```

`munin-limits.log`

Sobald Messwerte vorliegen, prüft `munin-limits`, ob sie vorgesehene Warn- und kritische Schwellwerte überschreiten. Ist dem so, vermerkt es das in einer Zwischendatei `/var/opt/munin/limits`.

Falls die Konfiguration[2] dies fordert, versendet `munin-limits` zudem Benachrichtigungen an die Administratorin.

`munin-graph.log`

Später wertet `munin-graph` diese Informationen beim Zeichnen der Graphen aus und hebt die entsprechenden Felder in der Munin-Übersicht farblich hervor. Seine Anweisungen erhält das Skript – wie die anderen Munin-Master Komponenten – aus der Konfigurationsdatei `/etc/opt/munin/munin.conf`.

Domainweise arbeitet es sich Node für Node durch den Auftragsstapel und vermerkt in der Logdatei, welche Zeichnungen erstellt wurden. Wenn Graphen in der Munin-Übersicht fehlen oder nicht mehr aktualisiert werden, lohnt sich ein Blick hier hinein. Meistens machen hier Zugriffsversuche auf die RRD oder unerlaubte Datenwerte Schereien. Im folgenden Beispiel aus der Praxis blieb der Graph **Login Users** auf einem neu installierten Rechner leer. In der Logdatei fanden sich folgende Einträge:

[2] Kapitel 5.3.4 zeigt auf Seite 96 wie die Konfiguration von Benachrichtungen zu machen ist.

```
Warning: Unknown option "colour" in "WWW;web.example.net:users.tty.
colour".
Warning: Unknown option "colour" in "WWW;web.example.net:users.pts.
colour".
Warning: Unknown option "colour" in "WWW;web.example.net:users.pty.
colour".
Warning: Unknown option "colour" in "WWW;web.example.net:users.X.co
lour".
Warning: Unknown option "colour" in "WWW;web.example.net:users.othe
r.colour".
```

Die Fehlerursache: Der seit Jahren im Einsatz befindliche Munin-Master der Version 1.2.3 kennt die Option `colour` des neu installierten Munin-Nodes (in diesem Fall Version 1.3.3) nicht. Zur Lösung des Problems, kommentierten wir die `colour`-Anweisungen im Plugin auf dem Node aus, der Node vergab die Farben anschließend in eigener Regie.

`munin-html.log`
: Dieses Log aktualisiert der letzte Prozessschritt eines Munin-Zyklus, das Skript `munin-html`. Seine Aufgabe ist es, alle Informationen zur Munin-Übersicht im HTML-Format zusammenzuführen.

11.1.2 Meldungen im Syslog

In der zentralen Syslogdatei `/var/log/messages` finden Sie Warnungen, wenn Munin globale Sicherheitseinstellungen von SELinux,[3] AppArmor[4] oder ähnlichen Mechanismen im Wege stehen:

```
Sep 14 12:15:03 elfje kernel: audit(1189764903.305:183): avc:  denied  {
read write } for  pid=8938 comm="ethtool" name="[29192]" dev=sockfs ino=
29192 scontext=system_u:system_r:ifconfig_t:s0 tcontext=system_u:system_
r:initrc_t:s0 tclass=tcp_socket
Sep 14 12:15:04 elfje kernel: audit(1189764904.201:184): avc:  denied  {
read write } for  pid=9048 comm="smartctl" name="[29192]" dev=sockfs ino
=29192 scontext=system_u:system_r:fsadm_t:s0 tcontext=system_u:system_r:
initrc_t:s0 tclass=tcp_socket
```

Im Beispiel konnten die Plugins `smart_` und `if_` ihren Dienst nicht versehen, weil SELinux den Zugriff auf die angefragten Ressourcen verweigerte. Welche Vorkehrungen bezüglich SELinux zu treffen sind, bevor Sie Munin installieren, beschreibt das Munin-Wiki.[5]

3 http://www.nsa.gov/selinux/
4 http://developer.novell.com/wiki/index.php/Apparmor
5 http://munin.projects.linpro.no/wiki/LinuxInstallation#MuninandSELinux

11.1.3 Logmeldungen von munin-cron

Die Datei /var/log/cron verrät unter anderem, wann munin-cron aufgerufen wurde:

```
Mar 29 21:05:01 elfje crond[16054]: (munin) CMD (/opt/munin/bin/munin-cron)
Mar 29 21:10:01 elfje crond[16396]: (munin) CMD (/opt/munin/bin/munin-cron)
Mar 29 21:15:01 elfje crond[16741]: (munin) CMD (/opt/munin/bin/munin-cron)
Mar 29 21:20:01 elfje crond[17091]: (munin) CMD (/opt/munin/bin/munin-cron)
```

Auf diesem Rechner startet der Munin-Cronjob wie üblich alle fünf Minuten.

Falls bei der Ausführung des Cronjobs Fehler an STDOUT gemeldet werden, versendet das System die Ausgabe per Default in einer E-Mail an den Systemaccount root. So weist folgende Mail darauf hin, dass der in /etc/cron.d/munin in Auftrag gegebene Cronjob fehlschlug, weil munin-cron nicht an der angegebenen Stelle gefunden wurde:

```
From munin@localhost.localdomain  Sat Mar 29 21:45:01 2008
X-Original-To: root
Delivered-To: root@localhost.localdomain
From: root@localhost.localdomain (Cron Daemon)
To: root@localhost.localdomain
Subject: Cron <munin@elfje> /usr/bin/munin-cron
Content-Type: text/plain; charset=UTF-8
Auto-Submitted: auto-generated
X-Cron-Env: <MAILTO=root>
X-Cron-Env: <SHELL=/bin/sh>
X-Cron-Env: <HOME=/var/opt/munin>
X-Cron-Env: <PATH=/usr/bin:/bin>
X-Cron-Env: <LOGNAME=munin>
X-Cron-Env: <USER=munin>
Date: Sat, 29 Mar 2008 21:45:01 +0100 (CET)

/bin/sh: /usr/bin/munin-cron: No such file or directory
```

Die Logdatei des Cron-Daemons gibt hier *keinen* Hinweis auf das Problem:

```
Mar 29 21:35:01 elfje crond[18140]: (munin) CMD (/opt/munin/bin/munin-cron)
Mar 29 21:40:01 elfje crond[18571]: (munin) CMD (/opt/munin/bin/munin-cron)
Mar 29 21:40:01 elfje crond[18573]: (root) CMD (/usr/lib/sa/sa1 1 1)
Mar 29 21:44:01 elfje crond[3030]: (*system*) RELOAD (/etc/cron.d/munin)
Mar 29 21:45:01 elfje crond[18988]: (munin) CMD (/usr/bin/munin-cron)
Mar 29 21:50:01 elfje crond[19010]: (munin) CMD (/usr/bin/munin-cron)
```

11.2 Plugins testen

Wenn neu in die Überwachung eingebundene Plugins nicht die erwarteten Graphen produzieren, empfiehlt es sich, ihre Funktionsweise auf unterschiedlichen Ebenen zu testen.

11.2.1 Test auf dem Munin-Node

Das Werkzeug `munin-run` dient dazu, einzelne Plugins im Kontext des Munin-Nodes auszuführen. Wenn alles korrekt eingerichtet ist, sollte das Plugin die aktuellen Messwerte liefern. `munin-run` müssen Sie unter der Benutzerkennung `root` aufrufen. Das folgende Beispiel demonstriert dies am Beispiel des Plugins cpu, zunächst ohne Optionen:

```
node: # munin-run cpu
user.value 51025251
nice.value 16642064
system.value 10345203
idle.value 201437705
iowait.value 313616
irq.value 2619
softirq.value 200792
```

Die Option `--debug` verhilft zu tieferen Einblicken:

```
node: # munin-run --debug cpu
Saving postfix*->env->logfile = mail...
Saving freeradius->env->radius_log = /var/log/radius/radius.log...
Saving freeradius->env->graph_period = minute...
Saving snmp_192.0.2.20_*->env->community = MyCommunity...
# file: 'cpu'
# Want to run as euid/egid 65534/101
# Running as uid/gid/euid/egid 65534/101 101/65534/101 101
DEBUG: About to exec "/etc/opt/munin/plugins/cpu".user.value 51047140
nice.value 16648484
system.value 10351490
idle.value 201517963
iowait.value 315493
irq.value 2620
softirq.value 202641
```

Der erste Abschnitt berichtet Ihnen, welche Umgebungsvariablen die Plugin-Konfiguration des Munin-Nodes setzt. Dieser kann – je nachdem, welche Einstellungen Sie in der Konfiguration vorgenommen haben – auf Ihrem Munin-Node sehr anders als im hiesigen Beispiel aussehen,

Die anschließenden, mit # beginnenden Zeilen verraten, mit welcher effektiven User-ID und Gruppe das Plugin gestartet werden soll. Die meisten

Plugins laufen mit den Rechten des Users `nobody` (der meist die UID 65534 hat). Die Gruppe `101` entspricht auf dem Beispielsystem der Gruppe `munin`. Vermerkt die Konfiguration unterhalb von `/etc/opt/munin/plugin-conf.d/` einen anderen Benutzer zur Ausführung dieses Plugins, wird dies hier entsprechend berücksichtigt – das Skript wird dann als `root`, `lpadmin` etc. ausgeführt.

Es folgt die Ausgabe des Plugins, angekündigt von einer mit dem Wort `DEBUG` beginnenden Zeile, die den kompletten Pfad des Plugin-Aufrufs verrät. Läuft beispielsweise der `ntpd` nicht, sieht der Aufruf des Plugins wie folgt aus

```
node: # munin-run --debug ntp_offset
# file: 'ntp_offset'
# Want to run as euid/egid 65534/102
# Running as uid/gid/euid/egid 65534/102 102/65534/102 102
# DEBUG: About to exec "/etc/munin/plugins/ntp_offset"
ntpq: read: Connection refused
delay.value
offset.value
jitter.value
```

Zunächst fällt das Fehlen der `value`-Werte auf. Ohne Werte kann Munin aber keine Kurve zeichnen. Weiter oben steht die Fehlermeldung des `ntpq: read: Connection refused` – ein deutlicher Hinweis darauf, dass dieser Dienst nicht läuft!

`munin-run` erlaubt es auch, eine spezielle Plugin-Konfiguration zu testen, *bevor* Sie sie in die Konfiguration des aktiven Munin-Nodes eintragen. Legen Sie Ihre geänderte Konfigurationsdatei dazu in ein separates Verzeichnis. Mit der Option `--sconfdir` *`pfad/zum/anderen/konfigurationsverzeichnis`* sagen Sie `munin-run`, dass es die Dateien in diesem Verzeichnis zur Plugin-Konfiguration heranziehen soll.

Ein beliebter Fehler beim Programmieren von Plugins besteht darin, es zum Test schnell ohne `munin-run`, sondern direkt mit `root`-Rechten aufzurufen. Das Skript gewinnt an Umfang, wird aufwändiger und schließlich in Munin eingebunden. Ab diesem Zeitpunkt verweigert es seine Funktion, während auf der Kommandozeile alles bestens funktioniert.

Ursache solcher Probleme sind oft temporäre Dateien, die das Skript bei jedem Aufruf schreibt und überschreibt: Temporäre Dateien, die das Skript anlegt, wenn es mit `root`-Rechten aufgerufen wird, kann es nicht überschreiben, wenn es vom Munin-Node mit `nobody`s Rechten gestartet wird. Löschen Sie daher alle temporären Dateien, bevor ein neues Plugin in den Produktivbetrieb geht!

11.2.2 Test auf dem Munin-Master

Wenn Ihr Plugin grundsätzlich funktioniert, die Werte beim Munin-Master aber nicht ankommen, empfiehlt es sich, deren Abruf beim Munin-Node via `telnet` zu testen. So sehen Sie, ob es ggf. Probleme im Netzwerk gibt und ob der Munin-Node Abfragen des Munin-Masters erlaubt.

Eine erfolgreiche `telnet`-Abfrage des Munin-Node demonstriert Kapitel 1.2 auf Seite 21. Im Folgenden sehen Sie, was sich abspielt, wenn dem anfragenden Rechner keine Erlaubnis zum Zugriff in der Munin-Node-Konfiguration erteilt wurde. Der Node ist dann ziemlich kurz angebunden:

```
munin@master:>  telnet webserv.example.com 4949
Trying 192.0.2.22...
Connected to webserv.example.com
Escape character is '^]'.
Connection closed by foreign host.
```

12 Kapitel

Zusammenarbeit mit Nagios

Wir waren Brüder! Brüder durch ein edler Band, als die Natur es schmiedet.

Friedrich Schiller[1]

Munin und Nagios sind keine Konkurrenten, sondern arbeiten im Gegenteil sehr gut zusammen. Munins wurde in Hinsicht auf das Langzeitmonitoring entwickelt, Nagios zur Signalisierung von akuten Problemen und Ausfällen. Das zeigt sich an den Eigenschaften der beiden Programme.

12.1 Eine Gegenüberstellung

Nagios übermittelt mit `OK`, `WARNING`, `CRITICAL` oder `UNKNOWN` einen klassifizierten Statuswert der überwachten Ressource bzw. des abgefragten Dienstes. In welchem zeitlichen Abstand der Status geprüft wird, lässt sich in-

[1] Zitat aus „Don Carlos".

dividuell für jede Überwachungsfunktion einstellen. In größeren Nagios-Installationen sind das oft – wie bei Munin standardmäßig vorgegeben – fünf Minuten.

Fällt ein Host auf der Strecke aus, können auch die Abfragen der dahinter liegenden Hosts nicht mehr gelingen. Nagios berücksichtigt solche Abhängigkeiten, wenn man sie in Form von Host-Hierarchien in der Konfiguration bekannt macht. Auf diese Weise bleiben einem Warnkaskaden erspart.

Nagios verfügt über ein ausgefeiltes Benachrichtigungswesen. Ein Gruppen- bzw. Rollenkonzept vereinfacht die Verwaltung von Zuständigkeiten. Außerdem können – abhängig von der Uhrzeit und dem Wochentag, an dem eine Störung auftritt – passende Medien (Mail, SMS, Pieper, ...) die Benachrichtigung übernehmen. Dauert eine Störung nach wiederholten Warnungen weiter an, kann Nagios andere Kanäle zur Kommunikation nutzen oder andere Kontakte informieren. Damit ist Eskalationsmanagement möglich.

Über Event-Handler lassen sich auch Selbstheilungsmethoden einbauen, die z. B. den Neustart eines blockierten Dienstes oder eines nicht mehr ansprechbaren Geräts auslösen. Abhängig von konkreten Messwerten kann man auch Konfigurationsparameter anpassen oder weitere Instanzen starten.

Um die durch die Überwachung entstehende Last zu verteilen oder wenn es im Sinne der Netzinfrastruktur Vorteile bringt, können mehrere Nagios-Instanzen zusammenarbeiten und sich gegenseitig informieren. Es ist auch möglich, dass ein Dienst oder ein anderes Überwachungssystem (wie z. B. Munin) im Störungsfall selbsttätig Kontakt zu Nagios aufnimmt.[2]

Munin hingegen ermittelt Messwerte: Wie viel hat ein Dienst zu tun? Wie belegt ist eine Partition? Wie viele Pakete gingen durch den Router? Über die Definition von oberen und unteren Schranken lässt sich aus den gemessenen Werten zwar auch ein Status ableiten, aber das ist nur ein Nebenprodukt der Beobachtung, die das Geschehen konkret und quantifiziert aufnimmt.

Munin visualisiert die gemessenen Werte in einer Kurve über der Zeitachse. Dabei stehen verschiedene Arten der Darstellung zur Verfügung: Neben Linien- und Flächendiagrammen ist auch die Spiegelung an der X-Achse möglich.[3]

[2] Dem Thema Nagios in voller Länge widmet sich Wolfgang Barth in seinem ebenfalls bei Open Source Press erschienenen Standardwerk „Nagios – System- und Netzwerk-Monitoring“ (ISBN 978-3-937514-46-8, `https://www.opensourcepress.de/index.php?26&backPID=72&tt_products=165`).

[3] Um eine Datenquelle auf die andere Seite der X-Achse zu bringen, versehen Sie sie in der Plugin-Konfiguration mit dem Attribut `negative` (siehe Seite 301). Ein Beispiel für einen gespiegelten Graphen ist die Überwachung des Netzverkehrs mit `if_` (siehe Kapitel 6.7.1 ab Seite 139).

Es ist auch möglich, die Messwerte verschiedener Datenquellen miteinander zu verrechnen und das Ergebnis zu zeichnen. Dadurch lässt sich die Messung intuitiv interpretieren; Erkenntnisse erschließen sich durch einfaches Hinschauen. Datenquellen aus unterschiedlichen Plugins lassen sich in einer eigenen Grafik zusammenführen,[4] so dass sie sich direkt miteinander vergleichen lassen.

Die Munin-Übersicht präsentiert die Messungen für verschiedene Zeitdimensionen im direkten Überblick. Dadurch können Sie Vergleiche über das ganze Jahr anstellen und Enwicklungen verfolgen oder wiederkehrende Muster erkennen.

Munin führt – passend zu den dargestellten vier Zeitdimensionen Tag, Woche, Monat und Jahr – eigene RRD-Archive. Im täglichen Archiv finden Sie jeden gemessenen Wert, während die Darstellungen größerer Zeiträume die Daten entsprechend verdichten. Im Jahresarchiv, das 450 Datensätze umfasst, entspricht ein archivierter Wert dem gemittelten Ergebnis eines ganzen Tages. Da jüngere Daten die die älteren überschreiben (Round-Robin-Verfahren), bleibt der Platzverbrauch für die Archive stets konstant.

12.2 Munin alarmiert Nagios

Nagios kann nicht nur selbst aktiv Dienste und Hosts prüfen, sondern sich auch von externen Anwendungen, wie z. B. Munin, über aufgetretene Probleme informieren lassen. Munin versendet in diesem Fall eine Warn- oder Alarm-Nachricht an den NSCA (*Nagios Service Check Acceptor*). Der reicht den Status sogenannter *passiver Checks* an den Nagios-Server weiter.

Der NSCA besteht aus zwei Teilen: dem Client-Programm `send_nsca` und einem Server, der entweder als eigenständiger Daemon läuft oder per `inetd` bzw. `xinetd` gestartet wird.

Die Einrichtung der Munin-Nagios-Verbindung erfolgt darum in mehreren Konfigurationsschritten:[5]

- Einrichtung und Start des NSCA-Servers,
- Einrichten des NSCA-Clients,
- Nagios und NSCA zur Zusammenarbeit überreden,
- eine passive Checkfunktion im Nagios-Server erstellen, an die Munin seine Meldung senden kann,

[4] Siehe Kapitel 5.3.5 auf Seite 99.

[5] Das Munin-Wiki bietet unter `http://munin.projects.linpro.no/wiki/HowToContactNagios` eine ausführliche Anleitung, die Sie zusätzlich zu unseren folgenden Ausführungen konsultieren können.

- eine Kontaktfunktion in der Munin-Master-Konfiguration definieren, die Nagios ihre Mitteilungen via `send_nsca` übermittelt.

12.2.1 Konfiguration des NSCA

Der NSCA-Server muss auf dem gleichen Rechner laufen wie der Nagios-Server, weil er Nagios die Nachrichten über eine Pipe übermittelt. Installieren Sie das Paket `NSCA` aus dem Tarball, den die Nagios-Website[6] zum Download anbietet, oder ein entsprechendes Paket Ihres Linux-Distributors.[7]

Theoretisch lässt sich der `nsca`-Daemon eigenständig betreiben. Da er nur prüft, ob bei ihm anklopfende Kommunikationspartner IP-Adressen angeben, die in seiner Liste der erlaubten Hosts stehen, sei davon abgeraten. Besser ist es, den `nsca` durch einen vom TCP-Wrapper `tcpd` unterstützten `inetd` oder `xinetd` zu starten und sich die dort implementierten Funktionen zur Zugriffsbeschränkung zunutze zu machen.

Beim `xinetd` ergänzen Sie eine Datei `nsca` mit folgendem Inhalt im Konfigurationsverzeichnis `/etc/xinetd.d`:

```
service nsca
{
 flags       = REUSE
 type        = UNLISTED
 port        = 5667
 socket_type = stream
 wait        = no

 server      = /usr/sbin/nsca
 server_args = -c /etc/nagios/nsca.cfg --inetd
 user        = nagios
 group       = nagios

 log_on_failure  += USERID

 only_from   = 127.0.0.1
}
```

Die unter `only_from` angegebene IP-Nummer muss der des Munin-Master-Servers entsprechen. In unserem Beispiel läuft der Munin-Master auf dem gleichen Host wie der Nagios-Server. Darum steht dort die IP-Adresse des `localhost`.

Die Einstellungen für `user` und `group` müssen die gleichen wie beim Nagios-Server sein, damit beide mit entsprechenden Rechten auf das *External*

6 `http://www.nagios.org/download/`

7 Die Installation aus dem Quellcode beschreibt Wolfgang Barth in seinem Nagios-Buch (siehe Fußnote auf Seite 244).

Command File zugreifen können. In diese FIFO-Pipe schreibt der nsca seine Mitteilungen an den Nagios-Server.

Den Namen der Pipe-Datei und die Liste der zur Kommunikation mit dem nsca berechtigten Hosts geben Sie außerdem in der Konfigurationsdatei nsca.cfg an, die im Konfigurationsverzeichnis des Nagios-Servers zu finden ist:

```
allowed_hosts=127.0.0.1,192.0.2.55
nsca_user=nagios
nsca_group=nagios
command_file=/var/spool/nagios/nagios.cmd
password=passwort
decryption_method=8
```

Die IP-Adressen der Hosts geben Sie als kommaseparierte Liste an. Die Angaben zu User und Gruppe sind in nsca.cfg nur relevant, wenn der NSCA-Server als selbstständiger Daemon – also ohne die Hilfe von inetd bzw. xinetd – gestartet wird.

Wichtig ist hingegen die Auswahl einer Verschlüsselungsmethode. Soweit Sie auf Ihrem System zur Verfügung stehen, unterstützt NSCA die in Tabelle 12.1 aufgeführten.

Tabelle 12.1: Von NSCA unterstützte Werte für decryption_method

Wert	Algorithmus
0	Keine Verschlüsselung (Das ist nicht zu empfehlen!)
1	Einfaches XOR (Sehr schnell, bietet aber keine Sicherheit.)
2	DES
3	3DES (Triple DES)
4	CAST-128
5	CAST-256
6	xTEA
7	3WAY
8	Blowfish
9	Twofish
10	LOKI97
11	RC2
12	Arcfour
14	Rijndael-128
15	Rijndael-192
16	Rijndael-256
19	WAKE
20	Serpent

Fortsetzung:

Wert	Algorithmus
22	Enigma (Unix-crypt)
23	GOST
24	SAFER64
25	SAFER128
26	SAFER+

Auf der Seite des send_nsca-Clients[8] muss die gleiche Auswahl getroffen werden, damit sich Client und Server miteinander verständigen können.

Damit die geänderte Konfiguration wirksam wird, starten Sie den xinetd neu:

```
master: # /etc/init.d/xinetd restart
master: # chkconfig -l
[...]
xntpd                    0:off  1:off  2:on   3:on   4:off  5:on   6:off
xinetd based services:
[...]
        nsca:                  on
```

Konfiguration des NSCA-Clients

Im Fehlerfall ruft Munin den NSCA-Client send_nsca auf, um seine Nachricht an den NSCA-Server zu senden. Darum muss der Client auf dem Rechner installiert werden, auf dem der Munin-Master residiert. Auch hier greift man auf den NSCA-Tarball von der Nagios-Download-Seite[9] oder ein entsprechendes Pakets des eigenen Distributors zurück.

In die Konfigurationsdatei send_nsca.cfg müssen lediglich die zum NSCA-Server passenden Verschlüsselungseinstellungen eingetragen werden:

```
password=passwort
#       8 = BLOWFISH
encryption_method=8
```

Damit das gewählte Passwort geschützt ist, sollten Sie den Lesezugriff für die Datei auf die Gruppe (normalerweise munin) beschränken, mit deren Rechten das Munin-Master-Skript munin-limits abläuft. Dieses bedient sich des NSCA-Clients, um Nagios im Fehlerfall zu benachrichtigen. Den Zugriff für den Rest der Welt sperren Sie ganz:

```
node:/etc/nagios # ls -l send_nsca.cfg
-rw-r-----  1 root munin 1638 Feb 18 10:12 send_nsca.cfg
```

[8] Siehe dazu den Abschnitt 12.2.1 auf Seite 248.
[9] http://www.nagios.org/download/

12.2.2 Konfiguration des Nagios-Servers

Die Öffnung des Nagios-Servers für die Zusammenarbeit mit externen Programmen wirft natürlich auch Fragen der Sicherheit auf. Die nachfolgend beschriebene Konfiguration empfiehlt sich daher nur, wenn Ihr Nagios-Server auf einem separaten, nicht öffentlichen Server läuft, auf den nur der Admin und keine anderen User Zugriff haben. Anderenfalls könnte es geschehen, dass jemand via Zugriff auf das External Command File die Kontrolle über Ihren Nagios-Server übernimmt. Auf jeden Fall sollten Sie die Rechte für das Verzeichnis, in dem es sich befindet, mit Bedacht setzen![10]

Einstellungen in Datei `nagios.cfg`

Sofern Sie das Nagios-Webinterface nicht nur zur Anzeige, sondern auch zur Nagios-Steuerung nutzen, ist der Server schon zur Zusammenarbeit mit externen Programmen konfiguriert. Sie werden in dem Fall die folgenden Einstellungen in der Konfigurationsdatei `nagios.cfg` bereits vorfinden.

Die Ausführung externen Kommandos aktivieren Sie wie folgt:

```
check_external_commands=1
```

Des Weiteren müssen Sie mit der Option `command_check_interval` festlegen, in welchen zeitlichen Abständen Nagios die eingegangenen Kommandos ausführen soll. Das geht auf drei unterschiedliche Weisen:

Angabe einer positiven ganzen Zahl
: Damit nehmen Sie Bezug auf das ebenfalls in `nagios.cfg` mit der Direktive `interval_length` definierte Standardintervall. Die Zahl gibt an, wieviele solcher Standardintervalle vergehen sollen, bis Nagios das nächste Mal ins External Command File schaut:

```
command_check_interval=1
```

Bei Eintrag einer 2 würden die externen Kommandos nur in jedem zweiten Zyklus gecheckt.

Angabe in Sekunden
: Geben Sie die Anzahl der Sekunden gefolgt von einem kleinen `s` an. Im folgenden Beispiel erfolgt der Check alle 15 Sekunden:

```
command_check_interval=15s
```

Angabe von `-1`
: Diese Einstellung weist Nagios an, bei jeder sich bietenden Gelegenheit auch nach neuen Einträgen in der externen Kommandodatei zu

[10] Sehen Sie dazu den Abschnitt zu Dateirechten auf Seite 250.

schauen. In diesem Fall werden diese nahezu unverzüglich gefunden und behandelt. Ein ggf. geänderter Status erscheint sehr schnell in der Übersicht:

```
command_check_interval=-1
```

Zuletzt müssen Sie noch festlegen, wo das External Command File zu finden ist, das die externen Programme zur Mitteilung an den Nagios-Server nutzen. Dabei handelt es sich um eine Pipe, die nach der Methode *first in first out* (FIFO) funktioniert:

```
command_file=/var/spool/nagios/nagios.cmd
```

Dateirechte der externen Kommandodatei

Diese Pipe legt Nagios beim Start an und löscht sie, wenn es den Betrieb einstellt. Exisiert die Datei beim Start schon, meldet Nagios einen Fehler. Darum können Sie die Dateirechte nicht direkt für die Datei, sondern nur für das Verzeichnis vergeben, in der sie zu liegen kommt.

Eigentümer des Verzeichnis muss der User sein, mit dessen Rechten der Nagios-Server läuft. Um bei Bedarf das Nagios-Webinterface zur Steuerung des Servers zu befähigen, gibt man die Gruppe an, mit deren Rechten der Webserver läuft. Diese Gruppe erhält darum auch Schreibrechte im Verzeichnis und damit für die darin angelegte Datei. Das SGID-Bit sorgt dafür, dass die Datei beim Anlegen die Gruppenzugehörigkeit vom Verzeichnis erbt:

```
master:/var/spool/nagios # ls -l
total 8
drwxrwsr-x   2 nagios www  4096 Feb  9 13:05 .
drwxr-xr-x  14 root   root 4096 Mar 27  2007 ..
prw-rw----   1 nagios www     0 Feb 16 00:01 nagios.cmd
```

Anlegen einer passiven Checkfunktion

Damit der von Munin übermittelte Status an der entsprechenden Stelle in der Nagios-Übersicht erscheint, Benachrichtigungen an die dafür vorgesehenen Kontakte gehen und ein Fehler ggf. über einen *Event Handler* gesondert behandelt wird, muss man ein entsprechendes Nagios-Service-Objekt definieren.

Diese schreibt man in den meisten Nagios-Setups in der Konfigurationsdatei `services.cfg`. Um sich Schreibarbeit zu sparen, legen Sie am Anfang der Datei zunächst ein Template für die passiven Checks an. Dort treffen Sie die Vereinbarungen, die für alle Checks dieses Typs gelten:

```
define service {
        name                        passive-service
        active_checks_enabled       0
        passive_checks_enabled      1
        parallelize_check           1
        notifications_enabled       1
        event_handler_enabled       1
        register                    0
        is_volatile                 0
}
```

Weiter unten definieren Sie das konkrete Service-Objekt, das mit der Direktive `use` Bezug auf das Template nimmt:

```
define service{
        use                         passive-service
        host_name                   bar.example.com
        service_description         Temperatur im Rechnerraum Haus 3
        max_check_attempts          3
        normal_check_interval       3
        retry_check_interval        1
        contact_groups              linux-admins
        notification_interval       120
        notification_period         24x7
        notification_options        w,u,c,r
        check_command               check_dummy
}
```

Der unter `host_name` angegebene Rechner muss natürlich auch in der Datei `hosts.cfg` (oder Ihrer entsprechenden Konfigurationsdatei) eingetragen sein. Sein Name sollte dem entsprechen, den die Munin-Konfiguration in `munin.conf` verwendet. Falls das aus irgendwelchen Gründen nicht möglich oder nicht erwünscht ist, lässt sich Munins Warn- oder Alarm-Nachricht mit der Direktive `notify_alias` (siehe Seite 254) so umschreiben, dass sie sich auf eine andere Hostbezeichnung bezieht.

Da Nagios Munin nicht aktiv abfragen kann (was wir klargestellt haben, indem wir den Parameter `active_checks_enabled` im Template auf 0 gesetzt haben), geben wir bei `check_command` eine Dummy-Funktion an. Sie steht in der Nagios-Konfigurationsdatei `checkcommands.cfg` und sieht so aus:

```
define command{
        command_name check_dummy
        command_line /bin/true
}
```

Wichtig ist die in `service_description` genannte Bezeichnung. Sie muss der Überschrift entsprechen, die der Graph des meldenden Munin-Plugins trägt. Das ist hier nicht der Fall, aus dem einfachen Grund, dass wir auf Seite 254 zeigen wollen, was man auf Munins Seite tun kann, wenn dies partout nicht möglich ist. Die Plugin-Konfiguration führt die Bezeichnung als Attribut `graph_title` auf:

```
node: # munin-run sensors_temp config
graph_title Temperatures
[...]
```

Nagios ist empfindlich, was die Verwendung von Sonderzeichen angeht. In der Service-Beschreibung erlaubt sind Leerzeichen, Bindestrich und Doppelpunkt, während Semikolon, Apostroph und Anführungszeichen verboten sind.[11]

Dass die gleiche `service_description` je Host nur einmal verwendet werden darf, also eindeutig sein muss, kann zusätzliche Schwierigkeiten bereiten. Ab der Munin-Version 1.2.5 hilft es in dem Fall, mit der Direktive `notify_alias` in der Munin-Master-Konfiguration Plugin-spezifische Aliasnamen zu vergeben. Wie das geht, führen wir auf Seite 254 vor.

12.2.3 Die Konfiguration auf Munins Seite

Als Wichtigstes müssen für die überwachten Datenquellen Warnschwellen definiert sein. Häufig legt die Konfiguration des originalen Plugins diese bereits fest. Schauen Sie, ob diese Ihren Bedarf decken:

```
node: # munin-run sensors_temp config
graph_title Temperatures
[...]
temp1.warning 49.5
temp1.critical 55
[...]
temp2.warning 62.1
temp2.critical 69
```

Falls nicht, legen Sie Ihre Schwellwerte im Hostabschnitt der Munin-Master-Konfiguration[12] in `munin.conf` fest. Diese setzen ggf. konkurrierende Angaben der originalen Plugin-Konfiguration außer Kraft:

```
[linux;DB-Server]
    sensors_temp.temp1.warning 33
    sensors_temp.temp1.critical 35
```

11 Die geltenden Restriktionen führt die Nagios-Dokumentation auf: `http://nagios.sourceforge.net/docs/2_0/xodtemplate.html#service` für Nagios 2.x, `http://nagios.sourceforge.net/docs/3_0/objectdefinitions.html#service` für Nagios 3.

12 Ein kommentiertes Beispiel finden Sie auf Seite 94.

In diesem Beispiel dient der Server als Klimafühler im Rechnerraum. Er soll bereits einen relativ geringen Temperaturanstieg melden. Die Grenze von 33 Grad Celsius liegt knapp über dem Maximalwert aus dem Monatsgraph des Plugins für einen Zeitraum, in dem der Normalbetrieb mit funktionierender Klimaanlage gemessen wurde.

Die neue Schwelle in der Munin-Master-Konfiguration wird sofort wirksam: Wie Sie in der Munin-Übersicht sehen, arbeitet bereits der nächste Munin-Zyklus mit dem geänderten Wert. Die Detailseite zum Plugin führt für jede Datenquelle[13] auf, welche Warnschwellen für sie gelten. Sie finden die Angabe auf der Detailseite zum Plugin[14] in der Legende unter den vier Graphen mit dem Tages-, Wochen-, Monats- und Jahresverlauf. Abbildung 12.1 zeigt den entsprechenden Ausschnitt für das Temperaturüberwachungsplugin.

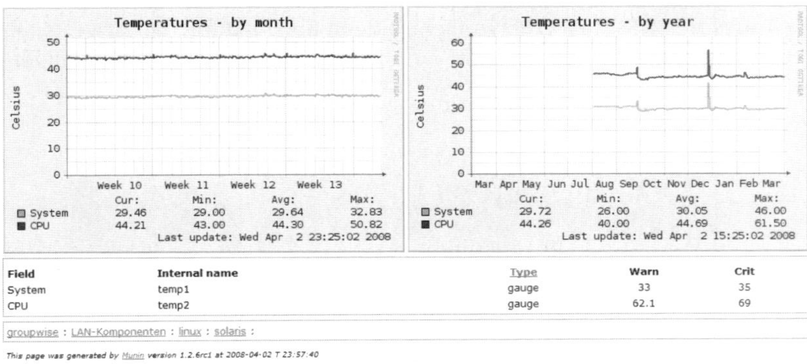

Abbildung 12.1: Warnschwellen des Temperatur-Plugins

Auf ein Unterschreiten von Werten prüfen

Außer der Begrenzung nach oben ist es auch möglich, den zulässigen Wertebereich nach unten zu begrenzen. In dem Fall versendet Munin Benachrichtigungen, wenn zu niedrige Werte auftreten.

Nehmen wir an, Sie wollen zusätzlich überwachen, dass die Temperatur nicht gefährlich absinkt. Munin soll eine erste Warnung geben, wenn die Grenze von 5 Grad unterschritten wird. Als kritisch sehen Sie ein Absinken unter -10 Grad an. Somit fügen Sie folgende Einträge in den entsprechenden Hostabschnitt ein:

13 Eine Ausnahme machen leider die Graphen mit gespiegelten Kurven. Dort enthält die Legende nur noch die Datenquellen, die über der X-Achse eingezeichnet werden. Die Angaben zu den gespiegelten Kurven im negativen Bereich des Graphen unterdrückt Munin.

14 Siehe Kapitel 1.6.5 ab Seite 32.

```
[linux;DB-Server]
    sensors_temp.temp1.warning 5:33
    sensors_temp.temp1.critical -10:
```

Wollen Sie die vom Plugin verordnete kritische Obergrenze von 55 Grad behalten, müssen Sie diese hier explizit angeben, anderenfalls entfällt sie:

```
[linux;DB-Server]
    sensors_temp.temp1.warning 5:33
    sensors_temp.temp1.critical -10:55
```

Benachrichtigungsfunktion für Nagios konfigurieren

Um Nagios ansprechen zu können, muss auf dem Master ein entsprechender Kontakt definiert werden,[15] der statt der sonst üblichen E-Mailfunktion den Aufruf des NSCA-Clients vorsieht. Fügen Sie dazu folgende zwei Zeilen in die Datei `munin.conf` ein oder kommentieren Sie die dort mitgelieferte Vorlage aus:

```
contact.nagios.command /usr/sbin/send_nsca -H localhost -c /etc/nagios/s
end_nsca.cfg -to 60
contact.nagios.always_send warning critical
```

Mit der `send_nsca`-Option `-H` geben Sie den Host an, auf dem der NSCA-Daemon läuft, die Option `-to` legt die Frist für den Timeout fest, hier 60 Sekunden.

Kontakte müssen vor den Gruppen und Hosts definiert werden. Platzieren Sie die Zeilen also vor dem ersten Ausdruck in eckigen Klammern!

Wichtig ist, dass der Kontakt tatsächlich mit `nagios` bezeichnet wird. Nur in dem Fall formatiert das für den Nachrichtenversand zuständige Munin-Master-Skript `munin-limits` die Nachricht passend für den NSCA-Server.[16] Dieser erwartet folgendes Format:

```
host_name        service_description        status        bemerkung
```

Als Trennzeichen zwischen den einzelnen Elementen der Botschaft fungiert ein Tabulator.

Die Bezeichnungen in Nagios und Munin angleichen

Damit der Alarm richtig zugeordnet werden kann, muss Nagios' `host_name`-Parameter mit dem in Munin definierten Hostnamen übereinstimmen. Falls

[15] Die entsprechenden Konfigurationsdirektiven beschreibt Kapitel 5.3.4 ab Seite 96.

[16] Wer vor kompaktem Perlcode nicht zurückschreckt, findet die entsprechende Stelle in `munin-limits` mit dem Suchbegriff `nagios`.

Sie aus irgendwelchen Gründen in beiden Systemen unterschiedliche Bezeichnungen vergeben haben, hilft Munins `notify_alias`-Direktive, den Rechner in der Nachricht passend anzusprechen:

```
[linux;DB-Server]
    notify_alias f013.example.com
```

Mit dieser Einstellung nennt Munin den Rechner `DB-Server` in ggf. versandten Nachrichten `f013.example.com`. Trägt der Host in der Host- und Service-Konfiguration auf Nagios' Seite diesen Namen, sollte die Zuordnung klappen. Allerdings erscheint der von der Munin-Konfiguration abweichende Name nun auch in den normalen Warn-E-Mails, die Munin ggf. an die Admins sendet.

Auch wenn es nicht möglich ist, dass die unter `service_description` angegebene Bezeichnung der Überschrift (`graph_title`) des Munin-Plugin entspricht (etwa weil diese Sonderzeichen enthält, die Nagios nicht mag), hilft `notify_alias` weiter. Definiert man diesen Alias auf Plugin-Ebene, taucht er in den ggf. versandten Nachrichten als Name des Plugins auf:

```
[linux;DB-Server]
    sensors_temp.notify_alias Temperatur im Rechnerraum Haus 3
```

An der Überschrift des Graphen in der Munin-Übersicht ändert sich dabei nichts.

Kontaktregeln definieren

Zuletzt müssen Sie noch angeben, in welchen Fällen Nagios alarmiert werden soll. Das funktioniert genau wie bei anderen Kontakten[17] mit der Direktive `contacts`.

Je nachdem, auf welcher Ebene Sie die setzen, wird Nagios grundsätzlich immer, für eine bestimmte Gruppe von Hosts, für einzelne Hosts oder für einzelne Checks auf bestimmten Hosts (Plugin-Ebene) alarmiert. Im Normalfall definiert man den Kontakt auf Ebene des Plugins:

```
[linux;DB-Server]
    address 192.0.2.11
    sensors_temp.contacts nagios
    notify_alias f013.example.com
    sensors_temp.notify_alias Temperatur im Rechnerraum Haus 3
    sensors_temp.temp1.warning 5:33
    sensors_temp.temp1.critical -10:55
```

[17] Beschrieben in Kapitel 5.3.4 ab Seite 96.

13 Kapitel

Verschlüsselte Kommunikation über TLS

Es kann der Frömmste
nicht in Frieden leben,
wenn es dem Nachbarn nicht gefällt!

Friedrich Schiller

Neben der unverschlüsselten Kommunikation beherrscht Munin auch die Verschlüsselung mittels TLS (*Transport Layer Security*). Falls Ihnen diese drei Buchstaben nichts sagen, sind Sie in guter Gesellschaft. Denn obwohl das, was heute SSL (*Secure Sockets Layer*) genannt wird, bereits 1999 in TLS aufging, blieb SSL als Abkürzung für die verschlüsselte Kommunikation im Sprachgebrauch erhalten. In der Praxis werden beide Begriffe gleichberechtigt verwendet.

Die erste SSL-Version v1 wurde von Netscape eingeführt, die Weiterentwicklung bis zur Version v3 fand in verschiedenen Gremien und Unternehmen statt. Als nach einem international gültigen Standard für verschlüsselte Serverkommunikation gesucht wurde, nahm man die meisten Bestandteile von SSL v3 und machte hieraus TLS 1.0.

13.0.4 Einfache Verschlüsselung

Die Absicherung der Kommunikation über den normalen Munin-Port 4949 bringt neue Abhängigkeiten mit sich: Munin benötigt dafür das Perl-Modul `Net::SSLeay` (via CPAN oder als Binärpaket der Distribution eingespielt). Unter Debian installiert man dazu das Paket `libnet-ssleay-perl`, bei SuSE `perl-Net_SSLeay`*`version`*`.rpm`. Sofern Sie auf dem Munin-Master bereits ein x509-Schlüssel-Zertifikat-Paar vorliegen haben (etwa weil der darauf laufende Apache-Webserver per HTTPS kommuniziert), können Sie dieses weiterverwenden. Anderenfalls benötigen Sie die OpenSSL-Tools (in der Regel im Binärpaket `openssl` Ihres Distributors oder Unix-Herstellers zu finden), um ein selbstsigniertes Zertifikat zu erzeugen:

```
node:/etc/opt/munin # openssl req -x509 -days 365 -newkey rsa:1024 \
-keyout munin-master-key.pem -nodes -out munin-master-cert.pem
Generating a 1024 bit RSA private key
.......................................................................
............++++++
...........++++++
writing new private key to 'munin-master-key.pem'
-----
You are about to be asked to enter information that will be incorporated
into your certificate request.
What you are about to enter is what is called a Distinguished Name or a
DN.
There are quite a few fields but you can leave some blank
For some fields there will be a default value,
If you enter '.', the field will be left blank.
-----
Country Name (2 letter code) [AU]:DE
State or Province Name (full name) [Some-State]:Germany
Locality Name (eg, city) []:Gabelburg
Organization Name (eg, company) [Internet Widgits Pty Ltd]:Uni Gabelburg
Organizational Unit Name (eg, section) []:IT
Common Name (eg, YOUR name) []:master.example.org
Email Address []:michael.renner@example.com
```

Im Beispiel finden Sie anschließend einen 365 Tage lang gültigen, dank der Option `-nodes` unverschlüsselten, privaten RSA-Key von 1024 Bit Länge in der Datei `munin-master-key.pem` vor. Das zugehörige selbstsignierte Zertifikat befindet sich in `munin-master-cert.pem`. Als `Common Name` müssen (!) Sie den Hostnamen des Munin-Masters eingeben.

Falls Sie später nachschauen möchten, welche Daten das Zertifikat enthält, hilft der Befehl

```
node:/etc/opt/munin # openssl x509 -in munin-master-cert.pem -noout \
-text
[...]
```

weiter. Ein deutliches Indiz darauf, dass es sich um ein selbstsigniertes Zertifikat handelt, besteht darin, dass in dessen Ausgabe `Issuer:` und `Subject` identisch sind.

Sowohl die Schlüssel- als auch die Zertifikatsdatei gehören ins Konfigurationsverzeichnis des Munin-Masters und müssen dem Besitzer `munin` gehören.

Der Befehl `chmod 400 munin-master*pem` sorgt für Lese- und Schreibschutz gegenüber anderen.

In der `munin.conf` konfiguriert man die Verschlüsselung durch folgende, neu einzufügende Zeilen:

```
tls enabled
tls_verify_certificate no
tls_private_key /etc/opt/munin/munin-master-key.pem
tls_certificate /etc/opt/munin/munin-master-cert.pem
```

Damit ein Munin-Node nur auf TLS-verschlüsselte Anfragen reagiert, fügt man in der `munin-node.conf` folgende Zeile ein:

```
tls enabled
```

Nach dem Neustart des Node-Prozesses lehnt er unverschlüsselte Anfragen nonchalant ab und schließt die Verbindung:

```
node: # telnet localhost 4949
Trying 127.0.0.1...
Connected to localhost.
Escape character is '^]'.
# munin node at master.example.org
list
# I require TLS. Closing.
Connection closed by foreign host.
```

Wenn Sie in solch einer Telnet-Session die verschlüsselte Kommunikation mit dem Node mit dem Kommando `STARTTLS` einleiten, statt mit `list` den Verbindungsabbruch zu provozieren, antwortet dieser mit wirren Zeichen. Das legt nahe, dass die Verschlüsselung funktioniert. Ob wirklich alles in Ordnung ist, lässt sich mit Hilfe eines Netzwerksniffers wie `wireshark` (das frühere `ethereal`)[1] ermitteln.

[1] http://www.wireshark.org/

Er analysiert Netzwerkverkehr, den man mit Hilfe von `tcpdump` (beispielsweise mit `tcpdump -i lo -w /tmp/tcpdump.bin` oder unter Solaris mit `snoop -d ce0 -o /var/tmp/snoop.bin`) aufgezeichnet hat. Sobald sich Node und Master mit `STARTTLS` und der Antwort `TLS OK` auf die Verschlüsslung geeinigt haben, lässt sich in den folgenden Paketen kein lesbarer Text mehr erkennen.

Abbildung 13.1 zeigt eine solche verschlüsselte Kommunikation mit Hilfe einer Fotomontage, die die einzelnen Pakete von links nach rechts schreibt: Im Paket mit der Nummer **18** antwortet der Node auf die Kontaktaufnahme des Masters. Daraufhin fordert der Master den Node im Antwortpaket Nummer **20** auf, TLS zu benutzen. Der Node bestätigt dies im Paket Nummer **22**. Damit beginnt die verschlüsselte Kommunikation.

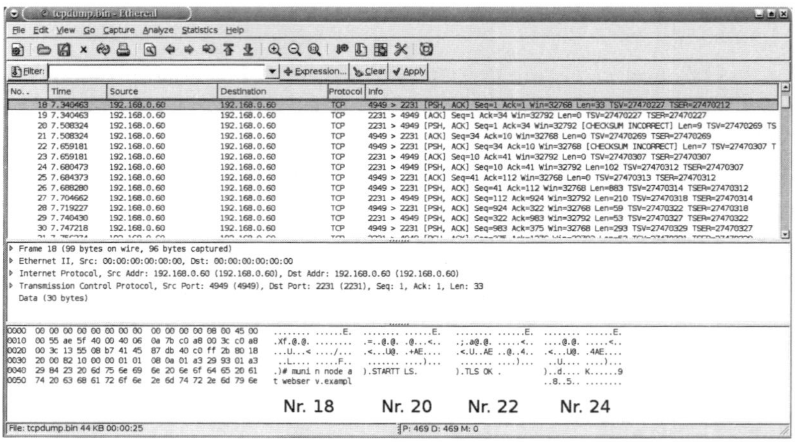

Abbildung 13.1: Dank TLS scheinbar nur Datenmüll

13.0.5 Nutzung von Clientzertifikaten

Ob der Master wirklich der ist, für den er sich ausgibt, kann der Node bei dieser einfachen Form der TLS-Verschlüsselung nicht nachprüfen. Sie bietet also nur Integrität, jedoch keine Authentizität. Es ist gut möglich, dass ein Angreifer die IP-Adresse des Munin-Masters verwendet und mit einer ähnlichen Konfiguration und selbsterzeugten Schlüsseln und Zertifikaten den Node abfragt.

Um zu erreichen, dass nur ein berechtigter Master Daten abholt, muss dieser sich eindeutig identifizieren lassen. Dazu muss der Node in der Lage sein, das Master-Zertifikat zu überprüfen.

Der Aufwand hierfür ist nicht unerheblich. Zuerst benötigt man eine CA (*Certificate Authority*, Zertifizierungsstelle). Sofern Sie nicht auf einen externen Dienstleister zurückgreifen möchten, der seine Dienste zwar sehr offiziell, jedoch auch sehr teuer anbietet,[2] genügt eine kleine private CA, wie sie sich mit den OpenSSL-Tools anlegen lässt. Deren Zertifikate sind zwar nicht international gültig beglaubigt, aber für interne Monitoringangelegenheiten ist das auch gar nicht nötig.

Anders als beim *Web of Trust* von PGP und GnuPG erstellen Sie damit eine hierarchische Vertrauensstruktur, einen *Tree of Trust*, dessen Stamm das Zertifikat Ihrer CA bildet. Dieser Vertrauensbaum kann im wirklichen Leben viele Verästelungen besitzen. Sein kleinstes Blatt traut allen Zertifikaten, solange der Stamm sie unterzeichnet hat oder solange sie sich dorthin verfolgen lassen.[3] Munin beschränkt sich zum Glück auf eine Ebene, da alle Nodes mit demselben Master kommunizieren.

Die eigene CA mit `tinyCA2`

Schnell und ohne viele OpenSSL-Befehle samt ihrer Bedeutung lernen zu müssen, kommt man mit dem in Perl und GTK programmierten Tool `tiny CA2`[4] zu einer eigenen Zertifikatsinfrastruktur. Dabei handelt es sich um ein grafisches Frontend für OpenSSL, das die ausgeführten Befehle in einem Fenster ausgibt. Dort können Sie sie für spätere Wiederholungen, für die eigene Dokumentation oder Skriptanwendungen herauskopieren.

Beim ersten Aufruf fordert `tinyCA2` Sie dazu auf, eine eigene CA zu erzeugen (Abbildung 2). Dieser Schritt ist nur einmal notwendig, vorausgesetzt das hierbei erzeugte selbstsignierte Zertifikat geht später nicht verloren.

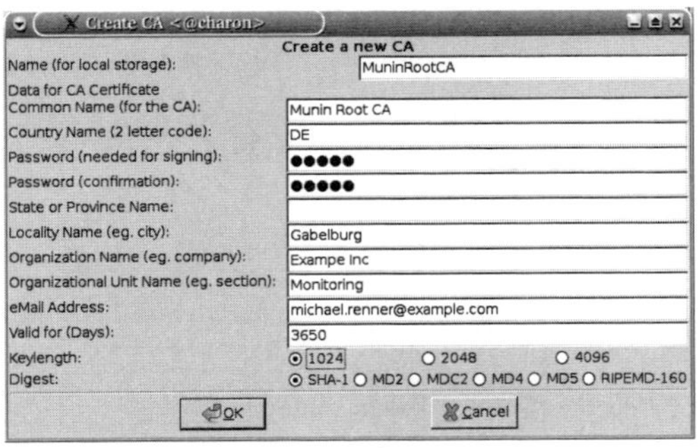

Abbildung 13.2: Erzeugen einer Root-CA

Der Name dieses Zertifikats im obersten Feld darf keine Leerzeichen enthalten, da aus diesem Namen der Dateiname generiert wird.

2 Selbst Verisign, deren Root-Zertifikat in quasi allen Browsern enthalten ist, kocht nur mit Wasser. Geht es um Verschlüsselung zwischen Ihren eigenen Servern, vertrauen Sie besser auf Ihre eigenen Zertifikate!

3 Solche *Certificate Chains* finden sie bei vielen Applikationen, die TLS verwenden, z. B. beim Apache, bei Sendmail oder dem Cyrus-IMAP-Daemon.

4 `http://tinyca.sm-zone.net/`

Zeitgleich erzeugt `tinyCA2` eine Datei namens `openssl.cnf`. Darin können Sie später mit einem Texteditor Ihren Namen oder die E-Mailadresse als Vorgabe für später zu erstellende Client-Zertifikate und Schlüssel eintragen. Es spricht ansonsten nichts dagegen, die Vorgaben, die `tinyCA2` bei der Konfiguration der eigenen CA macht, ohne Änderung zu übernehmen.

Welche Befehle das Tool ausführt, sehen Sie in der Shell, aus der heraus Sie `tinyCA2` gestartet haben. Die Befehle zur Erzeugung der RootCA brauchen Sie sich nicht notieren, da sie eine solche Zertifizierungsinstanz in der Regel ist nur ein einziges Mal erstellen.

Abbildung 13.3: Konfiguration der eigenen CA

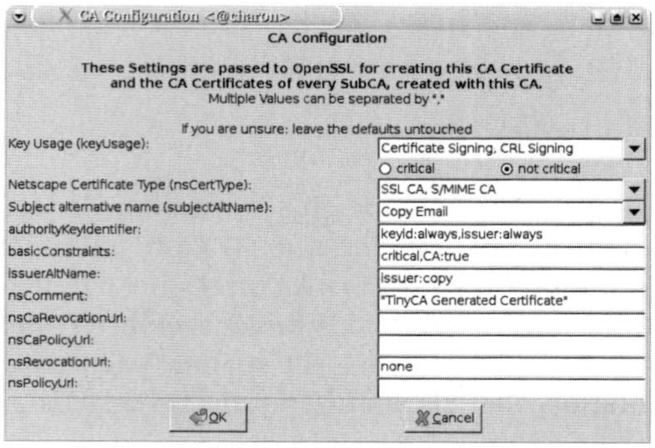

In Ihrem Home-Directory finden Sie nun das Verzeichnis `.TinyCA`, das bisher nur ein Verzeichnis mit dem Namen ihrer CA, im Beispiel `MuninRootCA`, enthält. Mit dem darin abgelegten Schlüssel können Sie Zertifikate anderer unterschreiben.

Abbildung 13.4: Erzeugen eines Requests

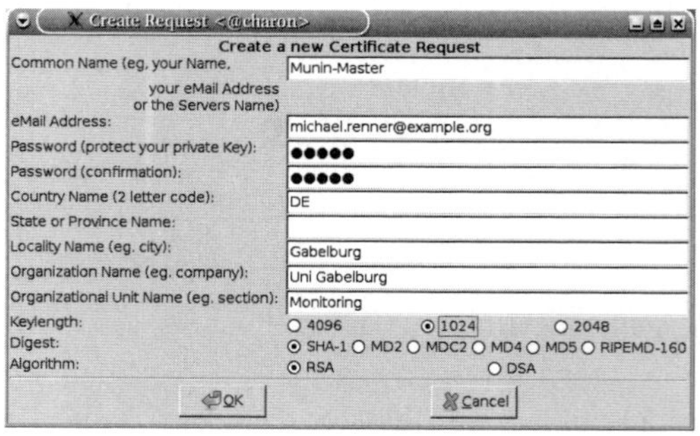

Einen Schlüssel für den Master

Als erste Handlung als CA erzeugen wir einen Schlüssel für den User `munin` auf dem Munin-Master. Dafür erstellen wir in einem ersten Schritt ein Zertifikat im Reiter **Certificate** über den Punkt **new**. Anschließend erzeugen wir im Reiter **Request** über den Punkt **New** ein Request (Abbildung 13.4). Als Namen wählen wir `Munin-Master`. Die vorgegebenen Werte holt sich `tinyCA2` aus der `openssl.cnf`.

`.TinyCA/MuninRootCA` enthält jetzt zwei weitere Verzeichnisse: `key` mit dem privaten Schlüssel und `req` mit dem Request (quasi dem öffentlichen Schlüssel). Jetzt kommt der Mausklick, mit dem `tinyCA2` das Leben gegenüber `openssl` auf der Komandozeile so viel leichter macht: unter **Requests** wählen Sie den gerade erzeugten Request aus und klicken auf **Sign**, um ihn als CA zu beglaubigen und damit zum Zertifikat zu machen.

Nun müssen Sie entscheiden, ob Sie ein Server- oder ein Clientzertifikat benötigen. Aus Netzwerksicht ist der Munin-Node der Server (immerhin lauscht er auf einem Netzwerkport auf eingehende Verbindungen) und der Master ein Client, denn er baut Verbindung zu diesem Netzwerkport auf. Da es bei Munin aus dieser Sichtweise viele Server und nur einen einzigen Client gäbe, empfiehlt es sich dennoch, für den Master ein *Server*zertifikat zu erstellen.

Nun geben Sie das CA-Passwort ein, um dem Zertifikatsantrag als CA stattzugeben (Abbildung 13.5). In diesem Dialog legen Sie auch die Gültigkeitsdauer (hier von einem Jahr) fest. Danach wird das Certifikat automatisch ungültig.

Abbildung 13.5: Einem Zertifikat-Request stattgeben

Im nächsten Fenster finden Sie unter dem Punkt **Command Details** die dabei ausgeführten `openssl`-Befehle mit ihren Parametern. Es lohnt sich, diese per Copy & Paste zu sichern, um die Zertifikatserzeugung später zu automatisieren.

Mit dem Menüpunkt **Key** exportieren Sie den privaten Schlüssel. `tinyCA2` packt ihn automatisch in dieselbe Datei wie das Zertifikat. Da Sie nicht bei jedem Start des Munin-Masters das Passwort des Keys eingeben können (Munin bietet dazu gar keine Gelegenheit) setzen Sie **Without Passphrase** dabei auf **YES**, wie es Abbildung 13.6 auf Seite 264 zeigt.

Der folgende Dialog fragt sehr misstrauisch nach, ob Sie wirklich wissen, was Sie tun. Schließen Sie das Exportvorhaben mit dem Passwort der CA ab, legen Sie die Schlüssel-Zertifikatsdatei ins Verzeichnis `/etc/opt/munin` auf dem Master. Diese Datei machen Sie für den Benutzer `munin` lesbar und erweitern die `munin.conf` um folgenden Einträge:

```
tls paranoid
tls_verify_certificate yes
tls_private_key /etc/opt/munin/munin-master.key
tls_certificate /etc/opt/munin/munin-master.pem
tls_ca_certificate /etc/opt/munin/MuninRootCA-cacert.pem
tls_verify_depth 5
```

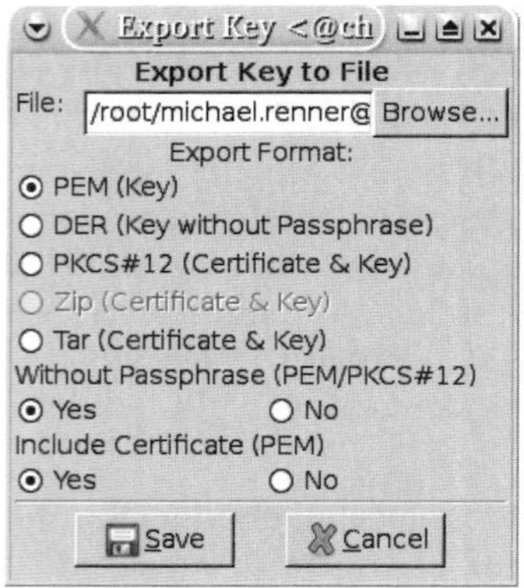

Abbildung 13.6: Export des Keys

Mit `tls paranoid` sagen Sie dem Munin-Master, dass er die vollständige *Certificate Chain* nutzen soll und der Client ein eigenes Zertifikat vorweisen muss. Mit `tls_verify_certificate yes` fordern Sie, dass er die Zertifikate bis zur Root-CA verfolgt. In unseren Beispielen hat diese alle Zertifikate selbst erstellt, so dass die Zertifikatskette nur eine Stufe enthält. Der Wert 5 bei `tls_verify_depth 5` ist daher sehr großzügig.[5]

Nun ist allerdings erst der Munin-Master mit einer neuen Konfiguration versorgt. Bei der Verschlüsselung mit Clientauthentifizierung muss jedoch auch jeder Munin-Node über ein Schlüsselpaar verfügen. Erst dann können sich beide Kommunikationspartner beim Verbindungsaufbau gegenseitig anhand des gemeinsamen Root-Zertifikats authentifizieren.

Um ein Clientzertifikat zu erzeugen, wählen wir einen nahezu identischen Weg wie bei der Erzeugung des Zertifikats für den Master: Zuerst erzeugen wir im Reiter **Requests** mit **new** einen neuen Key mit dem Namen *munin-node* und unterzeichnen mit **Sign | Sign Request (Client)** den Zertifikatsrequest. Hierfür muss das Passwort eingegeben werden.

Nun ist es an der Zeit, das Zertifikat (ohne Passwortschutz) gemeinsam mit dem Schlüssel in eine Datei namens *munin-node*`-key.pem` zu exportieren, auf dem Node zu installieren und in der Munin-Konfiguration einzutragen. Hier hat es sich bewährt, den Rechnernamen des Munin-Nodes als Dateinamen zu vergeben, um die Dateien jederzeit leicht zuordnen zu können.

[5] Der Wert wird direkt an SSLeay weitergegeben, dessen Default bei 9 liegt.

Was nun noch fehlt, ist die Wurzel bzw. der Stamm des *Tree of trust.* Dieser wird von der unterzeichnenden CA gebildet. Deshalb muss jeder Kommunikationsteilnehmer quasi als Unterschriftenprobe über eine Kopie des Zertifikats der ausstellenden CA verfügen.

Klicken Sie sich also ein letztes Mal von der CA zu **Export CA** durch und speichern Sie diese als `MuninRootCA-cacert.pem`. Kopieren Sie die Datei auf den Master und den Node und geben Sie sie in der Konfigurationsdatei als `tls_ca_certificate` an:

```
tls_ca_certificate /etc/opt/munin/MuninRootCA-cacert.pem
```

Die Zugriffsrechte der zwei Dateien auf dem Master und dem Node verdienen etwas Aufmerksamkeit. TinyCA gibt dem Besitzer Lese- und Schreibrechte. Da der Munin-Master unter dem Benutzer `munin` läuft, muss man die Eigentumsverhältnisse mit `chown munin *pem`. anpassen.

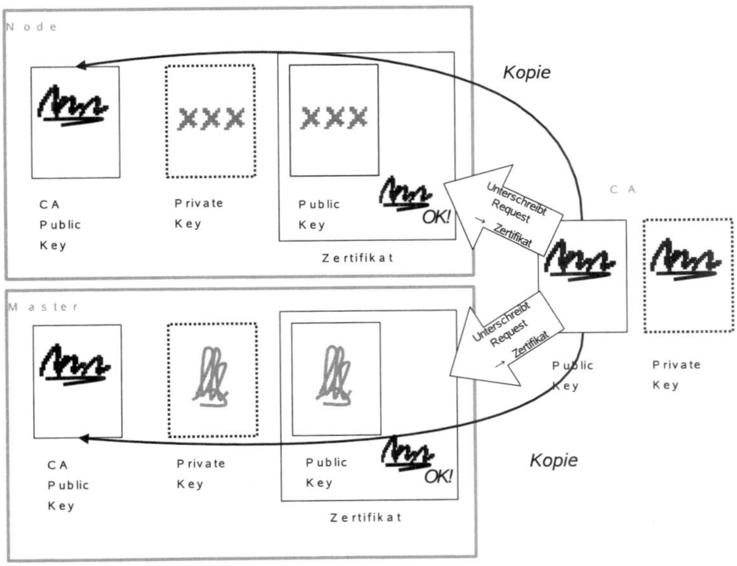

Abbildung 13.7: Die CA und ihre Zertifikate

Abbildung 13.7 zeigt den Vorgang der Zertifikatserstellung für den Master und den Node. Beide stellen Requests auf ein Zertifikat, was von der CA unterschrieben und in der Datei mit der Endung `pem` somit wirklich zum Zertifikat wird. Den öffentlichen Schlüssel der CA verteilt man ebenfalls an Master und Node, um die Unterschrift überprüfbar zu machen. Die privaten Schlüssel, in Abbildung 13.7 gestrichelt symbolisiert, sind öffentlich nicht lesbar und werden nie herausgegeben.

Auf jedem Node passen Sie die Datei `munin-node.conf` alles in allem wie folgt an:

```
tls paranoid
tls_verify_certificate yes
tls_private_key /etc/opt/munin/munin-node-key.pem
tls_certificate /etc/opt/munin/munin-node-key.pem
tls_ca_certificate /etc/opt/munin/MuninRootCA-cacert.pem
tls_verify_depth 5
```

Erzeugen Sie bitte tatsächlich für jeden Munin-Node ein eigenes Zertifikat mit Schlüssel! Zwar funktioniert es auch, ein einziges Clientzertifikat auf alle Munin-Nodes zu verteilen; doch was machen Sie, wenn diese eine `munin-node-key.pem` in falsche Hände gerät, der Schlüssel also kompromittiert ist? In Folge müssen Sie die Zertifikate auf *allen* Munin-Nodes ersetzen, um zu verhindern, dass die verschlüsselte Kommunikation mitgelesen und mit Hilfe des gestohlenen Schlüssels entschlüsselt werden kann. Hat jeder Munin-Node sein eigenes Zertifikat, ist nur die Verschlüsselung zu dem Rechner kompromittiert, dessen Zertifikat gestohlen wurde, nicht gleich alle! Da `tinyCA2` die Befehle zur Erzeugung der Zertifikate verrät, fällt es leicht, die Erzeugung weiterer Client-Zertifikate per Skript auszuführen.

Nach dem Neustart des Nodes in der oben gezeigten Konfiguration beantwortet dieser Anfragen an Port 4949 nur noch, wenn der anfragende Master das richtige Zertifikat vorweisen kann. Funktioniert dieser Schritt, wird die folgende Kommunikation verschlüsselt. Passt das Zertifikat nicht, bricht die Verbindung ab.

Betreiben Sie mehr als nur einige wenige Munin-Nodes mit Clientzertifikaten, wachsen die Ansprüche schnell über das hinaus, was `tinyCA2` leisten kann. So wünscht man sich eine Warnung, bevor (!) ein Zertifikat abläuft und der Node in Folge dessen seine Funktion einstellt. Doch dies gehört ebensowenig zum Funktionsumfang von `tinyCA2` wie eine strukturierte Schlüsselverwaltung. Dann sollten Sie auf ein professionelleres Tool zur Zertifikatsverwaltung umsteigen.

Munin selbst kennt zur Zeit leider keinen Mechanismus, der in einer CRL (*Certificate Revocation List*) aufgeführte, zurückgezogene Zertifikate berücksichtigt.[6]

Möchten Sie einige Rechner unverschlüsselt abfragen (beispielsweise weil ein Update auf eine neue, TLS-fähige Version des Munin-Nodes nicht in Frage kommt), lässt sich TLS in der `munin.conf` gezielt abschalten:

```
[workstation.example.net]
    address 192.0.2.95
    use_node_name yes
    tls disabled
```

[6] Bei einer CRL handelt es sich um ein Textfile, das die Seriennummern der zurückgezogenen Zertifikate enthält und von der CA unterschrieben ist. Ein Zertifikat zieht man mit `tinyCA2` unter **Certificates | Revoke** zurück.

13.0.6 Probleme

Wenn der Master nach der TLS-Konfiguration keine Graphen mehr erzeugt, hilft ein Blick in die Logdateien unterhalb von /var/log/munin. Ein Eintrag wie der folgende weist darauf hin, dass der Master versuchte, Daten ohne Verschlüsselung zu holen, wobei der Node auf TLS besteht:

```
CONNECT TCP Peer: "192.168.5.53:48647" Local: "192.168.5.211:4949"
[3802] ERROR: Client did not request TLS. Closing.
```

Bei Problemen mit Zertifikaten lohnt es zu prüfen, ob das Zertifikat des Masters bzw. des Nodes zum Zertifikat der Root-CA passt. Hierfür bietet `openssl` die Option `verify` an:

```
node: # openssl verify -CAfile MuninRootCA-cacert.pem munin-node-key.pem
munin-node-key.pem: OK
```

Die Zertifikate haben nicht nur ein Ablaufdatum, sondern auch einen Zeitpunkt, ab dem sie gültig sind. Um zu verhindern, dass die Gültigkeit eines Zertifikats aus Sicht eines anderen Rechners erst in der Zukunft beginnt, muss die Uhrzeit auf allen Rechner möglichst synchron laufen. Fehlermeldungen wie `Certificate not valid yet` weisen auf Probleme mit der Uhrzeit hin.

Kapitel

14 Ausblick

Vorhersagen sind schwierig, besonders wenn sie die Zukunft betreffen.

Mark Twain

Die Entwicklung von Munin schreitet voran, wenn auch recht langsam. Als nächstes steht bei den als *stable* gekennzeichneten Versionen der Sprung von 1.2 auf 1.4 an. Diese Entwicklung wird voraussichtlich in kleineren Schritten über mehrere Minor-Versionen vor sich gehen.

Bei den Plugins zeichnet sich ab, dass sie generischer und unabhängiger von einzelnen Betriebssystemen werden.

Allerdings kommt nicht jedes Feature automatisch aus dem *unstable*-Zweig in die stabile Version. Erst bei unbedingter Produktionsreife steht die Portierung an.

Im Normalfall arbeiteten Munin-Master und Munin-Node unterschiedlicher Versionen zusammen. Probleme treten derzeit nur auf, wenn ein Plugin neueren Datums ein Feature verwenden möchte, das ein älter Munin-Master nicht kennt. Beispiele dafür sind neue Graphentypen oder auch die verschlüsselte Kommunikation. Solche Fehler fallen anhand der Logdateien meist schnell auf. Bei inkompatiblen Plugins muss man notfalls eine ältere Version verwenden.

Ein Projekt wie Munin bezieht viele Ideen für weitere Entwicklungen aus den Rückmeldungen und Wünschen der Anwender. Hier ist aktive Mitarbeit willkommen. Diese kann darin bestehen, eigene Plugins bereitzustellen, existierende Plugins zu verbessern, beim Ausbau der Dokumentation im Wiki zu helfen oder alleine schon im Berichten von Bugs. Auch Wünsche für weitere Features können Sie einbringen.

14.1 Konkrete Pläne für die weitere Entwicklung

Die Pläne für die Weiterentwicklung sind lang und klingen vielversprechend. Mit der Version 1.4 soll vor allem die Handhabung verbessert werden. Neu hinzukommende Nodes erhalten die Möglichkeit, sich automatisch beim Master anzumelden. Um das Problem reisender Notebooks und anderweilig unterbrochener Netzwerkverbindungen zu beheben, wird mit dem Misstand aufgeräumt, dass vom Munin-Master nicht abgeholte Werte verloren sind. Binärpakte für Solaris stehen ebenso auf der Liste wie die Möglichkeit, Hostnamen der Nodes zu ändern, ohne die bisher gesammelten RRD-Daten zu verlieren.

Das Erscheinungsbild soll ebenfalls modernisiert werden. Erste Vorschläge, wie sich Kategorien ähnlich wie beim Tabbed Browsing zusammenfassen lassen, finden Sie unter `http://munin.projects.linpro.no/wiki/Munin_Template_nodeview_javascript`. Durch aufwändigere Cascading Style Sheets und Javascript werden die Seiten nicht unbedingt schlanker, jedoch angenehmer zu betrachten (Abbildung 14.1). Auch der Einsatz von AJAX wird bereits diskutiert.

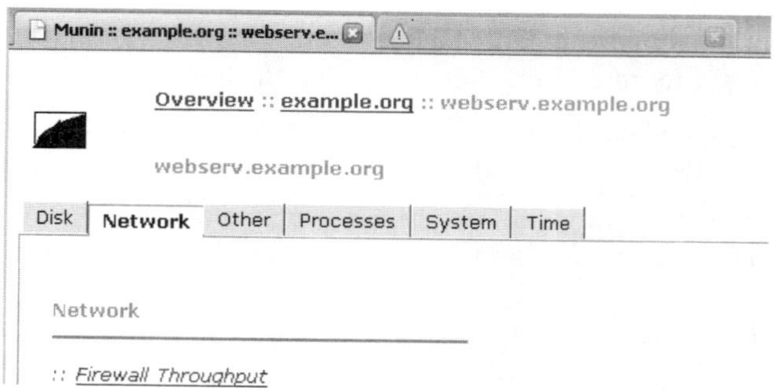

Abbildung 14.1: Angenehmeres Design dank CSS und Javascript

Am Horizont ist bereits die Version 1.6 sichtbar, die durch skalierbare SVG-Grafiken und dynamische Seiten vor allem die Aufmachung verbessern soll.

Anhang

A

Anhang

Nodes in der DMZ ansprechen

In großen Installationen ist es inzwischen üblich, Netzwerke in kleine Segmente zu unterteilen, zwischen denen nur eine eingeschränkte Verbindung besteht. Aus Sicherheitserwägungen heraus wird der Netzwerkverkehr zwischen ihnen oft sogar nahezu völlig unterbunden. Unsichere Protokolle wie das unverschlüsselte Telnet oder auf UDP basierende Kommunikation sind aus Sicherheitserwägungen heraus nicht erwünscht und deswegen nur selten möglich.

Munin verwendet zur Kommunikation zwischen dem Server und dem Node eine unverschlüsselte Verbindung auf dem TCP-Port 4949 – sicherheitstechnisch nicht unbedingt das Mittel der Wahl. Um trotz gesperrter Verbindungen dem Server das Abholen der Daten von den Nodes zu ermöglichen, leitet man diese Daten über einen offenen TCP-Port. Da auch Rechner in einer DMZ gewartet werden müssen, öffnet man für diese Servicezwecke üblicherweise einen Remotezugang.

A.1 SSH-Tunnel

Sehr häufig benutzt man dazu `ssh`. Ein SSH-Tunnel verbindet zwei Computer miteinander und leitet einen oder mehrere TCP-Ports von einem Computer auf einen anderen um. Dabei lässt sich sogar die Portnummer ändern, so dass aus Port 4949 auf der Nodeseite des Tunnels beispielsweise Port 5049 auf dem Munin-Master wird. Das erleichtert den gleichzeitigen Einsatz mehrerer Tunnel.

So einfach die Idee ist, so schwierig gestaltet sich ihre Umsetzung, da einige Randbedingungen hinzukommen:

Automatisches Login ohne Passwort
: Dass ein automatisch laufendes Monitoringtool beim Aufbau des Tunnels nicht auf eine Passworteingabe warten kann, versteht sich von selbst. Das Public-Key-Verfahren von SSH erlaubt ein passwortloses Login und eröffnet damit die Chance, den Tunnel automatisiert aufzubauen.

Umgang mit abgerissenen Verbindungen
: Im besten Netzwerk kann eine Verbindung mal abreißen. Sei es durch eine kurzzeitige Unterbrechung der Netzwerkverbindung selbst oder durch den Neustart eines der beteiligten Rechner. Deswegen sollte man die Funktionsfähigkeit des Tunnels in regelmäßigen Abständen überprüfen und fehlende Tunnel neu starten.

Sicherheit des passwortlosen Zugangs
: Der SSH-Tunnel für die Verbindung zum Munin-Node enthält nicht allein die getunnelte TCP-Verbindung, sondern stellt auch eine Login-Shell bereit. Unter Sicherheitsaspekten gesehen ein Horrorszenario: Jemand hackt den Munin-Master und hat durch die Tunnel einen passwortlosen Zugang ausgerechnet zu den Rechnern, die durch die Firewall besonders aufwändig gesichert sind!

Deswegen bedarf es einigen Aufwands, um den SSH-Tunnel in seinem Funktionsumfang auf das absolut Notwendigste zu beschränken. Diese Einstellungen nimmt man auf dem zu schützenden Rechner vor, also auf dem Munin-Node.

Der Versuchung, diese Tunnel mit `root`-Rechten aufzubauen, sollte man aus Sicherheitsgründen widerstehen. Das wird dadurch erleichtert, dass es auf dem Munin-Master bereits den Benutzer `munin` gibt. Auf den Munin-Nodes wird ebenfalls ein nichtpriviligierter Benutzeraccount benötigt. Es liegt nahe, auch auf den Nodes einen Benutzeraccount `munin` anzulegen, dessen einziger Zweck es ist, als Endpunkt für den Tunnel zu dienen. Der Befehl

```
node: #  useradd -u 111 -d /opt/munin -c "Munin monitoring tool" munin
```

erzeugt diesen Account. Das Homeverzeichnis `/opt/munin` des neuen Users `munin` muss mit `chown munin /opt/munin` die passenden Rechte bekommen.

Da der Tunnel in der Regel vom Server zum Node hin aufgebaut wird, erzeugt man als Benutzer `munin` auf dem Master ein Schlüsselpaar für `ssh` mit einem Kommentar, der den Zweck verrät:

```
munin@master:>  ssh-keygen -C "Remote-Login von munin ueber den Tunnel"
Generating public/private rsa key pair.
Enter file in which to save the key (/var/lib/munin/.ssh/id_rsa):
Created directory '/var/lib/munin/.ssh'.
Enter passphrase (empty for no passphrase):
Enter same passphrase again:
Your identification has been saved in /var/lib/munin/.ssh/id_rsa.
Your public key has been saved in /var/lib/munin/.ssh/id_rsa.pub.
The key fingerprint is:
52:50:7f:f0:3f:ab:da:fa:7c:84:7a:2e:20:63:22:2f Remote Login des Tunnels
 von munin
```

Dieser Befehl erzeugt zwei Dateien: `id_rsa` und Wer die Passwortabfragen wie hier ohne Angabe mit (Enter) bestätigt, setzt kein Passwort – optimal für den skriptgesteuerten Betrieb.

`id_rsa.pub`. Während erstere den privaten Schlüssel enthält und somit nicht in fremde Hände gelangen darf, dürfen Sie den öffentlichen Schlüssel aus `id_rsa.pub` beliebig verteilen. Mit dem Befehl

```
munin@master:>  cat /opt/munin/.ssh/id_rsa.pub | ssh munin-node \
"cat >> /opt/munin/.ssh/authorized_keys"
```

kopieren Sie den öffentlichen Schlüssel in den Schlüsselbund des Users `munin` auf dem angegebenen *`munin-node`*. Falls die Schlüsselbunddatei bereits existiert, hängen Sie den neuen Schlüssel hinten an, falls nicht, erzeugen Sie sie neu. Bei späteren, vom Munin-Master ausgehenden Login-Versuchen auf dem Node fragt jener den Benutzer `munin` weder nach einem Passwort, noch prüft er dessen Vertrauenswürdigkeit.

Um dem Missbrauch nicht Tür und Tor zu öffnen, schränkt man die Bewegungsfreiheit des Users `munin` auf dem Node deutlich ein. Zuerst setzt man für Logins mit diesem Schlüssel die Loginshell auf `/bin/false`. Zusätzlich beschränkt man die Gültigkeit des öffentlichen Schlüssels auf die IP-Adresse des Munin-Masters und verhindert, dass vom Port 4949 abgesehen weitere Ports umgeleitet werden. Die Weiterleitung von X11-Applikationen verbietet sich ebenso wie das weitere Umleiten von TCP-Ports. Zudem sorgt man dafür, dass dem Login kein Pseudoterminal (`pty`) zugeordnet wird und dass die Benutzung des `ssh-agents` unterbunden wird. Was bleibt, ist die Erlaubnis, den Port 4949 auf dem lokalen Rechner zu öffnen. All dies legen Sie in der Datei `~munin/.ssh/authorized_keys` auf dem Munin-Node, also dem zu schützenden Rechner in der DMZ, fest. Fügen Sie die entsprechenden Einschränkungen *links* neben den Schlüsseldaten in die Datei `/opt/munin/.ssh/authorized_keys` ein:

```
from="192.0.2.35",command="/bin/false",no-pty,no-X11-forwarding,no-agent
-forwarding,no-port-forwarding,permitopen="localhost:4949" ssh-dss AAAAB
[...]
```

Achten Sie darauf, dass der gesamte Eintrag samt Schlüssel in einer Zeilen stehen muss.

Den Tunnel selbst baut der Befehl `ssh -L 29001:localhost:4949 munin @munin-node` auf (der Ausgangsport 29001 ist frei gewählt). Im einfachsten Fall schreibt man diese Zeile, unter Umständen mit weiteren `ssh`-Befehlen zum Tunnelbau zu weiteren Munin-Nodes in der DMZ, in ein separates Init-Skript auf dem Munin-Master.

Da dieses vom System mit `root`-Rechten gestartet wird, muss es den `ssh`-Befehl explizit mit den Rechten von `munin` aufrufen, um den Tunnel als Hintergrundprozess aufzubauen. Für Letzteres sorgt der `ssh`-Schalter `-f`. Das wiederum funktioniert nur, wenn der Schalter `-n` alle Daten von STDIN nach `/dev/null` umleitet. Der Schalter `-N` schließlich teilt `ssh` mit, dass auf der anderen Seite kein Programm gestartet werden soll, denn das ganze Konstrukt dient einzig einer Portumleitung:

```
#!/bin/sh
# starte SSH-Tunnel in die DMZ
case "$1" in
  start)
    su - munin -c "ssh -fnN -L 29001:localhost:4949 webserv.example.org"
  ;;
esac
```

Der Zugriff auf Port 29001 auf dem Server führt dann durch den Tunnel hindurch auf den Port 4949 des Munin-Nodes. Deswegen spricht man den entfernten Rechner in der Konfiguration des Munin-Masters als `localhost` oder `127.0.0.1` an. Damit statt des missverständlichen Namens `localhost` der Name des Nodes in der Auswertung erscheint, setzt man den Schalter `use_node_name` auf `no`:

```
[webserv.example.com]
      address 127.0.0.1
      port 29001
      use_node_name no
```

Während der Munin-Master vor jeder Abfrage eine Verbindung zum Node aufbaut und diese danach wieder trennt, sollte der SSH-Tunnel ständig bestehen. Bricht der Tunnel aus welchen Gründen auch immer einmal zusammen, muss er daher so schnell wie möglich wieder aufgebaut werden.

Die einfachste Möglichkeit besteht darin zu schauen, ob der `ssh`-Prozess noch läuft. Haben Sie nur wenige Rechner, zu denen ein Tunnel aufgebaut wird, reicht ein kleines Skript, das anhand einer Liste von Portnummern nach `ssh`-Prozessen sucht und diese gegebenenfalls neu startet.

Müssen Sie viele Tunnel aufrecht halten, bietet sich ein aufwändigeres Skript wie das von Webseite der Munin-Entwickler[1] an.

Es benötigt keine eigene Portliste, sondern liest die Konfigurationsdatei `munin.conf` aus. Beim Vergleich von Sollzustand (Blick in die Konfigurationsdatei) und Istzustand (Blick in die aktuelle Prozessliste) erkennt es, ob ein Tunnel neu gestartet werden muss.

A.2 Alternative TCP-Tunnel

Der Vollständigkeit halber sei erwähnt, dass es weitere Möglichkeiten gibt, auf Rechner hinter einer Firewall zuzugreifen.

Programme wie `vtun` und `stunnel`, die speziell dafür entwickelt wurden, TCP-Ports zu tunneln, kommen in Frage. Unter `http://www-user.tu-chemnitz.de/~hot/SSL` zeigt Holger Trapp anhand praktischer Beispiele den Aufbau eines Tunnels mit dem auf OpenSSL basierenden `stunnel`, wie er auch für Munin brauchbar ist. Auf Wikipedia[2] finden Sie Informationen zu `vtun` und weiterführende Links.

Allerdings erfordern all diese Alternativlösungen mehr Konfigurationsaufwand als ein Tunnel mit `ssh`. Dieser lohnt erst, wenn der Munin-Master durch unzählige SSH-Tunnel so sehr belastet wird, dass auf eine weniger ressourcenhungrige Lösung zurückgegriffen werden muss.

1 `http://munin.projects.linpro.no/wiki/MuninSSHTunneling`
2 `http://de.wikipedia.org/wiki/VTun`

B

Anhang

Die Konfigurationsparameter im Überblick

Das folgende Kapitel beschreibt die zahlreichen Direktiven in alphabetischer Reihenfolge und ist somit zum Nachschlagen gedacht. Sie finden hier auch Querverweise zu den Anwendungsbeispielen im Buch.

Boole'sche Parameter akzeptieren nicht nur die Zuweisungen `Yes` oder `No`, sondern auch `true/false`, `on/off`, `enable/disable` oder `enabled/disabled`. Klein- und Großschreibung ist dabei irrelevant.

B.1 Konfiguration des Munin-Masters

Die Konfigurationsdatei `munin.conf` des Munin-Master befindet sich bei Source-Installationen in `/etc/opt/munin/`, sonst auch häufig im Verzeichnis `/etc/munin/`. Sie gilt für die Ausführung aller Skripte des Munin-Masters (siehe Kapitel 1.1 ab Seite 20).

Am Anfang der Datei stehen sogenannte *globale Direktiven*, die generell gelten. Einstellungen auf Gruppenebene (*Group Level Directives*), bezogen auf spezielle Host-Einträge (*Node Level Directives*) und auf Plugins (*Plugin Level Directives*) sind später in den entsprechenden Abschnitten möglich.

Manche Direktiven können auf allen Ebenen zum Einsatz kommen (z. B. `contacts`). In diesem Fall überschreiben die Einstellungen im speziellen Kontext diejenigen auf allgemeinerer Ebene.

B.1.1 Globale Direktiven

Diese Parameter müssen in der Konfigurationsdatei `munin.conf` zwingend vor den Passagen definiert werden, die die Munin-Gliederung in Gruppen und Hosts definieren, also vor dem ersten Ausdruck in eckigen Klammern.

`contacts`
: Benachrichtigungen sollen grundsätzlich an die angegebenen, durch Leerzeichen voneinander getrennten Kontakte gesandt werden:

```
contacts  admin paul
```

Für diesen Parameter ist kein Defaultwert definiert, seine Verwendung ist optional. Die folgenden Kontakt-bezogenen Parameter demonstrieren wir am Beispiel des hier definierten Kontakts `admin`.

`contact.`*`name`*`.always_send`
: Legt fest, in welchen Fällen eine Benachrichtigung an den angegebenen Kontakt erfolgen soll. Als Werte kommen `warning` und/oder `critical` in Betracht:

```
contact.admin.always_send  warning  critical
```

Für diesen Parameter ist kein Defaultwert definiert, seine Verwendung ist optional.

`contact.`*`name`*`.command`
: Kontakt-spezifische Definition des Shell-Kommandos, das Benachrichtigungen aussendet, wenn ein Messwert die angegebenen Grenzen verletzt.

```
contact.admin.command  mail -s "Munin notification" admin@example.
net
```

Für diesen Parameter haben die Munin-Entwickler keinen Defaultwert definiert, seine Verwendung ist optional.

`contact.`*`name`*`.max_messages`

Wenn innerhalb eines Munin-Zyklus für mehrere Werte Alarm ausgelöst wird, berichtet Munin über die angegebenen Anzahl Fälle gemeinsam in einer Nachricht.

```
contact.admin.max_messages  1
```

Per Default begrenzt Munin die Anzahl der Nachrichten nicht. Der Parameter ist optional.

`contact.`*`name`*`.text`

Legt einen Text fest, den Munin der entsprechenden Kontaktfunktion über STDIN mitgibt:

```
contact.admin.text  Mein spezieller Alarmtext
```

Der Standardbenachrichtigungstext von Munin wird dann nicht mehr übertragen.

Der Text kann über mehrere Zeilen gehen, wenn Sie die jeweils vorhergehende Zeile mit \ beenden. Zeilenumbrüche in der Nachricht müssen Sie mit \n in der Nachricht kodieren. Die in Kapitel 5.3.4 ab Seite 99 vorgestellten Variablen erlauben es, Fehler oder Warnungen genauer zu spezifizieren.

`dbdir`

Legt das Verzeichnis zur Ablage der RRD-Dateien fest. Munin erstellt darin Unterverzeichnisse je Gruppe bzw. Domain und erstellt die zugehörigen RRD-Dateien darin. Im hier angegebenen Verzeichnis landen auch die `.stats`-Dateien, in denen die Master-Prozesse Statusmeldungen für ihre eigene Arbeit und Daten speichern, die sie an im nächsten Zyklus folgenden Prozesse übergeben wollen. Der Parameter verlangt eine absolute Pfadangabe inklusive des Verzeichnisnamens selbst:

```
dbdir   /var/opt/munin
```

Munin überträgt bei der Installation den im Installationsparameter `DBDIR` (siehe die Tabelle auf Seite 85) festgelegten Pfad an diese Stelle der Konfigurationsdatei.

`domain_order`

Mit dieser Direktive können Sie die Reihenfolge der Domains bzw. Gruppen im Webinterface festlegen:

```
domain_order   webserver mailserver LAN-Komponenten
```

Per Default zeigt Munin sie in alphabetischer Reihenfolge an.

`fork`
: Normalerweise startet Munin mehrere Prozesse zur Abfrage der Munin-Nodes simultan. Wenn Sie hier `No` konfigurieren, startet nur ein Prozess, der alle Nodes nacheinander abfragt. Bei einer entsprechenden Anzahl überwachter Geräte kann es dann länger als ein Munin-Zyklus (fünf Minuten) dauern, bis dieser alle Nodes abgeklappert hat. Als Werte kommen `Yes` oder `No` in Frage:

```
fork  No
```

Der Default ist `Yes`.

`htmldir`
: Legt das Verzeichnis fest, in dem Munin die HTML-Seiten und Graphen der Munin-Übersicht unterbringt. Muss als absoluter Pfad inklusive des Verzeichnisnamens selbst angegeben werden:

```
htmldir   /opt/munin/var/www
```

Munin überträgt den im Installationsparameter `HTMLDIR` (siehe die Tabelle auf Seite 85) festgelegten Pfad als Vorschlag in die Konfigurationsdatei.

`local_address`
: Gibt die IP-Adresse des Munin-Masters vor. Von dieser Adresse aus baut er die Verbindung zum Munin-Node auf. Dort muss der Zugriff durch die entsprechende IP-Adresse erlaubt sein,[1] damit die Abfrage gelingt. Bei einem Server mit mehreren IP-Adressen dürfen mehrere `local_address`-Zeilen aufeinander folgen:

```
local_address   192.0.2.22
```

Für diesen Parameter ist kein Defaultwert definiert, seine Verwendung ist optional.

`logdir`
: Legt das Verzeichnis fest, in dem die Logdateien der Munin-Master-Prozesse landen. Auch hier muss wieder der absolute Pfad angegeben werden:

```
logdir   /var/log/munin
```

Munin überträgt den im Installationsparameter `LOGDIR` (siehe die Tabelle auf Seite 85) festgelegten Pfad als Vorgabe an diese Stelle.

`max_processes`
: Gibt an, wieviele Prozesse Munin maximal gleichzeitig starten soll:

[1] Die entsprechende Direktive `allow` der Node-Konfiguration finden Sie auf Seite B.2 hier im Anhang beschrieben.

```
max_processes   2
```

Für diesen Parameter ist kein Defaultwert definiert, seine Verwendung ist optional.

`rundir`
: Legt das Verzeichnis zur Ablage von `.pid`- und `.lock`-Dateien fest. Erstere enthalten die Prozessnummern der laufenden Prozesse. Letztere sollen verhindern, dass sich die Prozesse zweier Munin-Zyklen in die Quere kommen, wenn das Einsammeln der Daten länger als fünf Minuten dauert. Auch hier verlangt Munin den absoluten Pfad:

```
rundir   /var/run/munin
```

Munin trägt als Vorschlag den Wert des Installationsparameters `STATEDIR` (siehe die Tabelle auf Seite 85) ein.

`tmpldir`
: Definiert den absoluten Pfad zum Verzeichnis, in dem die Vorlagen zur Erstellung der Munin-Übersicht zu finden sind:

```
tmpldir   /etc/opt/munin/templates
```

Munin setzt bei der Installation das Verzeichnis `$(CONFDIR)/templates` als Vorschlag an diese Stelle (siehe die Tabelle auf Seite 85).

`[`*`gruppe`*`;]`
: In eckigen Klammern angegebene Ausdrücke dienen der Gliederung der Munin-Übersicht. Für Rechner, die einer Gruppe zugeordnet sind, enthält die Website eine eigene Indexseite[2] und vergleichende Darstellungen.[3]

Alle auf diese Zeile folgenden Direktiven bis zum nächsten Ausdruck in eckigen Klammern gelten für Mitglieder der Gruppe.

Die Bezeichnung darf keine Steuerzeichen und Leerzeichen enthalten und muss von einem Semikolon abgeschlossen werden:

```
[Webserver;]
```

Sofern man keine explizite Gruppenbezeichnung angibt, übernimmt Munin den Namen der Domain aus dem Hosteintrag. Wenn beim Rechnernamen keine Domain angegeben ist, wird der Name des Rechners zur Gruppenbezeichnung.

[2] Siehe Kapitel 1.6.2 ab Seite 28
[3] Siehe Kapitel 1.6.3 ab Seite 29

`[host]`
: Aktiviert die Überwachung des angegebenen Hosts. Alle auf diese Zeile folgenden Direktiven bis zum nächsten Ausdruck in eckigen Klammern gelten für diesen.

  Die Zuordnung zu einer damit ausdrücklich definierten Gruppe ist möglich, wenn man dem Hostnamen einen Gruppennamen, per Semikolon getrennt, *voran*stellt:

```
[Webserver; foo.example.org]
```

  Gibt man – wie hier – den Hostnamen inklusive Domain, aber keine Gruppe an, definiert Munin den Domainnamen als Gruppe.

  Dieser Eintrag ist zwingend erforderlich.

B.1.2 Gruppenspezifische Direktiven

Folgende gruppenspezifische Parameter fügen Sie bei Bedarf nach der Gruppendeklaration mit `[gruppe;]` und vor der Zeile mit dem ersten Hosteintrag (z. B. `[foo.example.org]`) ein.

`contacts`
: Welche Kontakte sollen genutzt werden? Oder soll gar keine Benachrichtigung erfolgen? Hier gibt man entweder eine mit Leerzeichen getrennte Liste der entsprechenden Kontaktnamen an oder `No`, wenn diese Gruppe betreffende Nachrichten generell unerwünscht sind:

```
contacts  No
```

  Für diesen Parameter ist kein Defaultwert definiert, seine Verwendung ist optional.

`local_address`
: Gibt die IP-Adresse des Munin-Master vor. Siehe dazu die Beschreibung auf Seite 284.

`node_order`
: Mit diesem Parameter legen Sie eine eigene Reihenfolge der Hosts innerhalb einer Gruppe fest:

```
node_order   foo.example.org bar.example.org
```

  Per Default zeigt das Webinterface sie in alphabetische Reihenfolge an.

B.1.3 Node-Direktiven

Folgende Einstellungen sind auf Ebene des Munin-Nodes möglich, gehören also unter den jeweiligen `[`*`host`*`]`- bzw. `[`*`gruppe`*`;` *`host`*`]`-Abschnitt:

`address`

Unter welcher IP-Adresse ist der Munin-Node erreichbar? Als Wert erlaubt sind eine IP-Adresse oder ein auflösbarer DNS-Eintrag:

```
address 192.0.2.60
```

Nach der Installation finden Sie in der Konfigurationsdatei als ersten Vorschlag die Adresse `127.0.0.1` für die Abfrage des lokalen Hosts vor.

`contacts`

Welche Kontakte sollen für Benachrichtigungen genutzt werden oder soll gar keine Benachrichtigung erfolgen? Der Wert `No` sorgt für letzteres:

```
contacts No
```

Ansonsten gibt man wie gewohnt eine Liste der entsprechenden Kontaktnamen an. Für diesen Parameter ist kein Defaultwert definiert, seine Verwendung ist optional.

`local_address`

Gibt die IP-Adresse des Munin-Master vor. Siehe dazu die Beschreibung auf Seite 284.

`notify_alias`

Bei Benachrichtigungen verwendet Munin den angegebenen Alias zur Bezeichnung des Host:

```
notify_alias Mailserver
```

Für diesen Parameter ist kein Defaultwert definiert, seine Verwendung ist optional.

`port`

Falls der Munin-Node nicht auf dem Standardport 4949 lauscht, sagen Sie hier, an welchem Port der Munin-Master anklopfen muss:

```
port 6088
```

Vorbelegt ist Port 4949.

`update`

Schalten Sie die Überwachung für bestimmte Hosts ab, indem Sie diesen Parameter auf `No` setzen:

```
update    No
```

Der Default für diesen Parameter ist `Yes`.

`use_node_name`
: Diese Direktive ist leider mißverständlich benannt. In der Defaulteinstellung `Yes` fragt der Master alle Plugins ab, die der Node auf das einfache Kommando `list` hin präsentiert. Das sind die des Rechners, auf dem der Node läuft. Soll ein Host in der Munin-Übersicht erscheinen, den der Munin-Node-Daemon per Fernabfrage überwacht und der darum einen anderen `host_name` hat, geben Sie hier `No` an...

```
use_node_name    No
```

...und nennen den vom Munin-Node-Rechner abweichenden Hostnamen in der eckigen Klammer.

B.1.4 Plugin-Direktiven

Alle Plugin-Attribute können im entsprechenden Host-Abschnitt der Konfigurationsdatei des Munin-Masters überschrieben werden. Auf das entsprechende Plugin nehmen Sie dabei Bezug, indem Sie seinen Namen an den Anfang setzen und die Direktive abgetrennt durch einen Punkt folgen lassen.

Ein Beispiel finden Sie im Kapitel 5.3.3 auf Seite 94, wo wir zeigen, wie Sie die Überschrift des Graphen setzen. Die vollständige Liste der Plugin-Attribute mit Erläuterungen zu jedem einzelnen Attribut finden Sie im Anhang C ab Seite 295. Allen dort genannten Parametern können Sie in der Master-Konfiguration eigene Werte zuweisen.

Im Folgenden stellen wir ein paar wenige Attribute vor, die nicht oder nur in sehr seltenen Spezialfällen in der vom Plugin gelieferten Konfiguration vorkommen und deshalb keine Aufnahme in die Liste in Anhang C fanden. Diese werden typischerweise in der `munin.conf` angesprochen und mit Werten belegt, die spezifisch auf Ihre Implementation zugeschnitten sind.

`contacts`
: Für das angegebene Plugin lassen sich die angegebenen Kontakte benachrichtigen:

```
smart_hda.contacts    bruce
```

Die Angabe des Werts `No` deaktiviert den Versand von Benachrichtigungen.

Für diesen Parameter ist kein Defaultwert definiert, seine Verwendung ist optional.

`graph_order`
: Mit diesem Parameter bietet sich die Möglichkeit, die Datenquellen in eigens vorgegebener Reihenfolge zeichnen zu lassen. Auf diese Weise können Sie die für Sie wichtigen Kurven an eine passende Stelle rücken. Besonders interessant ist die Direktive aber, weil sich damit auch Datenquellen aus anderen Plugins einbinden lassen (siehe dazu den Abschnitt 5.3.5 ab Seite 99).

  Der Parameter erwartet eine per Leerzeichen getrennte Liste der Datenquellen in der gewünschten Reihenfolge. Zur Ansprache von Datenquellen aus anderen Plugins nutzen Sie folgendes Format:

```
datenquelle=hostname:pluginname.interner_name_der_datenquelle
```

  Im Beispiel sieht das so aus:

```
load1.graph_order foo_load=example.foo.org:load.load fay_load=bar.e
xample.org:load.load
```

  Für `graph_order` ist kein Defaultwert definiert, seine Verwendung ist optional.

`notify_alias`
: In Benachrichtigungen bezeichnet Munin das Plugin mit dem angegebenen Alias:

```
cpu.notify_alias CPU usage
```

  Für diesen Parameter ist kein Defaultwert definiert, seine Verwendung ist optional.

`update`
: Schaltet die Abfrage bestimmter Plugins auf einem Hosts mit dem Wert `No` ab:

```
sensors_volt.update   No
```

  Der Default lautet `Yes`.

B.2 Konfiguration des Munin-Nodes

Die Direktiven in der Konfigurationsdatei `munin-node.conf` leiten sich fast alle von denen des Perl-Moduls `NET::Server` ab,[4] an das sie der Node weiterreicht. Zusätzlich definiert `munin-node` die Direktiven `host_name`, `timeout` und `ignore_file`.

[4] Dessen Standardparameter sind im CPAN unter `http://search.cpan.org/~rhandom/Net-Server/lib/Net/Server.pod#DEFAULT_ARGUMENTS_FOR_Net::Server` dokumentiert.

`allow`

Wenn die IP-Adresse des anfragenden Rechners dem hier angegebenen regulären Ausdruck entspricht, steht der Munin-Node Rede und Antwort, Kontaktversuche nicht passender IP-Adressen weist er ab:

```
allow ^192\.0\.2\.1$
```

Die Konfigurationsdatei darf mehrere `allow`-Zeilen enthalten.

Mit Munins Vorschlag in der Konfigurationsdatei ist nach der Installation lediglich der Zugriff von `127.0.0.1` erlaubt.

`background`

Wenn der Wert dieser Direktive auf 1 gesetzt ist, wird `munin-node` im Hintergrund laufen. Dies entspricht dem Vorschlag, denn die Munin-Installationsroutine macht:

```
background 1
```

Wollen Sie `munin-node` als Prozess im Vordergrund starten, kommentieren Sie die Zeile aus[5] und starten das Perlskript direkt, also *nicht* durch Aufruf des `init.d`-Skripts.

Beachten Sie außerdem, dass der Prozess grundsätzlich im Hintergrundmodus läuft, wenn die Direktive `setsid` (siehe Seite 292) auf den Wert `1` gesetzt ist. Sie müssen `setsid` also ggf. mit `setsid 0` abschalten, um den `munin-node`-Prozess im Vordergrund zu halten.

`group`

Gibt an, mit den Rechten welcher (Unix-)Nutzergruppe der `munin-node`-Daemon laufen soll:

```
group sys
```

Per Default kommt die Gruppe `root` zum Einsatz.

`host`

Diese Direktive legt fest, auf welcher IP-Adresse der Munin-Node angesprochen wird. Der Vorschlag der mitgelieferten Konfigurationsdatei lautet `*` und erlaubt die Nutzung aller konfigurierten IP-Adressen, alternativ gibt man genau eine konkrete Adresse an:

```
host 192.0.2.60
```

`host_name`

Bei der Begrüßung gibt `munin-node` den Namen an, den es systemseitig ermittelt. Falls Sie den Host in der Munin-Master-Konfiguration `munin.conf` anders bezeichnen, können Sie mit dieser Direktive dafür sorgen, dass auch der Munin-Node diese andere Bezeichnung verwendet:

5 Dann kommt der Defaultwert `undef` zum Tragen.

```
host_name bar.example.com
```

Für diesen Parameter ist kein Defaultwert definiert, seine Verwendung ist optional.

`ignore_file`
: Dateien im Service-Verzeichnis `$(CONFDIR)/plugins`, die dem angegebenen regulären Ausdruck entsprechen, ignoriert der Munin-Node und bindet sie dementsprechend nicht als Plugins ein. `munin-node.conf` darf mehrere solcher Zeilen enthalten:

```
ignore_file ~$
```

Damit entfallen alle Dateien, die auf ~ enden. Die mitgelieferte `munin -node.conf` setzt folgende Werte:

```
ignore_file ~$
ignore_file \.bak$
ignore_file %$
ignore_file \.dpkg-(tmp|new|old|dist)$
ignore_file \.rpm(save|new)$
```

Der Parameter ist optional.

`log_file`
: Legt die Datei fest, in die `munin-node` seine Arbeitsweise protokolliert. Hier ist der absolute Pfad samt Dateiname gefragt:

```
log_file /var/log/munin/munin-node.log
```

Alternativ sorgt der Wert `Sys::Syslog`, dafür, dass ins zentrale Syslog geloggt wird. Die mitgelieferte `munin-node.conf` schlägt folgenden Wert vor:

```
log_file $(LOGDIR)/munin-node.log
```

Der Parameter ist zwingend erforderlich.

`log_level`
: Der Loglevel entscheidet, wie ausführlich der Munin-Node über seine Aktivitäten in den Logfiles berichtet. Die Abstufung geht von 0 bis 4. Mit dem Wert 0 schaltet man das Logging komplett ab, 4 entspricht dem *Debug Modus* mit ausführlichster Berichterstattung:

```
log_level 4
```

Die mitgelieferte Konfigurationsdatei macht den Vorschlag 4.

`pid_file`

Legt Pfad und Name der Datei fest, die die Prozessnummer des laufenden `munin-node`-Daemons enthält. Beim Start des Nodes prüft Munin, ob der Prozess mit dieser ID noch läuft und bricht die Aktion ggf. mit einer Fehlermeldung ab. Somit ist sichergestellt, dass keine zweite Instanz des Daemon gestartet wird

```
pid_file /var/run/munin/munin-node.pid
```

Die mitgelieferte Konfigurationsdatei enthält den Vorschlag `$(STATE DIR)/munin-node.pid`.

`port`

Legt die Portnummer fest, auf der der Munin-Node lauscht:

```
port 6001
```

Die mitgelieferte `munin-node.conf` sieht Port 4949 vor. Falls keine Definition erfolgt, bindet `Net::Server` den Daemon an seinen Standardport 20203.

`setsid`

Wenn `setsid` auf 1 gesetzt ist, wird `munin-node` mit der Funktion `POSIX::setsid()` in den Daemon-Modus versetzt. Das bedeutet, dass er als Hintergrundprozess läuft. Eine gegenteilige Einstellung der Direktive `background` bleibt wirkungslos; sie kommt nur bei

```
setsid 0
```

zum Tragen. Der Vorschlag der mitgelieferten Konfigurationsdatei lautet 1.

`timeout`

Hiermit legen Sie fest, wie viele Sekunden der Node auf ein nächstes Kommandos des Anfragers wartet, bevor er die Verbindung kappt. Wenn Sie beim Testen von Plugins via `telnet` auf den Munin-Node zugreifen, empfiehlt es sich, den Timeout hochzusetzen. Dann bleibt Ihnen mehr Zeit zum Eintippen der Kommandos:

```
timeout 20
```

Der `munin-node`-Sourcecode gibt 10 Sekunden vor.

`user`

Mit den Rechten welches Users soll `munin-node` laufen? Weil viele Plugins Zugriff auf Systemdateien brauchen, ist in der Regel ein hoch privilegierter Nutzer wie `root` erforderlich, da nur dieser die ggf. notwendigen Privilegien an das auszuführende Plugin weiterreichen kann:

```
user disk
```

Die mitgelieferte `munin-node.conf` sieht `root`-Rechte vor. Die Definition des Parameters ist zwingend erforderlich.

C Anhang

Plugin-Attribute

Munin kennt eine Reihe Attribute, mit denen sich Plugin-Eigenschaften festlegen lassen. Diese Einstellungen gibt das Plugin aus, wenn es mit der Option `config` aufgerufen wird. Die folgende Liste soll Ihnen helfen, dessen Ausgaben zu interpretieren und bei Bedarf entsprechende Anpassungen in der Konfiguration des Munin-Masters in `munin.conf` vorzunehmen. Denn dort können alle Attribute der Plugin-Konfiguration noch überschrieben werden.[1]

C.1 Globale Attribute des Plugins

Munin kennt zum Einen *globale Attribute*, die sich auf das Plugin als Ganzes beziehen.

[1] Siehe dazu Kapitel 5.3.3 ab Seite 93.

`graph_args`

Munin zeichnet die Graphen ja nicht selbst, sondern bedient sich der Funktion `rrdgraph` aus den RRD-Tools. Mit diesem Attribut geben Sie nicht in Munin integrierte `rrdgraph`-Optionen[2] an, die Munin unverändert an `rrdgraph` weiterreicht. Häufig finden Sie folgende Zuweisung in der Konfiguration der Munin-Plugins:

```
graph_args --base 1000 --lower-limit 0
```

Ob sich mit diesem Argument von Munin selbst gesetzte Eigenschaften tatsächlich überschreiben lassen, hängt allerdings von der Version des installierten `rrdgraph` und der Munin-Version ab. Seien Sie bei entsprechenden Versuchen daher darauf gefasst, hier Rückschläge zu erleiden!

Durch die Festlegung einer unteren Grenze mit `-l 0` oder `--lower-limit 0` beginnt die Y-Achse mit dem Wert 0, auch wenn keine entsprechenden Messwerte existieren. Normalerweise sorgt die Autokonfiguration des Graphen dafür, dass die Y-Achse erst auf der Höhe des ersten gemessenen Werts beginnt.

Außerdem kommt dank `--base 1000` der Wert `1000` als Umrechnungsfaktor zum Einsatz: Damit entspricht der Wert **1k** 1000 Bytes. Alternativ sorgt `graph_args --base 1024` dafür, dass der Wert **1K** 1024 Bytes entspricht.[3] Letzeres ist sinnvoll, wenn es um Speichergrößen geht.

Folgender Eintrag in einem Hostabschnitt der Masterkonfiguration sorgt dafür, dass `rrdgraph` die Zugriffsstatistik des Apache-Webservers für den entsprechenden Host mit den genannten Optionen erzeugt:

```
apache_accesses.graph_args --base 1000 -l 0
```

Schauen Sie auf jeden Fall vorab, ob das Plugin selbst noch weitere Optionen im Attribut `graph_args` angibt. Diese müssten Sie ggf. mit aufführen, anderenfalls gehen sie durch das Überschreiben in der Munin-Master-Konfiguration verloren.

`graph_category`

Die Munin-Übersicht fasst die Graphen zu logischen Gruppen zusammen, die sich aus einem zentralen Index heraus über einen Link direkt anspringen lassen. Mit diesem Attribut legen Sie fest, welcher dieser Kategorien Ihr Plugin zugeordnet ist. Sie können Bezug auf vordefinierte Kategorien wie **Disk**, **Network**, **Processes**, **Sensors** und

[2] `man rrdgraph` verrät, welche Optionen `rrdgraph` kennt.

[3] Man beachte die Groß- und Kleinschreibung: 1000 entspricht 1 k; 1024 1 K.

andere nehmen oder auch eine eigene neue Kategorie eröffnen, beispielsweise **WLAN**. Wir haben das z. B. im Fall des Groupwise-Plugins[4] getan, das wir in die Kategorie **Groupwise** einsortieren. Fall Sie den Graphen des Plugins stattdessen in einer anderen Kategorie (z. B. **Web**) führen wollen, erreichen Sie das durch folgenden Eintrag im entsprechenden Hostabschnitt (im Beispiel dem zu `192.0.2.20`) der Datei `munin.conf`:

```
snmp_192_0_2_20_gwweb_1.graph_category Web
```

Wenn ein Plugin keine `graph_category` angibt und Sie es auch in der Munin-Master-Konfiguration keiner Kategorie zuordnen, erscheinen die zugehörigen Graphen unter **Others**.

`graph_height`
Legt die Höhe des gezeichneten Graphen in (ganzen) Pixeln fest. Voreingestellt sind 200.

Wollten Sie den Graphen des Plugins `iostat` für einen bestimmten Host in Y-Richtung vergrößern, tragen Sie in den entsprechenden Hostabschnitt der Munin-Master-Konfiguration Folgendes ein:

```
iostat.graph_height 280
```

Achtung: Dieses Attribut legt *nicht* die Höhe der erzeugten PNG-Datei fest! Bei dieser kommen noch die das Diagramm umgebenden Bildteile (etwa Überschrift, Achsenbeschriftung und Legende) hinzu.

`graph_info`
Welchen Zweck hat das Plugin? Was zeigt der Graph an? Die in diesem Attribut hinterlegte Beschreibung erscheint in der Munin-Übersicht auf der Detailseite zum Plugin. Die Abbildung auf Seite 32 markiert die Stelle mit der Ziffer **3**.

Als Beispiel dienen soll ein Eintrag in der Munin-Master-Konfiguration, der ein Plugin auf dem Host, in dessen Abschnitt Sie die Zeile platzieren, auf Deutsch erläutert:

```
ping_foo_example_org.graph_info Dieser Graph zeigt die Ping-Round-T
rip-Time-Statistiken zum Server foo.example.org.
```

Wie bei Wildcard-Plugins üblich, ist die IP-Adresse des Rechners, der hier angepingt wird, Bestandteil des Pluginnamens. Allerdings ersetzt Munin, wenn es den Pluginnamen aus der Bezeichnung des Service-Links ableitet, alle Punkte durch Unterstriche.[5]

4 Siehe Kapitel 9.4.3 auf Seite 209.
5 Der Pluginname darf keine Punkte enthalten, weil diese als Trenner zwischen Pluginnamen und Attribut verwendet wird.

`graph_order`
: Normalerweise zeichnet Munin die Datenquellen in der Reihenfolge, in der sie in der Konfiguration aufgeführt sind. Mit diesem Attribut lässt sich eine davon abweichende Reihenfolge festlegen. Es kommt normalerweise nur in der Munin-Master-Konfiguration zum Einsatz und spielt dort beim Konfigurieren virtueller Plugins (siehe dazu Kapitel 5.3.5 ab Seite 99) eine Rolle.

`graph_period`
: Zeitliche Auflösung der gespeicherten Datenwerte. Munin ruft die Messwerte alle fünf Minuten ab. Handelt es sich bei der Datenquelle um einen Zähler, dann geht als Wert nicht der absolute Zählerstand in die Archive ein, sondern die Änderung zum letzten gelesenen Zählerstand, bezogen auf die gewählte zeitliche Auflösung. Zur Auswahl stehen `second` (voreingestellt) und `minute`. Dieses Attribut spielt nur bei den Datentypen `COUNTER` und `DERIVE` eine Rolle.

`graph_scale`
: Normalerweise passen die RRD-Tools die Achsenbeschriftung der Größenordnung an. So schreiben sie **1k** statt 1000 oder **1M** statt 1 000 000. Wird dies nicht gewünscht oder ist es für einen speziellen Graphen unpassend, verhindert die Angabe `no` diese automatische Skalierung.

`graph_title`
: Welche Überschrift soll der Graph tragen? Per Voreinstellung steht der Name des Plugins mittig über der Grafik, Seite 179 zeigt, wie man das für ein selbstgeschriebenes Plugin ändert.

  Ob Default oder selbstdefiniert – Munin ergänzt diese Überschrift automatisch um den dargestellten Zeitraum: **by day** (täglich), **by week** (wöchentlich), **by month** (monatlich) oder **by year** (jährlich).

`graph_total` *label*
: Wenn dieses Attribut gesetzt ist, ergänzt Munin eine Zeile in der Legende, die mit *`label`* beschriftet ist. Diese zeigt über alle Datenfelder des Plugins summierte Werte an. Es wird keine entsprechende Kurve im Graph gezeichnet!

`graph_vlabel`
: Wie soll die Y-Achse beschriftet sein? Denken Sie daran, hier ggf. die Maßeinheit mit anzugeben!

`graph_width`
: Legt die Breite des gezeichneten Graphen fest. Voreingestellt ist der Wert 400, was 400 Pixeln entspricht. Sie können hier beliebige Integer-Werte angeben.

  Achtung: Dieses Attribut setzt nicht die Breite der erzeugten PNG-Datei! Bei dieser kommen noch die das Diagramm umgebenden Bildteile (Überschrift, Achsenbeschriftung, Legende) hinzu.

`host_name`
: Welchem Host soll das Plugin zugeordnet werden? Im Allgemeinen berichtet das Plugin über den Rechner, auf dem der `munin-node`-Daemon läuft. Eine Ausnahme stellen SNMP-Plugins dar. Hier sammelt `munin-node` häufig Messwerte von anderen Rechnern ein. In diesem Fall ist die Zuordnung zu einem anderen Host in der Munin-Übersicht möglich und sinnvoll. Ein konkretes Beispiel finden Sie in Kapitel 9.4.3 auf Seite 209.

`update`
: Hiermit können Sie die Abfrage des Plugins abschalten. Das folgende Beispiel deaktiviert in der Munin-Master-Konfiguration die Abfrage des Plugins cpu für den Host `foo.example.net`:

```
[foo.example.net]
cpu.update no
```

Beachten Sie, dass die Graphen nach dem Abschalten des Plugins in leerer Form erhalten bleiben!

C.2 Datenspezifische Attribute

Für jede Datenquelle, die das Plugin abfragt, gibt es ein zugehöriges Datenfeld (englisch: *Field*) auf Munins Seite. Dessen Eigenschaften definieren sogenannte *Field Attributes*. Eine solche Direktive beginnt mit dem Namen des Datenfeldes, im Folgenden durch den Platzhalter ***feldname*** ersetzt. Abgetrennt durch einen Punkt folgt der Name des jeweiligen Attributs und, nach einem Leerzeichen als Trenner, auf dem Rest der Zeile die Zuweisung.

`feldname``.label`
: Unter welcher Bezeichnung soll die Datenquelle in der Legende des Graphen geführt werden? In der Abbildung auf Seite 32 ist das Label links von der Markierung **5** zu sehen.

`feldname``.value`
: Teilt bei der Abfrage eines Plugins den aktuell ermittelten Wert der Datenquelle mit:

```
node: # munin-run load
load.value 0.10
```

`feldname``.info`
: Beschreibung für die Datenquelle. Diese Information erscheint in der Detailansicht des Plugins. In der Abbildung auf Seite 32 ist die Stelle mit der Ziffer **9** markiert. Links davon sind Datentyp, interner Name des Datenfelds und ggf. festgelegte Warnschwellen aufgeführt.

feldname.type
: Welchen Datentyp wollen Sie nutzen? Zur Verfügung stehen GAUGE, COUNTER, DERIVE und ABSOLUTE. Voreingestellt ist GAUGE. Eine eingehende Beschreibung der Datentypen finden Sie auf Seite 36.

feldname.colour
: Legt die Farbe einer Kurve fest und überschreibt damit die von Munin vorgegebene Farbpalette. Munins Farbangaben entsprechen denen von HTML-Seiten. Dem RGB-Modell entsprechend schreibt man die Helligkeit der drei möglichen Farben rot, gelb und blau nacheinander auf. Die ersten zwei Stellen bestimmen die Helligkeit für Rot in 256 Stufen von 00 (absolut schwarz) bis FF (absolute Farbsättigung) im additiven Farbschema. Daran schließt sich der Helligkeitswert für Grün an, es folgt der Wert für Blau. Eingeleitet wird diese Farbgebungssequenz mit dem „Lattenzaun" #. Um einer Kurve die Farbe Blau zu geben, setzen Sie *feldname*.colour auf #0000FF.

feldname.draw
: Auf welche Weise sollen die Messwerte im Graphen dargestellt werden? Folgende Möglichkeiten gibt es:

- Soll Munin die ganze Fläche von der X-Achse bis zum gemessenen Wert ausmalen, setzt man *feldname*.draw auf AREA.
- Bei LINE1 zeichnet Munin die Werte als Linie von einem Pixel Breite ein. LINE2 ist der Default für das Attribut draw. Dabei werden die Werte als Linie mit zwei Pixel Strichstärke gezeichnet, mit LINE3 wird die Linie drei Pixel breit.
- Kurven vom Typ STACK zeichnet Munin aufeinander gestapelt ein. Als Null-Linie dient hier der Wert des in der Legende davor angesiedelten Datenfelds und nicht die X-Achse. Hier kann es also – solange alle Werte im positiven Bereich bleiben – keine Überdeckungen oder Überschneidungen geben. Ob die Darstellung als Linie oder Fläche erfolgt, hängt davon ab, welche Auswahl man für die in der Reihenfolge davor liegende Datenquelle getroffen hat. Nutzt man dort eine flächige Darstellung, wird auch der darauf gestapelte Wert als Fläche eingezeichnet. Beispiele dafür sind das mitgelieferte Plugin zur CPU-Nutzung[6] sowie das virtuelle Plugin zum Vergleich der Apache-Zugriffe, dessen Konfiguration Kapitel 5.3.5 auf Seite 99 erklärt.
- Beim Typ AREASTACK wird der Wert grundsätzlich als Fläche eingezeichnet. Auch er wird auf den Wert des darunter angesiedelten Datenfeldes aufgeschlagen, d. h. gestapelt. Diesen Typ kennt Munin erst ab Version 1.3.3.

[6] Beschreibung auf Seite 132.

- Für LINESTACK1, LINESTACK2 und LINESTACK3 gilt bezüglich der Strichstärke das Gleiche wie bei den LINE-Typen: Die Linien sind ein, zwei oder drei Pixel breit. Wie beim Typ STACK zeichnet Munin sie jedoch gestapelt. Diese Kurventypen stehen erst ab Version 1.3.3. zur Verfügung.

feldname1.negative *feldname2*

Die Kurve zum rechts angegebenen Datenfeld *feldname2* erscheint an der X-Achse gespiegelt gegenüber der Kurve zum links angegebenen Datenfeld *feldname1*. Beide Kurven werden in gleicher Farbe gezeichnet; in der Legende taucht nur der Name der Referenzdatenquelle *feldname1* auf.

Sie sollten dieses Attribut darum nur auf Paare anwenden, die ähnliche Aussagen treffen, sich aber auf unterschiedliche Richtungen beziehen. Ein Beispiel ist der Graph zur Überwachung des Netzverkehrs.[7] Dort zeigt die obere Kurve den ausgehenden, die untere den eingehenden Datenstrom:

```
node: # munin-run if_eth0 config
[...]
down.label received
up.label bps
up.negative down
[...]
```

feldname.graph

Wollen Sie bestimmte Kurven aus dem Graphen werfen, sagen Sie hier no. Das folgende Beispiel bringt die Null-Linie des ACPI-Interrupts auf dem Server zum Verschwinden:

```
[mailserver.example.net]
irqstats.i9.graph no
```

feldname.line *wert*

Mit diesem Attribut zeichnet Munin eine horizontale Linie auf Höhe des angegebenen Werts. Diese kann als Hilfslinie beim Ablesen dienen oder wie im Beispiel unten dazu, die Warnlevels im Graphen sichtbar zu machen:

```
[linux;DB-Server]
    sensors_temp.temp1.warning 33
    sensors_temp.temp1.critical 35
    sensors_temp.temp1.line 35
```

Die Linie hat die gleiche Farbe wie die Kurve des zugehörigen Datenfelds.

[7] Ein Bild ist in Kapitel 6.7.1 auf Seite 139 zu sehen.

`feldname.sum`
: Das Datenfeld wird mit der Summe von Werten anderer Datenquellen gefüllt. Dieses Attribut kommt häufig bei virtuellen Plugins zum Einsatz, die in der Munin-Master-Konfiguration definiert werden. Lesen Sie dazu die Anleitung in Kapitel 3 ab Seite 101.

`feldname.min`
: Wenn Sie den darzustellenden Wertebereich nach unten einschränken wollen, legen Sie mit diesem Attribut den Minimalwert fest.

`feldname.max`
: Den größten darzustellenden Wert legen Sie mit `feldname.max` fest.

`feldname.warning min:max`
: Die Anwendung dieser Direktive demonstriert Kapitel 12.2.3 ab Seite 252. Wenn der Messwert über den Maximalwert ansteigt oder unter den Minimalwert fällt, kann Munin Alarm schlagen. Die Konfiguration beschreibt Kapitel 5.3.4 ab Seite 96.

  Auf jeden Fall macht Munin Warnungen auf den Webseiten kenntlich, indem es die Links zum entsprechenden Graphen und das Feld mit dem betroffenen Grenzwert in der Detailansicht des Plugins gelb einfärbt.

`feldname.critical min:max`
: Verletzungen des Grenzwerts sind als kritisch einzustufen. Wie man kritische Schwellwerte setzt, beschreibt Kapitel 12.2.3 ab Seite 252. Auch in diesem Fall kann Munin automatisch Benachrichtigungen versenden. Die Markierungen im Webinterface erfolgen in roter Farbe.

D

Anhang

Abhängigkeiten der mitgelieferten Plugins

Wer einen Node überwachen will, der lediglich einen Mailserver beherbergt, kann sich beispielsweise das Einspielen von Plugins, die den Apache-Webserver überwachen, sparen und damit etwa auf die Installation des `LWP::UserAgent`-Perl-Moduls verzichten. Gleiches gilt für Plugins, die auf dem in Frage kommenden Node gar nicht arbeiten.

Aus diesem Grund seien im Folgenden die Abhängigkeiten und Voraussetzungen für die Installation der mitgelieferten Plugins aufgeführt. Bei den distributionsspezifischen Plugins beschränkt sich die Übersicht aus Platzgründen auf einige Plugins, die die Paketdatenbanken Debian- und RPM-basierter Distributionen betreffen. Wenn in den Beschreibungen von „allen Betriebssystemen" die Rede ist, schließt dies Windows aus, da es dort generell keine Plugins gibt.

`acpi`
: Dieses Shellskript setzt voraus, dass der Kernel ACPI-Support enthält, und eignet sich für Linux ab Version 2.4.21.

`apache_accesses`
: Dieses Perlskript setzt einen mit dem `mod_status`-Modul ausgestatteten Apache-Webserver in einer Version größer als 1.1 und das Perl-Modul `LWP::UserAgent` voraus. Es eignet sich für alle Betriebssysteme.

`apache_processes`
: Dieses ebenfalls plattformübergreifende Perlskript benötigt lediglich einen Apache-Webserver mit `mod_status`.

`apache_volume`
: Hier gilt das Gleiche wie für `apache_processes`.

`apt`
: Dieses Perlskript benötigt `apt-get` oder `apt4rpm` und eignet sich für Debian, Red Hat und Derivate.

`apt_all`
: Hier gilt das Gleiche wie für das `apt`-Plugin.

`courier_mta_mailqueue`
: Dieses Shellskript setzt einen lokal installierten Courier-MTA voraus und eignet sich für alle Betriebssysteme, auf denen der Courier-MTA läuft.

`courier_mta_mailstats`
: Dieses Perlskript setzt das Gleiche voraus wie das Schwesterplugin `courier_mta_mailqueue`.

`courier_mta_mailvolume`
: Hier gilt das Gleiche wie für `courier_mta_mailstats`.

`cps_`
: Überwacht Loadbalancer des österreichischen Herstellers LVS. Angezeigt wird die Anzahl Verbindungen pro Sekunde für beliebige Dienste.

`cpu`
: Dieses Shellskript setzt `/proc/stat` voraus und eignet sich für jedes Linux ab Version 1.0. Für *BSD, AIX und Solaris existieren separate cpu-Plugins, die andere Mechanismen benutzen.

`cupsys_pages`
: Dieses Perlskript hängt von `/var/log/cups` ab und eignet sich für alle Betriebssysteme, auf denen der CUPS-Daemon läuft.

`df`
: Dieses Shellskript setzt die Existenz von `df` voraus und eignet sich für alle Betriebssysteme.

`df_abs`
: Hier gilt das Gleiche wie für das `df`-Plugin.

`df_inode`
: Hier gilt das Gleiche wie für das `df`-Plugin.

`entropy`
: Dieses hängt von `/proc` ab und eignet sich ausschließlich für Linux.

`exim_mailqueue`
: Dieses Shellskript setzt den Exim-MTA voraus und eignet sich für alle Betriebssysteme.

`exim_mailstats`
: Dieses Perlskript hängt vom Exim-MTA und seiner Logdatei ab. Es eignet sich für alle Betriebssysteme.

`forks`
: Dieses Shellskript hängt von `/proc` (Linux) bzw. `bin/vmstat` (NetBSD) ab und eignet sich für diese Betriebssysteme.

`fw_conntrack`
: Dieses Perlskript hängt von `/proc` ab und läuft nur unter Linux.

`fw_forwarded_local`
: Dieses Shellskript setzt ebenfalls die Existenz von `/proc` voraus und eignet sich für alle Linux-Distributionen.

`fw_packets`
: Hier gilt das Gleiche wie für `fw_forwarded_local`.

`hddtemp_smartctl`
: Dieses Plugin setzt voraus, dass die `smartmontools` vorab installiert sind. Viele Linux-Distributionen liefern ein entsprechendes Paket mit. Den Tarball finden Sie auf Sourceforge.[1] Es gibt dort auch eine Version für Windows. Die aktuelle Version beziehen Sie aus dem CVS-Repository.[2]

`if_`
: Setzt eine Netzwerkkarte voraus. Es gibt für jedes unterstützte Betriebssystem je ein separates `if_`-Plugin.

[1] `http://smartmontools.sourceforge.net/`
[2] `http://smartmontools.cvs.sourceforge.net/smartmontools/sm5/`

`if_err_`
: Hier gilt das Gleiche wie für das `if_`-Plugin.

`interrupts`
: Dieses Plugin hängt von `/proc` (Linux) bzw. `vmstat` (NetBSD) ab und eignet sich daher für diese beiden Betriebssysteme.

`iostat`
: Dieses Plugin ist stark betriebssystemabhängig. Unter Linux setzt es `/proc` voraus, unter anderen Betriebssystemen andere Programme wie `vmstat` oder `iostat`.

`ip_`
: Dieses Plugin hängt von `iptables` ab und funktioniert nur unter Linux.

`ircu`
: Dieses Plugin hängt vom Perl-Modul `Net::IRC` ab und eignet sich für alle Betriebssysteme.

`irqstats`
: Dieses Plugin hängt von `/proc` (Linux) bzw. `vmstat` (NetBSD) ab und eignet sich für diese Betriebssysteme.

`load`
: Dieses Plugin ist stark betriebssystemabhängig, läuft jedoch auf jeder Basisinstallation.

`loggrep`
: Dieses Plugin läuft auf jeder Basisinstallation.

`memory`
: Dieses Plugin ist stark betriebssystemabhängig. Unter Linux setzt es `/proc` voraus, unter anderen Betriebssystemen Tools wie `vmstat` oder `top`.

`multips`
: Dieses Plugin hängt von `pgrep`, alternativ von `ps` ab und eignet sich für alle Betriebssysteme.

`mysql_bytes`
: Dieses Shellskript benötigt `mysqladmin` und eignet sich für alle Betriebssysteme.

`mysql_isam_space_`
: Dieses Shellskript benötigt `mysqlshow` und eignet sich für alle Betriebssysteme.

mysql_queries
Dieses Shellskript benötigt mysqladmin und eignet sich für alle Betriebssysteme.

mysql_slowqueries
Dieses Shellskript setzt mysqladmin voraus und eignet sich für alle Betriebssysteme.

mysql_threads
Dieses Shellskript benötigt mysqladmin und eignet sich für alle Betriebssysteme.

netstat
Dieses Shellskript benötigt netstat und eignet sich für alle Betriebssysteme.

nfs_client
Dieses Plugin hängt von der NFS-Unterstützung des Betriebssystems ab.

nfsd
Dieses Plugin setzt einen lokalen NFS-Server voraus und eignet sich für NetBSD und Linux.

ntp_
Dieses Perlskript benötigt Net::hostent und ntpq und eignet sich für alle Betriebssysteme.

ntp_states
Wie ntp_.

open_files
Dieses Plugin hängt von /proc (Linux), pstat (NetBSD) bzw. sysctrl (FreeBSD) ab.

open_inodes
Wie open_files.

ping_
Dieses Shellskript hängt einzig von einem funktionierenden Netzwerk und ping ab. Es eignet sich für alle Betriebssysteme.

port_
Dieses Perlskript setzt das /proc-Dateisystem voraus und eignet sich für Linux.

postfix_mailqueue
Dieses Shellskript hängt vom MTA Postfix, find sowie wc ab.

`postfix_mailstats`
: Dieses Perlskript benötigt außer Postfix dessen Logdatei und eignet sich für alle Betriebssysteme.

`postfix_mailvolume`
: wie `postfix_mailqueue` Dieses Perlskript hängt von Postfix und seiner Logdatei ab und eignet sich für alle Betriebssysteme.

`processes`
: Dieses Plugin hängt von `awk` und `ps` ab und eignet sich für alle Betriebssysteme.

`ps_`
: Dieses Plugin hängt von `pgrep`, alternativ von `ps` ab und eignet sich für alle Betriebssysteme.

`psu_`
: Dieses Plugin setzt `pgrep`, `sort` und `wc` voraus und eignet sich für alle Betriebssysteme.

`sendmail_mailqueue`
: Dieses Shellskript hängt vom Sendmail-MTA und `find` sowie `wc` ab.

`sendmail_mailstats`
: Dieses Shellskript hängt vom Sendmail MTA und `mailstats` ab.

`sendmail_mailtraffic`
: Wie `sendmail_mailstats`.

`sensors_`
: Dieses Perlskript hängt von `lm_sensors` und `i2c` ab und eignet sich für Linux.

`smart_`
: Dieses Pythonskript hängt von `smartctl` ab und eignet sich für alle Betriebssysteme.

`snmp__df`
: Dieses Perlskript hängt von SNMP-Unterstützung ab und eignet sich für alle Betriebssysteme.

`snmp__fc_if_`
: Wie `snmp__df`.

`snmp__fc_if_err_`
: Wie `snmp__df`.

`snmp__if_`
: Wie `snmp__df`.

snmp__if_err_
Wie snmp__df.

snmp__load
Wie snmp__df.

snmp__processes
Wie snmp__df.

snmp__sensors_fsc_bx_fan
Wie snmp__df.

snmp__sensors_fsc_bx_temp
Wie snmp__df.

snmp__sensors_fsc_fan
Wie snmp__df.

snmp__sensors_fsc_temp
Wie snmp__df.

snmp__sensors_mbm_fan
Wie snmp__df.

snmp__sensors_mbm_temp
Wie snmp__df.

snmp__sensors_mbm_volt
Wie snmp__df.

snmp__users
Wie snmp__df.

squid_cache
Dieses Perlskript hängt von den Modulen MIME::Base64 und IO::Socket ab. Es eignet sich für alle Betriebssysteme.

squid_icp
Dieses Perlskript nutzt die Module MIME::Base64, IO::Socket und Net::hostent und eignet sich für alle Betriebssysteme.

squid_requests
Dieses Perlskript hängt von den Modulen MIME::Base64 und IO::Socket ab und eignet sich für alle Betriebssysteme.

squid_traffic
Dieses Perlskript benötigt ebenfalls die Module MIME::Base64 und IO::Socket und eignet sich für alle Betriebssysteme.

`swap`
: Dieses Shellskript hängt unter Linux von `proc` und `awk`, unter *BSD von `sysctl` bzw. `vmstat` ab.

`sybase_space`
: Dieses Perlskript benötigt `DBD::Sybase` und `DBI` (eine API für Perl-DB-Zugriffe) und eignet sich für alle Betriebssysteme.

`uptime`
: Dieses Shellskript für Linux wertet das `/proc`-Dateisystem aus.

`vlan_`
: Hier gilt dasselbe wie für `uptime`.

`vlan_inetuse_`
: Auch für dieses Plugin gilt dasselbe wie für `uptime`.

`vlan_linkuse_`
: Dieses Shellskript hängt ebenfalls von `/proc` ab und eignet sich für alle Linux-Distributionen.

`vmstat`
: Dieses Shellskript hängt von `vmstat` ab und eignet sich für Linux und *BSD.

E

Anhang

CPAN

Für Perl gibt es unzählige nützliche Module, die jedoch nicht alle im Standardinstallationsumfang enthalten sind. Auf eines davon ist der `munin-node`-Daemon jedoch angewiesen: `Net::Server`. Ohne dieses Modul kann er den Serverprozess nicht starten, der auf Port 4949 auf eingehende Verbindungen wartet. Ob Perl dieses Modul auf Ihrem System nutzen kann, stellt man schnell mit dem Befehl `perl -MNet::Server -e0` fest. Gibt es keine Fehlermeldung, konnte Perl das Modul finden und laden. Anderenfalls ist es nicht installiert oder nicht im Suchpfad der Perl-Installation enthalten.

Linux-Anwender sind hier fein raus, gibt es die meisten Perl-Module doch als fertige Binärpakete für die jeweilige Distribution.

Anwender kommerzieller Unixvarianten werden nur selten auf den Hersteller hoffen. Zwar bringen auch die kommerziell vertriebenen Unixe oft ein halbwegs aktuelles Perl mit, zusätzliche Module sucht man jedoch meist vergeblich. Deswegen greifen viele Unix-Anwender zur Selbsthilfe, der Installation von Hand.

Glücklicherweise entwickelte sich vor Jahren ein Verbund von Servern, der zusätzliche Module zum Download anbietet. Dieses *Comprehensive Perl Archive Network* (kurz: CPAN) lässt sich auch mit der cpan-Shell benutzen, die zur Standardinstallation gehört. Damit entfällt die aufwändige Modulsuche im Netz; man kann gleich zum Herunterladen und Installieren übergehen.

E.1 Die cpan-Shell einrichten

Beim ersten Aufruf der cpan-Shell legt man deren Konfiguration fest, insbesondere das zu nutzende temporäre („build and cache"-)Verzeichnis und den Pfad zu verschiedenen Programmen wie `ftp`, `tar` oder `gzip`. Bei unverständlichen Fragen können Sie beruhigt (Enter) drücken, die Vorgaben sind durchdacht und stimmen zumeist. Einzig bei der Frage nach FTP- und HTTP-Proxies kann die Abfrageroutine nicht raten und ist auf Ihre Angaben angewiesen. Benutzen Sie keinen Proxy, ist – wie im Falle des FTP-Proxys gezeigt – auch hier ein lapidares (Enter) die richtige Eingabe:

Das CPAN lässt ich auf zwei gleichwertigen Wegen nutzen: über das Skript cpan, das zu jeder Perlinstallation gehört, oder über den Aufruf von Perl mit der Angabe des zu ladenden Moduls, hier also CPAN:

```
node: # perl -MCPAN -e shell
[....]
CPAN build and cache directory? [/.cpan]
[...]
Cache size for build directory (in MB)? [10]
[...]
Where is your gzip program? [/usr/bin/gzip]
Where is your tar program? [/usr/local/bin/tar]
[...]
Your ftp_proxy?
Your http_proxy? http://name.des.proxys:port
Your no_proxy?[1]
[...]
```

Um die Konfiguration abzuschließen, holt die cpan-Shell sich nun eine aktuelle Liste der *CPAN-Proxys*. Suchen Sie sich einen in der Nähe aus, auch heute noch verspricht ein geographisch naher Server den schnellsten Zugriff. Sobald Sie hier eine Auswahl getroffen haben, finden Sie sich am cpan-Prompt wieder:

```
Now we need to know where your favorite CPAN sites are located. Push
a few sites onto the array (just in case the first on the array won't
```

[1] Bei Nutzung eines Proxys gibt man hier die Rechner an, die unter Umgehung desselben angesprochen werden sollen.

```
work). If you are mirroring CPAN to your local workstation, specify a
file: URL.
[...]
(1) Africa
(2) Asia
(3) Central America
(4) Europe
[...]
Select your continent (or several nearby continents) [] 4
Sorry! since you don't have any existing picks, you must make a
geographic selection.

(1) Austria
[...]
(10) France
(11) Germany
(12) Greece
(13) Hungary
(14) Iceland
(15) Ireland
(16) Italy
16 more items, hit SPACE RETURN to show them
Select your country (or several nearby countries) [] 11
Sorry! since you don't have any existing picks, you must make a
geographic selection.

(1) ftp://cpan.mirror.iphh.net/pub/CPAN/
[...]
(9) ftp://ftp.gmd.de/mirrors/CPAN/
(10) ftp://ftp.gwdg.de/pub/languages/perl/CPAN/
(11) ftp://ftp.mpi-sb.mpg.de/pub/perl/CPAN/
(12) ftp://ftp.rub.de/pub/CPAN/
(13) ftp://ftp.uni-erlangen.de/pub/source/CPAN/
(14) ftp://netmirror.org/CPAN/
(15) ftp://nlp.petamem.com/
(16) ftp://pandemonium.tiscali.de/pub/CPAN/
10 more items, hit SPACE RETURN to show them
Select as many URLs as you like (by number),
put them on one line, separated by blanks, e.g. '1 4 5' []  10 11 15

Enter another URL or RETURN to quit: []
New set of picks:
  ftp://ftp.gwdg.de/pub/languages/perl/CPAN/
  ftp://ftp.mpi-sb.mpg.de/pub/perl/CPAN/
  ftp://nlp.petamem.com/
[...]
cpan>
```

Möchte man später die Konfiguration ändern, gibt man hier am Prompt den Befehl `o conf init` ein. Alternativ können Sie auch die Datei `/etc/perl/CPAN/Config.pm` mit viel Sorgfalt direkt editieren. Die cpan-Shell selbst lässt sich mit dem Kommando `quit` verlassen.

E.2 Installation des Net::Server-Moduls

Nach der Konfiguration des CPAN-Moduls empfiehlt es sich, auf dem Munin-Node das Perl-Modul `Net::Server` zu installieren. Die Hinweise auf neuere Versionen von cpan selbst können Sie zu diesem Zeitpunkt getrost ignorieren, auch ältere Versionen des Modules funktionieren:

```
node: # perl -MCPAN -e shell
[...]
cpan> install Net::Server
CPAN: Storable loaded ok
Going to read /.cpan/Metadata
  Database was generated on Fri, 13 Apr 2007 00:09:52 GMT
Running install for module Net::Server
Running make for R/RH/RHANDOM/Net-Server-0.96.tar.gz
CPAN: Digest::MD5 loaded ok
Checksum for /.cpan/sources/authors/id/R/RH/RHANDOM/Net-Server-0.96.tar.
gz ok
Scanning cache /.cpan/build for sizes
Net-Server-0.96/
Net-Server-0.96/t/
Net-Server-0.96/t/Server_PreFork.t
Net-Server-0.96/t/UDP_test.t
[...]
Net-Server-0.96/README

  CPAN.pm: Going to build R/RH/RHANDOM/Net-Server-0.96.tar.gz

Checking if your kit is complete...
Looks good
Writing Makefile for Net::Server
cp lib/Net/Server/Proto/UDP.pm blib/lib/Net/Server/Proto/UDP.pm
cp lib/Net/Server/Proto/UNIX.pm blib/lib/Net/Server/Proto/UNIX.pm
cp lib/Net/Server/PreFork.pm blib/lib/Net/Server/PreFork.pm
[...]
Manifying blib/man3/Net::Server::Multiplex.3
Manifying blib/man3/Net::Server.3
  /usr/local/bin/make  -- OK
Running make test
PERL_DL_NONLAZY=1 /usr/local/bin/perl "-MExtUtils::Command::MM" "-e" "te
st_harness(0, 'blib/lib', 'blib/arch')" t/*.t
t/Options................ok
t/Port_Configuration......ok
t/Server_BASE............ok
[...]
t/Server_Single...........ok
t/UDP_test...............ok
t/UNIX_test..............ok
All tests successful, 4 subtests skipped.
Files=12, Tests=190, 10 wallclock secs ( 7.32 cusr +  1.75 csys =  9.07
CPU)
```

```
  /usr/local/bin/make test -- OK
Running make install
Installing /usr/local/lib/perl5/site_perl/5.8.7/Net/Server.pm
Installing /usr/local/lib/perl5/site_perl/5.8.7/Net/Server.pod
[...]
Installing /usr/local/share/man/man3/Net::Server::Multiplex.3
Installing /usr/local/share/man/man3/Net::Server.3
Writing /usr/local/lib/perl5/site_perl/5.8.7/sun4-solaris/auto/Net/Serve
r/.packlist
Appending installation info to /usr/local/lib/perl5/5.8.7/sun4-solaris/p
erllocal.pod
  /usr/local/bin/make install  -- OK

cpan> quit
```

Analog lassen sich auch andere Module wie Net::SNMP installieren.

Index

H

N

O

P

T